新时代大学文科简明教材
编委会

总主编

张福贵

教育部中国语言文学类专业教学指导委员会主任委员
吉林大学资深教授，教育部长江学者特聘教授
国家"万人计划"哲学社会科学领军人才

编　委（按姓氏拼音排序）

崔希亮
教育部中国语言文学类专业教学指导委员会原副主任委员
中国书法国际传播研究院院长，北京市语言学会理事长

李　浩
教育部中国语言文学类专业教学指导委员会副主任委员
西北大学中国文化研究中心主任、教授

李伟昉
教育部中国语言文学类专业教学指导委员会委员
河南大学教授，国家"万人计划"哲学社会科学领军人才

李运富
教育部中国语言文学类专业教学指导委员会委员
郑州大学首席教授，国家语委汉字文明研究中心主任

刘利
中国国际中文教育基金会副理事长
教育部中国语言文学类专业教学指导委员会副主任委员

涂险峰
教育部中国语言文学类专业教学指导委员会委员
武汉大学文学院教授

吴春相
教育部中国语言文学类专业教学指导委员会委员
上海外国语大学教授

曾　军
上海大学文学院教授
国家"万人计划"哲学社会科学领军人才

张丛皞
教育部中国语言文学类专业教学指导委员会秘书长
吉林大学文学院教授

朱国华
教育部中国语言文学类专业教学指导委员会委员
华东师范大学中文系、国际汉语文化学院联聘教授

 新时代大学文科简明教材

总主编·张福贵

国际中文教育简明教程

主 编◎刘 利

副主编◎王建勤

编 者◎（按音序排列）

丁安琪 蒋 荣

刘 敏 施家炜

闻 亭 吴中伟

翟 艳 赵琪凤

周小兵

华中科技大学出版社
http://press.hust.edu.cn
中国·武汉

刘 利

北京语言大学教授、博士生导师，中国国际中文教育基金会副理事长，教育部中国语言文学类专业教学指导委员会副主任委员，（全国）教育书画协会会长。曾任北京语言大学校长、北京师范大学党委副书记兼启功书院院长。主要从事汉语言文字学、国际中文教育的教学与研究。主持国家社会科学基金重大项目、重点项目等多项，先后在《中国语文》《世界汉语教学》《语言教学与研究》《北京师范大学学报》等重要学术期刊发表论文60多篇，出版《先秦汉语助动词研究》等专著多部。主编高等学校汉语言文学专业教材《古代汉语》（入选首批"十四五"职业教育国家规划教材），以及"高等学校'理解当代中国'国际中文系列教材"《高级中文读写教程》《高级中文听说教程》等。曾获北京市科学技术创新标兵、教育部高等教育国家级教学成果奖一等奖等奖项。

内容提要

　　本教程是面向国际中文教育本科生以及其他国际中文教育从业者的专业基础教材。教程采取史论结合的方法，概要地叙述了对外汉语教学、汉语国际教育和国际中文教育70余年的发展历史，本教程涵盖了国际中文教育概述、教学理论、教学设计、教学法、教材编选与选用、课堂教学过程、测试与评估、数字化教学以及教师素养与专业发展等内容。

　　本教程由国际中文教育领域知名学者与一线教师合作编写，重点介绍了国际中文语言教学的基本概念、基本理论、基本方法，以及目前语言教学领域的新理论、新方法和最新研究成果，目的是为国际中文教育本科生和国际中文教育从业者提供一本有理论、有方法、重实践，且简明、实用、具有可操作性的国际中文教学教程。本教程不仅适合国际中文教育专业本科生阅读，也可以作为国际中文教育初学者和从业者的入门教材。

　　此外，本教程还配有数字教学资源。正文出现的重要知识、概念和理论配有相关资料的二维码。通过扫码，便可获得重要的拓展知识，包括进一步阅读的重要文献参考索引和链接。为满足教师课堂教学需求，还提供了各章内容的 PDF 课件、教学视频、参考文献、文献导读、练习题和试卷，是一部具备多种教学资源的数字化和立体化教材。

网络增值服务

使用说明

欢迎使用华中科技大学出版社人文社科分社资源网

1 教师使用流程

（1）登录网址：https://bookcenter.hustp.com/index.html（注册时请选择教师身份）

注册 > 登录 > 完善个人信息 > 等待审核

（2）审核通过后，您可以在网站使用以下功能：

浏览教学资源　建立课程　管理学生　布置作业　查询学生学习记录等

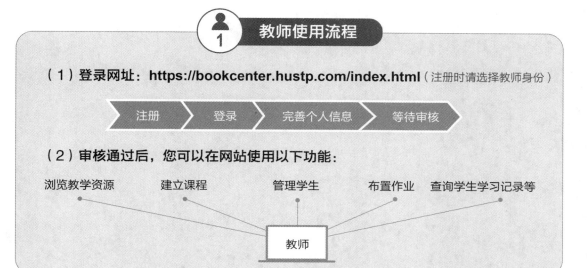

2 学员使用流程

（建议学员在PC端完成注册、登录、完善个人信息的操作）

（1）PC端学员操作步骤

① 登录网址：https://bookcenter.hustp.com/index.html（注册时请选择学生身份）

注册 > 完善个人信息 > 登录

② 查看课程资源：（如有学习码，请在"个人中心—学习码验证"中先验证，再进行操作）

（2）手机端扫码操作步骤

如申请二维码资源遇到问题，可联系编辑宋焱：15827068411

总 序

　　数字化时代如何进行传统人文教育和人才培养，是一个说起来容易做起来难的问题，人工智能、数字经济正改变着以汉语言文学为代表的传统文科教育模式。汉语言文学专业是最具中国特色的基础文科，从守正创新的思路出发，在数字化时代要积极适应新时代社会发展需要，建设一套既能赓续传统，又能融汇新潮的汉语言文学的专业教材，真正努力实现"宽口径、厚基础、重能力、求个性"的新型复合型人才培养的目标。

　　我国文科专业教材建设始终是高等教育中的重要环节，从20世纪50年代开始，文科教材编写进入高峰期，并开始成为一种"国家事权"，受到越来越明显的重视。进入20世纪80年代，在新时期的时代氛围中，各种统编教材、自编教材和规划教材等更是名目繁多，数量迅速增加。特别是前些年开始实施的"马工程"教材建设，具有顶层设计、名家协力、广泛使用的特点和优势，为中国文科教材建设起到了巨大的示范作用。

　　汉语言文学专业是我国高校开设最多的专业，截至2023年12月31日，全国有641所院校开设汉语言文学专业。从近年专业教材使用的情况来看，有逐渐趋于一统的态势。但是，由于学科专业有些课程的意识形态属性较强，教材编写难度较大，因此，汉语言文学专业的"马工程"教材编写比例和使用率不是很高。在这种情况下，如何在国家教材编写的基本宗旨指引下，系统地编写一套具有传统优势和新时代特色的汉语言文学的专业教材，是十分必要且有较大空间的。

　　在已有的数百种汉语言文学专业教材中确立新教材的价值与特色，是具有巨大挑战性的。特别是在数字文化和"新文科"理念的引领下，对已有教材进行客观分析，确定新教材编写的宗旨和原则，需要做出艰辛的努力。人才培养是在课程体系有效设定的基础之上实现的，课程体系设定又建立在教材之上。教材并非只是教学内容、方法与理念的载体，还是完成人才培养目标以及提升教学水平的主要保障。因此，新教材要融入新时代的新理念、新知识和新方法是所有教材的基本要求。但是对于传统文科特别是文史类教材来说，知识具有相对的固定性，关键在于对于知识的选择和理解。"新文科"建设应包含两个思路：一个是"新的文科"，一个是"文科之新"。前者是从"跨学科"的角度，创立和形成新的文科专业或者方向；后者则是从传统文科自身发展的角度，反思和调整现有文科的发展路向。对于汉语言文学这类传统的基础学科，我们更要守正创新，既要融入新知，又要回归传统和经典。当然，这种回归不只是教材知识内容的选择，更在于对学生学习这一经典环节的强调和安排。这也是针对数字化时代人们的阅读和学习的新变化而考量的。现在，随着知识的获得越来越便捷和简单，对于具体经典的阅读、理解相对也越来越被忽视。特别是在人工智能突飞猛进一日千里的发展态势下，经典甚至思想有被装置和边缘化的趋向。汉语言文学专业教材建设必须面向当前，又直指未来，为不断优化教材体系、完成新文科发展目标、提升教学水平、培养综合型人才提供重要的基础与保障。

　　教材编写的核心问题是内容的选取问题，而内容的选取在于价值立场和教学理念的确定。作为新时代文科教材，首先，要坚持以马克思主义为指导，贯彻习近平总书记关于文化建设的重要论述，坚持正确的政治方向、价值取向和学术导向。这是时代政治的需要，也是历史逻辑的需要。以"中国现当代文学史"为例，其发展过程就完整地体现了政治逻辑、历史逻辑、学理逻辑和伦理逻辑的融合。所谓"历史的选择"和"人民的选择"通过具体的"红色经典"而艺术化地表现出来。其次，作为最具中国特色的基础文科教材，汉语言文学教材要强调中华优秀文化的传承与发展，从语言文学的历史流脉来理解当代文科知识体系中不能缺少的优秀传统文化的源流。最后，新时代汉语言文学教材内容不单是历史知识的重复，更要以新的理念来理解这些知识。这就需要从"全人类共同价值"观出发，对于知识源流、经典意义、审美风尚等进行符合人类性和人性的理解和阐释。阶级的立场、民族的立场和人类的立场不是对立的，而是融合的。这不只是一种价值理念，也往往是一种历史事实。

　　新教材的编写要经受三种检验。第一，是政治的检验。教材编写和使用不是简单的教学环节，而是思想和品格的养成过程。因此，正确的政治理念是文科教材编写和使用的入门证和验收单。第二，是学理的检验。新时代汉语言文学教材有新的政治要求，理性的政治本身就具有科学性和逻辑性。"课程思政"是所有课程和教材的统一要求，但是不同专业教材的"课程思政"具有不同的特点和方式。汉语言文学教材的"中国特色"本身就具有本色的"课程思政"色彩，不是简单地将"课程思政"进行"穿靴戴帽"式的外加，是"一加一等于一"而不是"一加一等于二"。"课程思政"要通过历史逻辑、学理理解来体现。

因此，新教材必须坚守学理逻辑，只有实现充分的"学术释权"，才能更好地实现"国家事权"。第三，是历史的检验。任何历史的产物最终都要被历史本身进行检验和选择，新编教材能否经受住这种历史的考验，关键在于是否能够很好地通过前两种检验。历史本身就是一个不断选择甚至淘汰的过程，符合政治标准的同时，也符合人类意识、人性逻辑、学理逻辑和审美逻辑的教材才能与世长存。

新时代汉语言文学专业简明教材除了具有以上文科教材共有的属性和逻辑之外，还应该努力形成本专业的特点。无论是教材编写还是专业教育，都应该秉承这样一种原则：基础知识标准化，核心问题个性化，专业背景多元化。这是教材内容、教学过程和人才培养共同的原则。这是本套"新时代大学文科简明教材"努力追求的方向。

张福贵[①]

2024 年 1 月

[①] 教育部中国语言文字类专业教学指导委员会主任委员，吉林大学资深教授，教育部长江学者特聘教授，国家"万人计划"领军人才。

前　言

《国际中文教育简明教程》（以下简称《教程》）是为国际中文教育本科专业编写的概论性教材，旨在为国际中文教育专业的教师和学生提供一部能够体现国际中文教育学科的时代面貌、发展水平、教学特点和学习规律的专业教材。

中文作为第二语言教育或者说外语教育，至今已有70多年的历史，先后经历了以"对外汉语教学""汉语国际教育""国际中文教育"三个不同名词指称的发展阶段。其间出版了大量国际中文教育的专业教材，可谓成绩斐然。70多年来，国际中文教育事业持续发展壮大，学科内涵不断更新拓展，从理论体系、研究范式到教育实践，均已形成具有中国特色的丰厚积淀。随着全球"中国热""中文热"的日益升温，海内外国际中文教学的多元需求呈现出旺盛的增长态势。同时，日新月异的数字信息技术也给国际中文教育带来诸多机遇和挑战。事业和学科发展取得的巨大成就、宝贵经验和丰厚积淀，迫切需要进行深入的总结和凝练，并将其以符合当今教育教学要求的编写方式及时体现在作为承载国际中文教育基本理论的概论教材中，以适应新时期人才培养的需要。这部《教程》就是为了顺应新时期国际中文教育事业高质量发展和学科不断进步的要求而组织编写的。

国际中文教育是向世界讲述中国的重要载体，服务于"增强中华文明传播力影响力""推动构建人类命运共同体"的宏远目标，而培养、造就德才兼备的优秀教师则是推动这项事业高质量发展的关键。党的二十大报告指出，育人的根本在于立德，要用社会主义核心价值观铸魂育人。教材作为立德树人的重要工具，必须把专业教育和思想教育有机统一起来。为此，《教程》首次明确将"课程思政"列为编写目标，与"教学目标"相并而列。《教程》预设的"课程思政"目标是：帮助学生正确树立辩证唯物史观和中文教学观，加强科学精神、文化自信和文明互鉴意识，把握国际中文教育对于提升中文国际影响力和传播中华文化的重要意义，抱持为国家培养知华友华人才的事业信念和职业情怀，激发自身内在的学习动力和职业热情。在编写方法上，则力求将教材的思政要义与学科自身的知识温度融为一体，在潜移默化中实现浸润思想的目标。在国际中文教育的概论性教材建设中，这是一次具有开创性的探索。

目前，国际中文教育领域虽然已经出版了许多同类教材，但这类教材往往聚焦于某一历史时期的国际中文教学理论与实践，读者难以全面了解国际中文教育的"前世今生"以及三个不同历史时期的学科状况和发展变化情况。为此，《教程》采取教学史与教学论相结合的编写方法，在第一章概述了三个不同历史时期国际中文教育的历史发展与演变，以便读者全面了解本学科 70 余年的发展历程。《教程》其余八章主要介绍了国际中文教育八个教学领域的基本理论和基本方法，目的是使学生打下扎实的教学理论基础和教学技能基本功。

《教程》是国际中文教育的本科教材，因此，教材的编写范围主要集中在国际中文教育学科本身经典的基础理论和最重要的支撑理论上。鉴于学界对这些理论，包括学科属性和内涵等问题存在诸多争议，作为入门教材，《教程》仅选择已有共识或代表性的观点进行阐释，内容力求简明扼要，对繁杂的理论之争不作过多介绍。

与同类教材相比，《教程》在内容编排上进行了一些创新性的尝试，以体现国际中文教学和教材编写的新进展、新气象。《教程》增加了"教学设计""教学过程"两章，以便初学者了解国际中文教学的全过程和课堂教学的具体环节，掌握不同教学环境下教学设计的技能。此外，为适应数字化和智慧教育的新趋势，《教程》参照已有的数字化建设成果和教学实践，增加了"国际中文数字化教学"一章，为国际中文的数字化、智慧化教学提供借鉴和指南。

《教程》为避免空泛的理论介绍，在内容编写上力求简明、具体，相关章节都配有具体的教学案例供读者参考。此外，对第二语言教学理论也进行了新的概括，便于学习者形成清晰的概念；对第二语言习得理论的介绍，则采取厚今薄古的原则，增加了二语习得多元理论的介绍；在第二语言测试方面，不再沿用汉语水平测试的内容，而是重点介绍与中文教学实践最为相关的"成绩测试"的基本概念和基本方法。

《教程》除上述特点外，在编写方式上也力求有所创新。全书配有数字教学资源，不再拘泥于传统纸质教学媒介。对正文出现的重要知识、概念和理论配有相关资料的二维码，读者通过电子终端设备扫码，便可获得这些重要的扩展知识，以及进一步阅读的重要文献索引和链接。此外，《教程》还配有封底二维码，通过思维导图为教师备课、授课和学生课前预习提供全书的结构和框架。另外，《教程》还提供了各章内容的 PPT、教学视频、参考文献和文献导读、练习题和试卷，为教师课堂教学提供丰富的教学资源，也为学生提供尽可能多的数字化、立体化的学习资源。

前言

本教材由国际中文教育领域多位知名的专家学者和富有教学教改经验的一线教师联合编写，全书内容和体例由编者集体研讨确定，然后分工执笔。各部分编者如下：前言，刘利（北京语言大学）；第一章国际中文教育概述，王建勤（北京语言大学）；第二章国际中文教育理论，施家炜、王建勤（北京语言大学）；第三章国际中文教学设计，周小兵、刘敏（北京语言大学）；第四章国际中文教学法，翟艳（北京语言大学）；第五章教材编选与使用，吴中伟（复旦大学）；第六章课堂教学过程，蒋荣（北京语言大学）；第七章测试与评估，赵琪凤（北京语言大学）；第八章国际中文数字化教学，闻亭（北京语言大学）；第九章国际中文教师素养与专业发展，丁安琪（华东师范大学）。

各位编者都是所在单位的学科带头人和教学科研骨干，原本就承担着繁重的教学科研任务和大量的社会服务工作，大家是在完成高强度本职工作的同时投入教材编写工作的，不仅要克服许多困难，还要放弃不少利益。其中王建勤教授作为教材副主编，在历时一年多的编写过程中全程主持其事，从教材的提纲构拟和体例设计，到全书内容的统稿修改，无不用心谋划，亲力亲为。闻亭教授、蒋荣教授除完成各自承担的编写任务外，还协助王建勤教授做了大量的学术和事务性工作，自始至终倾心相助，不遗余力。三位教授为教材的顺利完成付出了特别多的时间和精力、辛劳和智慧，尤当表而出之。感佩于编者的敬业奉献精神和团队合作意识，在此谨向他们表示由衷的感谢！

这部教材能够列入"新时代大学文科简明教材"，仰赖总主编张福贵教授的大力支持。长期以来，国际中文教育由于教学内容的综合性和教学管理的独立性，教材建设一直在相对独立的系统中运作，久而久之，在人们的印象中似乎淡漠了国际中文教育与中国语言文学应有的密切关系。这套教材把国际中文教育纳入其中，不仅体现了总主编对中文专业教材建设的全局性把握，还显示出对国际中文教育教材建设的高度重视和对国际中文教育学科属性的深刻认知，因此要特别向张福贵教授表达诚挚的谢意和敬意！策划编辑宋焱女士一路鼓励督促，反复审阅书稿，提出了许多中肯的意见和建议，责任编辑周天老师认真把关，为保证书稿质量付出了很多心血，一并谨致谢忱！

在教材编写中，我们参阅和吸收了大量国内外专家学者的教学和科研成果，有的已在教材中作了注释和说明，有的则限于篇幅不便作同样的处理，在此一并向国内外所有同仁致以诚挚的谢意！由于我们的水平所限和时间仓促，这部教材难免还会存在诸多缺点和不足，因此诚恳地期待广大师生的批评和指正，使我们今后能够更好地改进和完善。

2024 年 1 月 8 日

目 录

第一章　国际中文教育概述 /001
　第一节　对外汉语教学的创立与发展 /002
　第二节　从对外汉语教学到汉语国际教育 /013
　第三节　新时期的国际中文教育 /022

第二章　国际中文教育理论 /032
　第一节　国际中文教育学科理论 /033
　第二节　国际中文教育学科理论基础 /048

第三章　国际中文教学设计 /059
　第一节　教学设计的概念和一般流程 /060
　第二节　教学大纲设计 /067
　第三节　国际中文教学设计案例简析 /075

第四章　国际中文教学法 /084
　第一节　教学法流派简述 /085
　第二节　汉语综合教学法 /093
　第三节　汉语要素教学与技能教学 /098

第五章　教材编选与使用 /115
　第一节　教材的性质、功能和结构 /116
　第二节　教材编写、评估和选择的基本原则 /119
　第三节　教材使用和资源开发 /125

第六章　课堂教学过程　/133
- 第一节　课堂教学过程的基本内涵与历史发展　/134
- 第二节　国际中文课堂教学过程设计　/141
- 第三节　影响国际中文课堂教学过程的相关因素　/156

第七章　测试与评估　/171
- 第一节　成绩测试的概念、用途与特点　/172
- 第二节　成绩测试的设计　/175
- 第三节　成绩测试试卷的质量分析　/186
- 第四节　基于语言教学的课堂评估　/191

第八章　国际中文数字化教学　/198
- 第一节　视听媒体技术与中文教学　/200
- 第二节　计算机辅助及多媒体教学　/203
- 第三节　网络资源与线上教学　/208
- 第四节　人工智能与智慧教育　/213

第九章　国际中文教师素养与专业发展　/223
- 第一节　国际中文教师素养　/224
- 第二节　国际中文教师专业发展　/238

参考文献　/251

第一章 国际中文教育概述

教学导航

学习目标	课程素养目标： 1. 通过本章教学使学生树立正确的辩证唯物史观和中文教学观 2. 了解国际中文教育的历史与发展，掌握国际中文教育的学科理论和科学方法 专业知识目标： 1. 了解对外汉语教学、汉语国际教育和国际中文教育学科发展史，系统学习国际中文教育的学科理论和基础理论，打下扎实的理论基础 2. 教学理论与教学实践相结合，提高国际中文教师素养，培养适应海内外国际中文教学环境的能力
重点难点	1. 国际中文教育的属性、内涵至今仍是争议很多的问题，需要深入研讨 2. 中文教学模式、教材编写和标准建设所体现的教学理念是国际中文教育的核心问题，需要进一步的理论探讨 3. 中文教学模式创新、教师素养的培养、国际中文教育理念的创新

问题导入

　　汉语作为第二语言或外语教学，迄今为止已经走过 70 多年的历程，先后经历了三个不同的历史时期，即"对外汉语教学"时期、"汉语国际教育"时期和当下的"国际中文教育"时期。既然三个时期的教育和教学对象都是面向将汉语作为第二语言、外语和传承语的学习者，为什么用三个名称指称不同的发展阶段？这个独立的学科经过不断的发展和演变，其学科属性、内涵和外延发生了哪些变化？三个历史时期在学科理论、教学理念、教材和教法等方面有哪些创新和贡献？本章将依据三个历史时期的脉络，来阐述上述内容。

第一节 对外汉语教学的创立与发展

汉语作为外语或第二语言教学或作为一个新学科始于 20 世纪 50 年代,最初被称作"对外汉语教学",是汉语第二语言教学发展最长的历史时期。对外汉语教学,经历了 20 世纪 50 年代的开创时期、80 年代学科的建立时期以及 90 年代学科大发展的繁荣时期。

一 对外汉语教学开创期

20 世纪 50—70 年代,对外汉语教学作为一个新学科,在当时还不是一个独立的学科。对外汉语教学的性质主要是面向来华留学生的"预备性质的教学"。由于是初创期,对外汉语教学界对学科性质、教学目标、教学原则和教学方法等相关问题的认识仍处于探索阶段。

(一)对外汉语教学的性质和特点

20 世纪 50 年代初,"对外汉语教学"是指"对外国人的汉语教学",有别于汉语母语教学,主要是对来华留学生的汉语教学。[1] 周祖谟(1952)发表的我国第一篇对外汉语教学论文《教非汉族学生学习汉语的一些问题》就明确地区分了汉语作为母语教学和非母语教学在教学性质和特点上的差别。[2] 20 世纪 80 年代,学界对外国人的汉语教学性质的认识更加明确。李培元(1989)指出,"外国人学汉语,是作为一种外语来学的,所以,教外国人汉语,其性质是一种外语教学"[3]。因此,对外国人的汉语教学必须符合汉语作为外语或第二语言教学的性质和特点。

现在学界对对外汉语教学的性质和特点的认识越来越深刻。对外汉语教学之所以被称作"第二语言"教学,是就语言学习的时间顺序而言的。因为汉语是学习者在习得其母语之后学习的一种语言,因而被称作"第二语言"。对外汉语教学也可以称作"外语"教学,是因为,就语言学习环境而言,当汉语教学在非汉语交际环境,如在美国、英国等国家展开就会被归类为"外语教学"。当然,也有些国家和地区从汉语作为"传承语"(heritage language)的角度把汉语教学称作"母语教学"。这一名称不是从汉语教学环境或汉语学习顺序的角度来定义的。但对非华裔的汉语教学,其性质应属于第二语言或外语教学。上述不同说法是从不同角度来看待对外汉语教学的性质和特点。

---

[1] 刘珣. 汉语国际教育与对外汉语教学 [J]. 国际汉语教学研究,2014(1):3-4.
[2] 周祖谟. 教非汉族学生学习汉语的一些问题 [J]. 中国语文,1953(7):25-28,19.
[3] 李培元. 中国对外汉语教学的 40 年 [J]. 世界汉语教学,1989(3):129-136.

（二）对外汉语教学的基本原则

在开创期，对外汉语教学的学科尚未建立，教学实践面临的一系列基本理论和教学原则问题需要回答。因此，这一时期主要焦点集中在对教学实践提出的基本原则问题的探讨上。

1. 课堂教学的"实践性原则"

20世纪50—70年代的对外汉语教学对象主要是短期汉语学习者、学习汉语后从事其他专业学习的留学生和汉语进修生。针对这些教学对象，为了实现短期速成、学以致用的教学目标，首要任务是要明确"教什么"和"怎么教"。

周祖谟（1952）认为教"非汉族学生"的语法教学和教汉族学生不同，不能专门讲述理论知识，"不实践，空学一些语法知识是没有用处的"。他主张汉语教学应该遵循"实践性原则"。

所谓"实践性原则"是指在对外汉语教学课堂要少讲理论知识，多练习语言规则，即语言技能操练。光学语法知识，不实践、不使用，不能形成汉语技能。那么，在课堂教学中如何处理汉语知识和技能之间的关系？周祖谟主张：一是"讲练并重"，讲语法知识固然重要，语言技能的操练也同等重要；二是"四项技能全面要求"，虽然当时的对外汉语教学主要是面向来华留学生的预备教育，但是仍然要求学生全面掌握听、说、读、写四项技能。

"实践性原则"明确了面向来华留学生汉语教学应该遵循的基本原则，为当时的对外汉语课堂教学指明了方向。

2. 课堂教学"精讲多练"原则

20世纪60年代，学者们对对外汉语教学的学科性质和特点的认识逐步深入。钟梫（1965）提出了"精讲多练"的教学原则，即理论知识要讲得少而精，增加技能训练的比重。[①] 这一原则与20世纪50年代周祖谟提出的"讲练并重"有所不同。在处理知识与技能的关系上，50年代的学者认为两者同等重要，而60年代的课堂教学更注重技能训练。

"精讲多练"原则反映了对外汉语教学界对知识与技能之间的关系的深刻认识。"通过大量接触和运用语言材料来掌握语言，这是学好实践外语的必由之路。想先从理论着手来掌握实践外语，那是达不到目的的。"虽然这种观点是基于课堂教学实践的总结，但蕴含着深刻的理论认识。知识经过操练可以转化为技能是"精讲多练"原则的精髓所在。

3. "先语后文"与"语文并进"原则

汉语的书写系统——汉字和表音文字存在巨大差异，汉字认读和书写是外国学生面临的重大挑战。因此，如何处理汉语和汉字的关系成为对外汉语教学的关键。有人主张"先语后文"，也有人主张"语文并进"。

---

① 钟梫. 对外汉语教学初探 [M]. 北京：北京语言大学出版社，2006.

"先语后文"是指在汉语教学初始阶段，先利用汉语拼音教汉语口语，不读不写汉字。语音教学阶段后，学习者具备了初步汉语口语基础，再开始汉字的认读和书写。而"语文并进"是指在语音教学阶段同时进行汉字教学，在进行听说训练的同时教授汉字认读和书写。

20世纪50年代有两次"先语后文"的教学实验。第一次实验的做法是，学生在五六个月内只接触拼音，不接触汉字。掌握几百个生词后再学习汉字。但是，钟梫（1965）认为，"先语后文"的教学方法看上去似乎分散了难点，实际上集中了难点。"先语后文"的方法被否定。第二次实验是在教完七八百个生词和基本语法之后，专门突击学过的七八百个生词包含的汉字。[①] 实验表明，针对汉语母语者的集中识字方法并不适合外国学生，实验结果再次否定了"先语后文"，"语文并进"的教学方法得到主张。钟梫认为，"'语文并进'，似乎难点集中，但就全过程来说，却分散了难点"。

"先语后文"与"语文并进"都是在教学实践中总结出来的教学原则和方法。这两种方法各有优势和不足，一个是先易后难，一个是先难后易。到底哪种方法更适合来华留学生的汉语教学，则因人、因教学环境和教学目标而异。教学对象不同，学习需求不同，培养目标不同，采取的教学原则和方法也应该不同。

（三）对外汉语教学法研究

早期对外汉语教学并没有形成系统的教学法理论。课堂教学的教学方法大都是在教学经验总结的基础上形成的。这些教学方法来自教学实践，扎根在各自教学实际的土壤里。

1. 综合教学法

20世纪50年代，针对来华留学生的教学法主要是"综合法"。所谓"综合法"一是指教学内容，如语音、词汇、语法的综合教学；二是听、说、读、写四项技能综合训练。周祖谟（1952）认为，"教汉语的人必须从语言的基础出发，使学的人能够实际掌握汉语的语音、词汇和语法才行"。要使汉语学习者掌握汉语，就必须注重词汇、语法的综合教学。在全部教学活动中，词汇、语法是教学的中心。此外，综合法的技能训练，第一阶段重听、说训练，第二阶段重阅读和写作训练。20世纪50年代形成的综合教学法经过不断的探索和改进，90年代后逐渐成熟，成为汉语教学独具特色的教学方法。（详见第四章第二节）

2. 相对直接法

"相对直接法"是相对于"直接法"而言的。"直接法"是20世纪初产生于西欧的一种与"翻译法"相对立的教学法，主张第二语言教学用目的语直接与客观事物相联系，使用直观的手段"用目的语学习目的语"，如通过实物、图片或动作演示来教授目的语，课堂教学避免使用学习者的母语和翻译。

---

① 赵金铭. 初级汉语教学的有效途径——"先语后文"辩证[J]. 世界汉语教学，2011（3）：376-387.

与"直接法"不同的是,"相对直接法"并不完全排斥翻译法。一是词汇教学中,课文出现的生词,特别是抽象的词配有译文。学生一看就懂,不必采取迂回的方法解释生词。二是课堂上不完全禁止使用母语,可适当地用母语解释语法点。三是语法规则的教学采取"归纳法"。通过例句为学生提供大量的感性认识,然后由教师对语法点进行归纳和概括。这样就保证了学生在课堂的"开口率",并有利于学生举一反三,触类旁通。

(四)对外汉语教学的理论探讨

20世纪70年代的对外汉语教学的教学对象中,来自西方国家的留学生明显增加,他们与以前来自亚非拉国家的留学生明显不同,因此对外汉语教学开始探索新的教学路子。

1. 实践性原则的理论探讨

20世纪60年代,实践性原则是课堂教学方法实施的主要依据。到了70年代,学界对实践性原则的认识更加深入,主要体现在两个方面。一是实践性原则不仅被看作一种教学方法,更是作为一种反映对外汉语教学特点的教学理念,贯穿在整个汉语教学体系中。吕必松(2008)指出,"实践性原则不但包括'精讲多练'和'归纳法'等课堂教学的具体方法,而且包括教学内容和教学组织形式;不但体现在课堂教学中,而且体现在教材中,贯穿在整个教学体系中"①。这也是对外汉语教学和汉语母语教学最大的不同。二是在整个汉语教学体系中贯彻实践性原则的目的是培养学生的社会交际能力,强调课堂语言教学要满足学生社会交际需要,将课堂教学与语言实践活动结合起来。语言教学的最终目的不仅仅是语言知识和技能的获得,更是培养学生的语言交际能力。将课堂教学实践延伸到课外的语言交际和语言生活实践,对汉语教学的培养目标有了更深入的认识。

2. 听说和读写关系的理论探讨

由于20世纪70年代教学对象的变化,教学实践中有许多理论和现实问题需要进一步探索。如理论和实践的关系、单向训练和综合训练的关系、模仿和活用的关系,以及准确性和语速的关系等问题。其中,讨论最多的是在课堂教学中如何处理听说和读写的关系问题。

听说与读写的关系问题,实际上是20世纪60年代探讨的口语和书面语("语文并进"或"先语后文")问题的延续。不同的是,听说与读写的关系问题是从语言技能习得和训练的角度来讨论的。当时,在美国"听说法"的影响下,学界对二者之间的关系有几种不同的看法,一种是"全面要求,突出听说";另一种是"突出听说,读写跟上"。两种看法的共同点是都主张突出听说训练。不同点是,前者强调听、说、读、写四项技能全面要求,后者则要求听说在前,读写在后。总之,对外汉语教学当时虽然吸收了"听说法"的一些训练原则,但并没有完全按照"听说法"来,既没有只强调听说技能的训练而忽略了读写技能的训练(后来,在具体的教学实践中,学界提出了全面要求),但也遵循"分阶

---

① 吕必松. 对外汉语今昔谈[EB/OL]. (2008-12-01)[2024-01-13]. http://blog.renren.com/GetEntry.do?id=439665527&owner=221387360.

段侧重"的原则,即"在预备教育的前期侧重于听说训练,后期侧重于听读训练"(吕必松,2008)。

(五)语言要素教学与技能训练的教学实验

20世纪70年代,对外汉语教学界围绕语言要素教学和言语技能训练等问题开展了一系列的教学实验。这些实验的目的都是证明某些特定教学内容和教学方法的可行性。

1. 汉语句型教学实验

受美国"听说法"的影响,对外汉语教学界在这一时期提出了"句型教学法"并着手进行实验。实验前首先编写了体现句型教学特点的汉语教材《汉语课本》①,然后在少数实验班试用。《汉语课本》开创了"句型教学"方法,并为后续的教材编写所沿用。吕必松认为,"句型教学不是一项教学原则,而是一种教学方法"。这种教学方法有利于学生掌握句子结构,便于教师进行课堂操练和贯彻"精讲多练"的原则。就这一点而言,"句型教学"带有明显的"听说法"的特点,即在课堂教学中以汉语常用句型为主,通过句型的反复操练使学生掌握语法规则。实验表明,句型教学法受到欢迎,这一方法并没有简单地照搬只重视听说的"听说法",对读写训练和语法教学也给予一定的重视。全面要求、听说领先、读写跟上,是"句型教学"所遵循的主要教学原则。

2. 用汉字教语音的教学尝试

对外汉语的课堂教学中,一般会将教学的前两周设定为专门的语音教学阶段,并将汉语拼音作为学习汉语的工具。语音教学阶段基本上不出现汉字,或者仅出现少量汉字。经过两周的语音教学,学生能够掌握基本的语音和声调。但是,汉语语音特别是声调的习得对于母语为非声调语言的汉语学习者而言的确是一个难点。有些教师认为,学生的语音习得出现洋腔洋调,主要是学习者的母语语音系统的干扰所致,因此教师提出了用汉字教语音的方法,即在语音教学的阶段不教拼音,通过认读汉字掌握汉语的语音。语音基本过关后再教汉语拼音。在这一主张的指导下,研究者进行了一次课堂教学实验。实验结果表明,经过两周的以汉字教语音的教学尝试,实验班的学生不仅学会了一百多个汉字和几十个句子,而且学会了汉语拼音。与不学汉字的对照班相比,语音语调的学习效果并不差。虽然用汉字教语音的方法在20世纪70年代没有得到推广,但这是一次值得尝试的教学实验。

3. 听说与读写分课型教学实验

20世纪70年代对外汉语教学仍然是以"汉语预备教育"为主,教学目标主要是为理工科、医科和文科学生的专业学习打好汉语基础。因此,听得懂专业课、看得懂专业教材成为汉语教学的主要目标。而当时的综合课或称精读课的教学原则是"全面要求,突出听说"。这种教学原则显然不符合学生学习专业的需求。因此,学界对原有的综合课进行改

---

① 李德津. 汉语课本[M]. 北京:商务印书馆出版,1977.

革，即按照学生的专业学习需求进行听、说、读、写分课型教学，增加听读训练，减少精读课的课时。吕必松（2008）认为，"这是对以精读课为主的教学路子所作的一项重大改革。"因为，在对外汉语教学界，如何处理听说和读写以及听和说、读和写的关系一直是一个有争议的问题。这次听、说、读、写分课型教学实验就是为了解决这些争议，并探索新的教学路径和方法。

二 对外汉语教学学科建立与理论探讨

20 世纪 80 年代是对外汉语教学学科建立和学科理论大发展的年代。我国改革开放政策的实施，推动了对外汉语教学事业的发展，同时也打开了对外汉语教学学科理论探讨百家争鸣、繁荣发展的新局面。

（一）对外汉语教学学科的创立

经过 20 世纪 50—80 年代近 30 年的探索和开拓，对外汉语教学已经发展成一个独立的学科。李培元（1989）认为，"衡量一个学科是否能独立存在，主要看它是否有自己的独特的研究对象，是否具有独特的学科体系，以及是否有它自己的理论与方法"。经过 30 年的建设，学界对对外汉语教学学科的性质、特点和规律已有比较深入的认识，具有明确的研究对象。在学科体系①建设方面，制定了对外汉语教学大纲、培养目标、课程设置以及教学计划和教学方法，建立了汉语水平考试（HSK）评测体系。这些成果为学科的建立奠定了基础。

1978 年，北京地区语言学科规划座谈会，明确了对外汉语教学是一个专门学科。会议提出"要把对外国人的汉语教学作为一个专门的学科来研究；应该成立专门的研究机构，培养专门的人才"。在《语言教学与研究》创刊 5 周年之际，王力先生题词"对外汉语教学是一门科学"。1984 年教育部认定"对外汉语是一门新兴的学科"。之后，有关院校设立了对外汉语教学专业，专门培养对外汉语师资，招收硕士研究生。同时，成立了中国对外汉语教学研究会，以及专门的研究机构和专业出版社。对外汉语教学学科正式建立。

（二）对外汉语教学学科属性

对外汉语教学学科正式建立，标志着学科建设发展到一个新阶段。但学界对对外汉语教学的性质和特点还缺乏足够的认识。吕必松（1983）认为，有必要"回过头来讨论一下对外国人的汉语教学的性质和特点这样一个最基本的问题"②。这是对外汉语教学学科建立以后关于学科属性的第一次讨论。这次讨论澄清了第一语言与第二语言教学的区别，对外汉语教学和少数民族汉语教学的区别。

---

① "学科体系"指某一学科建立的一整套课程、教学方法、学科标准、课程大纲和评估体系。
② 吕必松．谈谈对外汉语教学的性质和特点［J］．语言教学与研究，1983（2）：4-24.

20世纪80年代末90年代初,围绕对外汉语教学的"文化教学属性"和"语言教学属性"问题,学界展开了第二次大讨论。在"文化热"的影响下,对外汉语教学界有学者提出,应将"对外汉语教学学科"改为"对外汉语文化教学学科"。对外汉语教学要突破汉语基础教育,进行系统的文化知识教学。另一种观点认为,对外汉语教学的核心是语言教学,文化教学"本来就是语言教学学科内涵中所必备的"。语言教学必定伴随着文化。① 因此,把语言教学变为文化教学,从根本上改变了对外汉语教学的基本任务和性质。1994年,对外汉语教学界召开"对外汉语教学的定性、定位、定量问题座谈会",经过研讨,重新明确了对外汉语教学作为语言教学的学科性质。

20世纪90年代末,对外汉语教学的学科性质和内涵问题再次成为学界讨论的热点,这次讨论的焦点是对外汉语教学是属于"应用语言学"还是"语言教育学"。② 有学者认为,语言教学需要摆脱纯语言学研究方法的影响。对外汉语教学不应该归入狭义的应用语言学,而应归属语言教育学。原因是,"把作为一门综合学科的第二语言教学仅仅定位于其支撑理论之一的语言学是不恰当的"。但也有学者指出,"应用语言学"(applied linguistics)这一概念的内涵已经发生变化,语言教学的理论基础已经不限于语言学,而是融合了多种理论来指导语言教学实践。对外汉语教学作为交叉学科,需要多种理论的支撑。把对外汉语教学归属于教育学也失之偏颇。③ 虽然,这一讨论目前尚未形成共识,但通过不断的学术探讨,学界对对外汉语教学作为交叉学科的属性和特点的认识更加深入。

(三)语言教学与文化教学的关系

20世纪80年代中期到90年代初期,对外汉语教学界围绕语言教学与文化教学的关系问题进行了持续多年的大讨论。讨论的焦点是与语言教学密切相关的文化因素教学问题,即对外汉语教学除了语言要素的教学还应增加文化因素的教学。张占一(1990)指出,在对外汉语教学中教哪些文化知识、不教哪些文化知识的问题并没有得到很好的解决,因而提出把文化内容分为"知识文化"和"交际文化"两部分。前者指的是在两种不同文化背景的人的交际过程中造成交际障碍的文化知识,后者指的是由于文化背景不同,对跨文化语言交际直接造成影响的文化知识。④ 因此,对外汉语教学首先要教给学生那些有助于交际的文化因素。但也有学者对交际文化理论提出了异议,指出了交际文化理论的不完整之处。交际文化理论的提出引发了与对外汉语教学相关的文化因素的范围和分类等问题的一系列探讨。其中,赵贤洲(1989)提出了"文化导入"论,陈光磊(1987)提出了"语构、语义、语用文化"论。这些理论探讨的目的是揭示第二语言教学中的文化因素,并试图解决语言教学中文化教学"教什么""怎么教"的问题。

---

① 赵金铭. 国际汉语教育的本旨是汉语教学 [J]. 汉语应用语言学研究, 2013 (2): 11-18.
② 刘珣. 近20年对外汉语教育学科的理论建设 [J]. 世界汉语教学, 2000 (1): 51-56.
③ 王建勤. 新形势下对外汉语教学学科建设的理性思考 [M] // 王建勤. 汉语习得、教学与传播文集. 北京: 北京语言大学出版社, 2019.
④ 张占一. 试议交际文化和知识文化 [J]. 语言教学与研究, 1990 (3): 15-32.

这次讨论对对外汉语教学产生了较大的影响，一是学界开始重视对外汉语教学中文化因素的教学；二是加强了文化对比研究；三是确立了文化教学在对外汉语教学中的地位。

（四）"字本位"与"词本位"教学

初级汉语教材《汉语言文字启蒙》的正式出版（白乐桑、张朋朋，1989），引起对外汉语教学界关于"字本位"和"词本位"教学的争论。"字本位"教学是指"以'字'为基本结构单位，将'字'作为教学的起点"，先教"字"后教"词"。"词本位"教学指"以'词'作为基本结构单位，教学以'词'作为出发点"[1]，先教"词"后教"字"。二者体现了两种完全不同的教学思路。

有学者认为，对外汉语教学基本上走的是印欧语言教学的路子，汉字被排除在语言要素之外，成为词汇的附属品[2]，没有按照汉语的特点进行汉语教学，没有真正认识到汉字在汉语中的地位和作用。1997年，徐通锵的《语言论》出版，语言学领域的研究成果使对外汉语教学界的讨论日趋热烈。但有学者认为，"字本位"混淆了文字单位和语言单位。"'字'是文字单位，'词'是语言单位，两者位于不同的体系之中。"[3] 另外一种观点认为，"字本位"和"词本位"在教学实践中并不是截然对立、相互排斥的。[4] 白乐桑（1997）主张书面语教学应以字为基本单位，而口语教学应以词为基本教学单位。[5]

"字本位"和"词本位"争论的焦点有两点。一是是否承认"字"是汉语语言结构的基本单位。二是对外汉语教学是将"字"作为起点，教学顺序是由字到词，还是将"词"作为教学起点，教学顺序是由词到字。赵金铭（2017）认为，"汉语研究的基本单位和汉语教学的基本单位不同"。"汉语的基本结构单位是词，汉语书写系统是字。汉语教学应从词出发。"[6] 就对外汉语教学而言，两种教学方法各有所长，也各有所短，应根据不同的教学阶段和不同的教学目的以及不同的教学对象，采取不同的教学方法。

三 对外汉语教学理论与学科理论体系建构

20世纪90年代是对外汉语教学逐渐走向成熟的时期。教学理论研究成果大量涌现，学科理论不断发展，学界开始从新的理论高度创建教学理论体系，并尝试构建学科理论体系，为对外汉语教学学科发展奠定了理论基础。

---

[1] 王若江. 由法国"字本位"汉语教材引发的思考[J]. 世界汉语教学，2000（3）：89-98.
[2] 吕必松. 汉字教学与汉语教学[M]//吕必松. 汉字与汉字教学研究论文选. 北京：北京大学出版社，1999.
[3] 彭泽润. 必须确定词在汉语和其他语言中的地位[N]. 社会科学报，2010-3-4（005）.
[4] 张和生. 也谈对外汉语词汇教学的本位之争[J]. 语言文字应用，2007（12）：2-5.
[5] 白乐桑. 汉语教材中的文、语领土之争：是合并，还是自主，抑或分离？[C]//第五届国际汉语教学讨论会论文选编委会. 第五届国际汉语教学讨论会论文选. 北京：北京大学出版社，1997.
[6] 赵金铭. 汉语作为第二语言教学的教学基本单位[J]. 国际汉语教学研究，2017（3）：19-24.

（一）对外汉语教学理论体系创建

"教学理论体系"是指在教学实践的基础上，系统地阐述和论述教与学的基本理论、教学内容、教学原则和方法以及教学组织形式的整体架构。这一时期主要是对外汉语教学理论的宏观和系统研究，包括对教学活动各个环节和教学方法进行全面的阐释。

1. 总体设计理论

"总体设计"是吕必松于20世纪80年代提出，并于90年代系统阐述的第二语言教学全过程和全部教学活动的理论框架。按照吕必松（1996）的定义，"第二语言教学的总体设计，就是根据语言规律、语言学习规律和语言教学规律，在全面分析第二语言教学的各种主客观条件，综合考虑各种可能的教学措施的基础上选择最佳教学方案"[①]。这一理论阐明了对外汉语教学总体设计的理论依据，首先，对外汉语教学要依据所教语言本身的特点和规律以及教与学的规律来设计。其次，要根据教学实施的主客观条件，即教学对象、执教者、教学内容的特点、教学设施和设备、经费条件等因素来设计。最后，综合考虑各项教学措施，如教学班级的划分、教学目标、教学内容和教学原则的确定、课程设计、教材编写、教师配备计划、教师设备使用、考试制度和方法等。总体设计的最终目的是设计和选择最佳的教学方案。

此外，吕必松还提出了总体设计的主体结构，即教学活动的"四大环节"，包括总体设计、教材编写、课堂教学和语言测试。其中，第一个环节是总体设计。就是在分析各种主客观条件、综合考虑各种可能的教学措施的基础上，选择最佳教学方案。第二个环节是教材编写。理想的汉语教材，必须依据总体设计提出的理论原则、教学条件和措施，根据具体的教学对象来确定教材类型和教材的编写原则。第三个环节是课堂教学。课堂教学是四大环节的中心环节，总体设计规定的教学内容、教学原则等，教材编写以及语言测试都是为课堂教学服务的。第四个环节是语言测试。语言测试是语言教学的一个组成部分。语言测试的任务不仅是检查语言教学的效果，还要为语言教学服务。

"总体设计"理论是第一个具有中国特色的对外汉语教学理论体系的框架，为对外汉语教学理论体系建构奠定了基础。

2. 对外汉语教学标准和大纲的制定

随着对外汉语教学的不断发展，教学规模不断扩大，对教学质量的要求也不断提高。因此，对外汉语教学的规范化和标准化成为学科建设的首要问题。1988年，为规范对外汉语教学、制定教学标准，中国对外汉语教学学会研制了《汉语水平等级标准和等级大纲》。这是对外汉语教学界第一个指导性、规范性的标准和大纲。之后，国家汉办又连续制定了《汉语水平词汇与汉字等级大纲》（1992）、《汉语水平等级标准与语法等级大纲》（1995）以及服务于课堂教学的《中高级对外汉语教学等级大纲（词汇、语法）》（孙瑞珍，1995）和《对外汉语初级阶段教学大纲》（杨寄洲，1999）。

---

① 吕必松. 对外汉语教学概论（讲义）（续十五）[J]. 世界汉语教学，1996（2）：72-79.

这一时期对外汉语教学与测试标准和等级大纲成为规范课程设置、教材编写、课堂教学和汉语水平测试与评估的主要依据。对外汉语教学从此走上科学化和规范化的轨道。

3. 对外汉语教学法体系探讨

对外汉语教学发展的前40年，在基础理论方面"前30年基本上是结构主义，后10年又加进了功能主义"（吕必松，2008）。仅从20世纪90年代前对外汉语教学实践来看，无论是综合教学法还是语言要素与言语技能训练，基本上是建立在结构主义语言学和行为主义学习理论的基础上。20世纪80—90年代，对外汉语教学领域先后提出了一些新的教学法原则，如"结构与情景、功能相结合"的原则和"交际性"原则等。之后，又提出了"结构与功能"以及"结构、功能和文化"相结合的教学原则。所谓"结构"主要指语言和言语的各要素；"功能"主要指语言和言语的交际功能；"文化"则指语言教学中的文化因素。虽然学界对结构、功能、文化的概念，以及将其称为方法还是原则仍有争议，但这是我们自己提出的带有中国特色的教学原则。作为一种新的教学理念和方法，结构、功能与文化相结合应该是构建对外汉语教学法体系的一大创建。

（二）对外汉语教学学科理论的发展

学科理论，顾名思义，是指研究某一门具体学科本身的理论。学科本身的理论以学科内容所指向的对象为研究对象。对外汉语教学的学科理论包括第二语言教学理论、语言习得理论、语言测试理论、跨文化交际理论等。这些都是对外汉语本学科自身的理论。

1. 汉语第二语言习得研究

鲁健骥1984年发表的《中介语理论与外国人学习汉语的语音偏误分析》是对外汉语教学领域第二语言习得研究的起点。但汉语习得研究作为一个研究领域则始于1992年召开的"语言学习理论研究座谈会"。20世纪80—90年代的汉语习得研究，主要是关于汉语"学习者语言"（language-learner language）系统的研究，如偏误分析、中介语研究、习得顺序研究等。[1] 学习者语言系统是针对学习者的母语和目的语系统提出的。Selinker (1972)将其称作"中介语"系统，即不同于学习者母语和目的语的一个相对独立的语言系统。[2] 1997年王建勤主编的《汉语作为第二语言的习得研究》是对外汉语教学领域第一本反映这一时期汉语作为第二语言习得研究的学术著作。20世纪90年代末，对第二语言学习者及其学习策略、情感因素等研究逐渐进入学者的视野。由此，汉语习得研究成为对外汉语教学一个重要研究领域。

---

[1] Ellis R. Understanding Second Language Acquisition [M]. Oxford: Oxford University Press, 1985.

[2] Larry Selinker. Interlanguage [J]. International Review of Applied Linguistics in Language Teaching, 1972 (10): 209-241.

2. 汉语第二语言测试研究

对外汉语教学领域的语言测试研究（汉语水平考试，HSK）始于 20 世纪 80 年代。这一时期的研究主要集中在语言测试介绍、汉语水平考试开发与测试，以及题目分析上。20 世纪 90 年代，随着"项目反应"理论、"概化理论"等测试理论的引进，国内学者对语言测试的理论和实践问题进行了一系列探讨。这一时期的研究内容包括语言测试理论、考试设计、题目预测、题目分析、题库建设、主观试题和客观试题的评分原则和手段、语言测试语料库建设、题目公平性研究、分数和等值、测验信度和效度、新试题开发、语言测试的后效和决策等，并先后出版了《汉语水平考试研究论文选》《语言测验理论与实践》和《语言测试理论及汉语水平测试研究》等一批新的研究成果，服务于汉语水平考试的汉语测试研究成为对外汉语教学最有影响力的研究领域。

3. 多媒体与网络教学研究

对外汉语教学领域的多媒体与网络教学是在早期中文信息处理技术和计算机辅助汉语教学的基础上发展起来的。20 世纪 80 年代的研究内容主要是中文信息处理技术与汉语语料库建设。北京语言大学研制的"汉语中介语语料库系统"① 是这一时期的重要研究成果。随着多媒体和网络技术的发展，汉语计算机辅助教学领域开始探讨数字化资源在对外汉语教学中的运用。郑艳群（2000）《关于建立对外汉语教学多媒体素材库的若干问题》一文，张建民（2001）《网络空间中的语言教学》一文对这方面作了深入的探讨。网络多媒体教学的研究不仅改变了汉语教学的手段和方法，而且给汉语教学的理念带来巨大变化。现代教育技术的出现，将教育理论、学习理论与教学实践紧密地结合在一起，开辟了对外汉语教学研究又一个新领域。

（三）学科理论与基础理论体系的建构

一个成熟的学科首先要明确学科本身的理论及其学科支撑理论。两者一起构成完整的学科理论体系。20 世纪 90 年代，关于对外汉语教学学科理论体系构建主要有以下几种观点。

第一种观点认为，对外汉语教学的学科理论包括两个方面，即基础理论与教学理论。基础理论包括语言理论、语言学习理论、一般教育理论；教学理论包括教学的性质和特点、教学过程、教学活动、与教学相关的内外部因素。

第二种观点认为，对外汉语教学的学科体系框架包括三个方面，即理论基础、学科理论和教育实践。理论基础包括语言学、心理学、教育学、文化学、社会学、横断学科及哲学；学科理论包括基础理论（对外汉语语言学、对外汉语教学理论、汉语习得理论和学科研究方法学）及应用研究；最后是教育实践。

第三种观点认为，对外汉语教学的学科理论包括三个方面，即学科支撑理论、学科基

---

① 储诚志．建立"汉语中介语语料库系统"的基本设想［M］//《第四届国际汉语教学讨论会论文选》编辑委员会．第四届国际汉语教学讨论会论文选．北京：北京语言学院出版社，1995．

础理论、学科应用理论。学科支撑理论包括语言学、心理学、教育学及其他;学科基础理论包括 L2 教学理论、L2 习得理论、汉语语言学、学科方法论、学科发展史;学科应用理论包括总体设计理论、教材编写理论、课堂教学理论、语言测试理论、教学管理理论。

上述观点表明,学者们对学科理论和基础理论的描述所用的概念大同小异,但理论观点却言人人殊,难有共识。若要达成共识,首先要搞清楚两个关系。学科理论与学科基础理论在学科体系中属于不同层次。第一个层次是学科自身的理论。对外汉语教学是以第二语言学习者为教学对象的学科,直接构成这个学科的理论主要包括:第二语言教学理论、语言习得理论、语言测试理论、跨文化交际理论等。这一学科理论体系包含了"教"与"学"、语言评测与文化教学等主要内容。第二个层次是学科的基础理论,即对学科理论起支撑作用、与学科理论关系最密切的理论,主要包括语言学理论、心理学理论、教育学理论等。对外汉语教学是语言教学,自然离不开语言学理论的支撑;语言教学以学习者为中心,语言习得离不开心理学,特别是心理语言学和认知心理学的支撑;对外汉语教学虽然是语言教学,但仍然要遵循一般的教学规律,因此需要教育学理论的支撑。

第二节 从对外汉语教学到汉语国际教育

2005 年世界汉语教学大会的召开,标志着中国对外汉语教学向汉语国际教育的转变。对外汉语教学向汉语国际教育的转变,不仅是"国家和民族的事业"向汉语国际教育事业的转变,也是对外汉语教学向汉语国际教育学科的转变。

一 汉语国际教育事业与学科的转变

从对外汉语教学到汉语国际教育的转变,并不意味着一个学科代替另一个学科,而是展现了这一领域的事业和学科在不同历史阶段的继承与发展、变化与创新。

(一)汉语国际教育事业的转变

汉语国际教育事业,是指汉语国际传播、中华文化传播以及孔子学院建设等事业的发展。2005 年世界汉语教学大会的召开,标志着汉语国际教育事业在发展战略上的根本转变。这些转变主要体现在六个方面。①

一是从对外汉语教学向全方位的汉语国际传播转变。这一变化主要是教学环境和教学对象。对外汉语教学阶段,教学对象主要是来华留学生。国家实施汉语国际传播战略后,需要将汉语传播和汉语教学的重点放在海外。

二是从将外国人"请进来"学汉语向汉语"走出去"转变。这是汉语国际传播方式和渠道的转变。"请进来"主要是对来华留学生进行汉语教学和文化传播,"走出去"是通过海外汉语教学进行汉语与文化传播。

---

① 许琳. 汉语国际推广的形势和任务 [J]. 世界汉语教学, 2007 (2): 106-110.

三是汉语传播理念从正规的课堂汉语教学转向对广大汉语学习者的普及型和应用型汉语教学。目的是适应海外汉语教学对象和环境的变化。

四是汉语国际传播机制的转变，即从高校等教育系统为主的汉语传播向政府和民间、国内和国外共同推进的汉语传播机制转变。汉语国际传播的主体不再局限于教育机构，而是利用政府和民间以及国内外教育机构等各种渠道共同推进汉语教学和语言文化传播。

五是汉语国际传播模式的转变，即由政府主导向政府推动的市场运作转变。所谓"市场运作"是指企事业和非营利组织根据市场规则参与汉语国际传播事业，如企业参与汉语教材出版与海外发行等。

六是教学模式和媒介的变化。传统的汉语课堂教学是以纸质教材为主，现代信息技术、网络和多媒体技术的发展，为课堂教学和汉语传播提供了新的媒介和技术手段。这一转变使传统的汉语教学与传播手段发生了重大变化。

上述六个方面的转变对汉语国际教育在教学对象与环境、教学理念与方法、教学模式与教材建设等方面提出了新的需求和挑战。

（二）汉语国际教育的学科变化

汉语国际教育事业的"六大转变"，推动了汉语国际教育事业的繁荣和发展，但汉语国际教育的学科建设却相对滞后。因此，学界提出了学科建设的"四个转变"。[①]

一是从学习者基本的语言学习需求向全方位的认知中国需求转变。这一转变反映了汉语国际教育在教学内容上的转变和拓展。以往，汉语国际教育主要关注学习者语言知识和技能的培养。随着中国经济的崛起，汉语学习者对于中国的文化、历史、社会、经济等方面的了解需求也在不断增加。因此，学科建设需要从学习者语言学习基本需求向全方位地认知中国的需求转变。

二是实现从发展规模、数量向发展内涵、质量转变。汉语国际教育学科创立初期主要是以扩大汉语学习者数量和教学规模为主。随着汉语学习者数量的快速增长，教学质量问题日益凸显。因此，汉语国际教育要从追求数量增长向注重提高教学质量、走内涵式发展道路转变。

三是实现从派出教师为主向教师本土化转变。最初，汉语国际教育的师资力量主要依赖中国派出的汉语教师和志愿者。然而，随着海外汉语学习者数量的急剧增加，外派汉语师资出现巨大缺口。因此，汉语国际教育需要实现从派出教师为主向教师本土化转变，以缓解"三教"问题，实现可持续发展。

四是实现从传统教学模式向以信息化为主的现代教学方式转变。随着信息技术的普及和发展，现代教学方式更加注重学生的主体地位和主动性。为了适应学习者的需求，汉语国际教育开始利用现代化的教学设备、互联网技术、在线课程、视频教程等方式提高教学效果和质量。

总之，汉语国际教育学科的"四个转变"是为了适应汉语国际教育事业的变化，通过学科建设促进汉语国际传播事业的发展。

---

① 马建飞.延续"汉语热"要实现四个转变[N].光明日报，2017-10-28（09）.

（三）汉语国际教育"三教"新变化

汉语国际教育事业的发展对学科建设提出新需求，这些新需求促进了汉语国际教育"三教"的变化。

1. 汉语教师群体的变化

汉语国际教育教师群体发生的变化主要表现在三个方面。

一是海外汉语教师的培养转向本土化。随着汉语国际教育事业的快速发展，中国向海外派遣了大量的汉语师资和志愿者，但仍然不能满足海外汉语教学快速增长的需求。因此，汉语国际教育开始由"输血"向"造血"转变，即培养更多的本土汉语师资，以满足当地的汉语教学需求。[①]

二是教学环境和教学形态的变化。教学环境的变化是指由国内汉语教学环境转变为海外汉语教学环境。环境的变化带来了教材和教法上的差异和变化。教学形态变化是因为传统的课堂教学形态已经不能满足学生的需求，课堂教学向线上或线上线下融合的方向发展，以满足学生的多样化需求。

三是教师角色的变化。在信息化和数字化时代，课堂教学形态的多样性对教师的信息素养提出了更高的要求。教师的角色不再是单纯的语言知识和技能传授者，而是学生的指导者和互动合作者。汉语教师更加关注学生的个性化需求和学习进程，引导学生主动参与学习，培养他们的语言能力和文化素养。

2. 汉语教材需求类型的多样化

汉语教学对象、教学环境和课堂教学形态的变化带来汉语教材需求类型的多样化。

一是"汉语+"教材的增长。"汉语+"教材是指汉语教学+专业学习，即专业内容与语言形式融合式教材。"汉语+"教材即所谓"专门用途外语教材"（详见二维码：专门用途外语教材）。目前汉语预科教育主要采用汉语+文科专业、汉语+经贸专业的融合式教材。这类教材，一种是以汉语为主、专业内容为辅，如商务汉语教材；一种是以专业内容为主、兼顾语言教学，如中医汉语类教材等。

专门用途外语教材

二是"汉语+职业教育"教材需求的增长。随着孔子学院在海外的发展，汉语+职业教育成为带有职业特色的汉语教学模式，学生在学习汉语文化的同时学习职业技能。这类教材将汉语语言技能与职业技能相结合，为学生提供更为实用的学习内容。

三是"互联网+汉语+专业"类教材，即以互联网为媒介，将专业内容与汉语融合的教学模式，这类教材成为新的增长点。互联网技术日益成熟的背景下，越来越多的在线汉语教育平台开始涌现。这些在线教育平台为学生提供了更为灵活的学习方式和学习资源。

---

① 赵杨. 海外汉语师资培养中的输血与造血[R]. 孔子学院奖学金论坛，2019.

3. 汉语教学法的变化

传统的教学法已经不能满足新形势下学生的需求，也无法适应学生的学习特点，因此，汉语国际教育领域需要进行教学方法的改革与创新，主要体现在以下两个方面。

首先，国际汉语教学由遵循某种教学方法向遵循普遍教学原则转变。"教学原则"是指在教学中依据语言教学的基本理念和规律制定的普遍原则。在"后方法时代"（详见二维码：后方法时代），课堂教学不再追求某一种最佳的教学法，而是根据不同的语境、目标和学习者的需要，灵活地运用多种教学原则和策略。

后方法时代

其次，随着信息技术和网络技术的成熟，线上教学、线上线下混合教学的方法已经融入传统的课堂教学。虚拟现实扩大了传统课堂的教学空间，虚拟课堂"具身性"（详见二维码：具身性和虚拟现实）为学习者提供了虚拟现实和互动情景，增强了课堂教学实践的体验，有效地提高了教学质量和效果。

具身性和虚拟现实

二、汉语国际教育学科内涵与属性

汉语国际教育作为承前启后的新学科，其学科内涵和属性也发生了相应的变化。因此，汉语国际教育作为学科再次成为学界讨论的焦点。

（一）汉语国际教育学科属性

一种观点认为，汉语国际教育的学科定位是交叉性的，很难简单地将其归为某一单一学科，认为它是一门独立学科。[1] 也有一种观点认为，汉语国际教育属于传播学[2]。还有学者认为汉语国际教育属于汉语言文字学。[3] 但多数学者认为，就学科而言，汉语国际教育的本质是对母语非汉语的外国人进行汉语教学[4]，汉语国际教育的上级学科定位还是属于应用语言学范畴。虽然这是一种传统的看法，但是，把汉语国际教育归类于应用语言学是有其历史根源和学科基础的。从汉语国际教育的对象来看，主要是海内外母语非汉语的外国人，换句话说，汉语国际教育的主要对象是将汉语作为第二语言或外语的学习者。离开这些教学对象或学习者，汉语国际教育就失去了存在基础。此外，尽管名称各不相同，世界各种语言作为第二或外语教学/教育是一个整体，而汉语国际教育是其中的一部分，

---

[1] 崔希亮. 关于汉语国际教育的学科定位问题 [J]. 世界汉语教学，2015（3）：405-411.
[2] 吴应辉. 汉语国际传播与国际汉语教学研究 [M]. 北京：中央民族大学出版社，2011.
[3] 陆俭明. 汉语国际教育专业的定位问题 [J]. 语言教学与研究，2014（2）：11-15.
[4] 赵金铭. 汉语国际教育的两个研究系统——语言教学与师资培养 [J]. 国际汉语教育（中英文），2020（1）：3-9.

其本质仍是第二语言教育/教学。就学科理论基础而言，汉语国际教育涉及语言学、心理学、教育学、传播学等多个学科理论支撑，将其归类为某一单一学科也是不合适的。每一个独立学科的基础理论都不可能是单一的。将其归类为应用语言学，并不意味着其支撑理论仅限于语言学。应用语言学是一个名副其实的由多学科构成的交叉学科。

（二）汉语国际教育学科内涵

关于汉语国际教育学科内涵，有学者认为，它不仅仅是语言教育，还应该把文化传承和传播作为主要任务。因此，汉语教师不仅要具备教学能力，还要有文化传播能力、外交能力、才艺表演能力，等等。这种观点对汉语国际教育教师的能力有多方面的要求。

也有学者认为，汉语国际教育作为一个专业，不仅包括面向汉语作为第二语言或外语学习者的教学，即"国际汉语教学"，而且包括汉语教学的师资培养，如汉语教学专业本科、硕士和博士的培养。后者在国外被称作"TESOL"（详见二维码：TESOL 的含义）。这种观点是符合目前汉语国际教育的实际的。赵金铭（2023）指出，"汉语国际教育包括两个系统：一个是语言教学系统，包括在目的语和非目的语环境中的汉语教学，教学对象是外国人；另一个是师资培养系统，包括为汉语作为第二语言/外语教学培养师资的专业设置，教学对象主要是母语为汉语的中国人（包括少数国外汉语教师）"。从学科的角度讲，前者属于应用语言学，后者属于教育学门类。而后者在国外多数是被放在应用语言学学科下的。此外，汉语国际教育专业和国际汉语教学，由于培养对象不同，属于两个不同的专业。

TESOL 的含义

关于汉语国际教育到底是什么教育的问题，有学者认为是语言文字教育，有学者认为是汉语文教育。但多数学者认为，汉语国际教育只包括对外国人进行的第二语言教学。汉语国际教育，之所以称作"教育"，而不是"教学"，并非表明汉语教学隶属于教育学科范畴。虽然国外有些国家把英语作为外语教学置于教育系统管理，我国也把汉语国际教育专业列入教育学门类，但这种归类实际上属于教育行政安排。学科的内涵和属性并不因为这种安排而改变。

三 海外孔子学院教学模式

"教学模式"是指在一定的教学思想或教学理论指导下，设计和组成教学活动的结构、框架和方法。但孔子学院的教学模式是根据不同教学对象和学习需求在教学实践中形成的特定教学模式。本节主要从三个方面介绍。

（一）孔子学院的教学类型

孔子学院在海外形成了多种形态的教学模式、教学活动和教学类型。目前海外孔子学院教学模式主要包括但不限于以下四种类型。

1. "语言＋文化＋活动"教学模式

"语言＋文化＋活动"教学模式,是指将语言教学、文化教学和教学活动结合在一起的教学模式。

语言类课程一般会按照学习者的初、中、高水平开设。有些是按照大学、中学、小学开设各类汉语课程,也有一些是按照语言技能开设听、说、读、写各类课程,以及按照成人学习者需求开设社区汉语、家庭汉语、教职工汉语、公司汉语课程等。

文化类教学课程包括中国传统文化教学、中国当代文化教学、语言文化类教学、物质与非物质文化类教学,如中国茶文化、太极等。

此外,还包括举办各类教学活动,如春节庆祝活动、"汉语桥"比赛、讲座等。以丰富的教学活动给学习者提供更多的教学实践和语言交际机会。这种教学模式被称为"三位一体"的孔子学院教学模式[①]。

2. 孔子学院的非课堂教学模式

"非课堂教学模式",也被称作"第二课堂""课外实践"或"教学实践"等,是一种以课外实践活动为特点的教学模式。有一项调查研究将非课堂教学活动概括为 3 类 11 种活动。第一类是大型集体活动,如"汉语桥"中文比赛、春节庆祝活动等。学习者通过活动亲身感受中国文化氛围,了解中国文化习俗。第二类是小组活动形式,如太极拳课程、汉字书写和书法比赛等。这类活动为师生之间、学生之间进行语言交流、提高汉语交际能力提供了真实的语言环境。第三类是为学习者提供个人学习空间,如阅览室、自习室等,有助于学习者自主学习和教师的个性化教学。

非课堂教学模式作为课堂教学的有力补充,可以激发学习者的学习和交际动力,为学习者提供使用汉语进行交际的真实的语言生活环境。[②]

3. 企业和民间汉语培训机构的教学模式

在汉语国际教育"六大转变"的背景下,国内外一些企业和民间汉语培训机构应运而生。企业汉语培训班多数采用短期汉语强化教学模式。主要是面向各类机构的成人业余学习者,教学时间短,大都利用晚上和业余时间进行汉语培训。企业汉语培训班的教学内容,主要是根据学员需求开设汉语培训课程,以商务内容为主的汉语培训班居多。企业汉语培训班的课程设置以汉语听力课和口语课为主,满足学员商贸和旅游等各种需求。培训班还设置了文化教学的内容,以讲座为主要形式。此外,外企开设的商贸汉语培训班,多以强化训练为主,成绩测试往往与工作绩效相联系。这种强化教学模式一般都能取得比较好的教学效果。

---

① 梁吉平,贾培兰.海外孔子学院课程设置研究——以英国 14 所孔子学院为例[J].云南师范大学学报,2021(3):19-28.

② 张宝歌.加强非课堂教学,实现课堂内外有机结合[J].中国高等教育,2007(Z3):67,76.

4. "汉语＋职业教育"模式

"汉语＋职业教育"作为一种教学模式,目的是推动汉语国际教育和职业教育的融合和发展。目前,全球40多个国家的100多所孔子学院开设有"汉语＋职业教育"课程,涉及汉语＋高铁/经贸/旅游/法律/海关/航空等数十个领域,形成了各种类型的汉语＋职业教育的教学模式。泰国自2016年开启的"中泰高铁汉语培训项目"目前已连续举办四届,为泰国社会培养了100多名铁路技术人才,促进了中泰职业培训领域的合作。巴基斯坦费萨拉巴德农业大学孔子学院与中巴经济走廊优先实施项目通过"汉语＋焊接技术"教学培训方式开展相关教学。埃塞俄比亚职业教育孔子学院设立"创新电子技术实验室",在孔子学院内开设"汉语＋单片机控制系"基础课程/"汉语＋机器人技术"高级课程。这些都是孔子学院采用"汉语＋职业教育"模式的一些例子。这种模式在海外得到广泛的应用和进一步推广。

(二)孔子学院的课程设置

遍布世界各地的孔子学院和孔子学堂由于教学对象、教学环境、培养模式的不同,设置了汉语国际教育有史以来种类最为繁多、设置最为齐全的课程体系。

一是语言类课程。这是所有课程中比例最高的一类,包括初级、中级和高级汉语;小学、中学、高中和大学汉语;幼儿汉语、成人汉语;交际汉语、社区汉语、家庭汉语、教职工汉语、公司汉语、夏令营、HSK考试等。

二是文化类课程。这类课程包括汉语文化、中国茶文化、太极语言文化班、中国文化研究、汉字演变与汉字文化、中国传统文化等。文化类课程充分体现了多元化特征和不同时代特征。

三是文史哲类课程。文学课包括中国文学、《论语》选读、中国古代文学。历史类课程包括中国历史和中世纪中国。哲学类课程包括中国哲学、中国宗教信仰、中国古典文学中的哲学主题。

四是特色课程。这类课程包括商务、电影、太极、茶艺、书法、相声、烹饪、音乐、舞蹈、剪纸、绘画、戏曲、表演、医疗、旅游课程等,是世界各地孔子学院的首选课程。

五是汉语教师培训课程,主要是本土教师培训班。这类课程对当地汉语教学的可持续发展具有重要意义,为海外汉语教学提供了师资支持,同时为中外汉语教师提供了一个相互交流、学习和合作的平台。

除上述五种类型的课程外,还有一类课程,即"语言＋文化＋特色"课程。这类课程反映了汉语国际教育在教学理念和教学内容上两个重要转变:一是改变了课堂教学忽视文化课程的状况,文化教学成为汉语国际教育的重要组成部分;二是反映了孔子学院以学习者的需求为中心,为学习者提供了更多的选择。

(三)孔子学院的教材建设

近些年来,孔子学院为解决海外孔子学院的教材问题,全面加大海外汉语教材建设的力度，针对海外不同学习群体的不同需求编写和改编了大量教材。这些教材大致可以分为五类。

一是少儿类教材。随着"汉语热"的持续升温，汉语教学的重心开始下移，汉语教学呈现低龄化趋势。因此，面向海外低龄儿童的汉语教材越来越多。其中广受欢迎的教材有《汉语乐园》《国际少儿汉语》《快乐汉语》等。少儿汉语的特点是通过游戏、儿歌和童谣以及表演活动等方式为儿童提供自然习得汉语的环境。

二是中小学类教材。这类教材注重汉语学习的趣味性，通过新颖的教学方式激发学生的学习兴趣。如汉字教材《张老师教汉字——汉字识写课本》，以及采用唱歌的方式学口语的口语教材《嘻哈说唱学汉语》。这类教材版式设计活泼，配有漫画，编写思路符合中小学生的年龄特点，寓教于乐。

三是大学类教材。海外孔子学院大学汉语教材主要来自国内编写的教材和所谓的"本土化"教材。如《商务汉语》《基础汉语》《世博汉语》《汉语会话与阅读》《快乐使用汉语》等。据不完全统计，截至 2019 年底，世界五大洲 137 个国家的孔子学院、孔子课堂参与编写出版的海外本土教材达 2374 种。①

四是社会成人类教材。由于孔子学院的教学对象主要是社会各阶层的成人，教材编写也主要是满足他们的各种职业需求和社会需求，如《公路局汉语初级教程》《警察局汉语初级教程》《跨文化交际及酒店基础汉语培训》等。这些中外合作编写的社会成人教材可以最大限度地切合当地汉语教学对象的需求，以职业为导向，具有实用性。

五是通用教材。"通用教材"也称作"普适性教材"。这类教材多是由国内编写，以满足不同国家学习者的汉语学习需求，如《初等汉语口语》《跟我学汉语》《快乐汉语》《新实用汉语课本》等。此外，为满足学习者差异化需求，与各行各业相结合的本土化教材不断涌现，如《医院常用汉语》《工程工地常用汉语》《牙医专用汉语》等。这类教材，弥补了通用型汉语教材的局限和不足，体现了教材编写的普及性、实用性理念，使汉语走进当地社会各行各业的语言生活。

四 标准和大纲建设

为了从根本上解决汉语国际教育的"三教"问题（详见二维码："三教"问题），孔子学院总部组织海内外学者制定了汉语国际教育的"两个标准""一个大纲"。

"三教"问题

（一）国际汉语教师标准

《国际汉语教师标准》（详见二维码：《国际汉语教师标准》）由国家汉语国际推广领导小组办公室于 2007 年发布。该标准是对从事国际汉语教学工作的教师所应具备的知识、能力和素质的全面描述，由五个模块组成。

---

① 王美雨. 海外汉语本土教学资源研究——基于孔子学院总部/国家汉办网站所列"海外本部教材开发目录"[J]. 枣庄学院学报，2020（3）：107-111.

模块一：语言知识与技能，包括"汉语知识与技能"和"外语知识与技能"两个标准，对教师应具备的汉语及外语知识与技能进行了描述。

模块二：文化与交际，包括"中国文化和中外文化比较"与"跨文化交际"两部分。要求教师具备多元文化意识，了解中国和世界各国的文化知识及其异同，掌握跨文化交际的基本规则。

《国际汉语教师标准》

模块三：第二语言习得理论与学习策略。要求教师了解汉语作为第二语言的学习规律和学习者特点，能够帮助学习者成功学习汉语。

模块四：教学方法，包括"汉语教学法""测试与评估""课程、大纲、教材与教辅材料"和"现代教育技术与运用"四个标准。要求教师掌握第二语言教学理论和教学法知识，具备教学组织和实施能力。

模块五：综合素质。主要对教师的职业素质、职业发展能力和职业道德进行了描述。

《国际汉语教师标准》的制定借鉴了"TESOL"等国际第二语言教学和教师研究新成果，吸收了国际汉语教学实践经验。《国际汉语教师标准》不仅包含内容标准（语言知识与技能），而且包含国际汉语教师应具备的文化素养、学习理论素养、教学素养和综合素质。

（二）国际汉语能力标准

《国际汉语能力标准》是孔子学院总部于 2007 年与《国际汉语教师标准》同时发布的"语言能力标准"（performance standard）。《国际汉语能力标准》是面向汉语作为外语的学习者的纲领性文件。该标准从三个层面出发，分别提供了五个级别的描述，以刻画汉语学习者运用汉语知识和技能进行交际的能力，可作为制定国际汉语教学大纲、教材编写和学习者语言能力测试的参考标准。

第一个层面是国际汉语能力的总体描述。该层面对把汉语作为外语的学习者在听、说、读、写活动中所表现的语言能力进行了综合描述。

第二个层面分别从口头和书面语两种交际方式的角度对汉语能力进行描述，既体现了语言运用的实际状况，也反映了汉语学习的特点。

第三个层面从语言交际理解与表达的过程入手，分别对汉语口头理解和表达能力、汉语书面理解和表达能力进行了描述。

《国际汉语能力标准》是在欧美国家相继发布外语学习标准（如美国 21 世纪外语学习标准和欧盟 CEF 标准，详见二维码：欧盟 CEF 标准）的背景下制定的。因此，该标准是第一个面向汉语学习者的"语言能力标准"。

欧盟 CEF 标准

（三）国际汉语教学通用课程大纲

《国际汉语教学通用课程大纲》（2007）是对汉语作为第二语言课程目标与内容的梳理和描述，旨在为汉语教学机构和教师在教学计划制订、学习者语言能力评测和教材编写等方面提供参考依据和参照标准。《国际汉语教学通用课程大纲》主要包括以下内容。

（1）语言知识与技能：包括汉语的音节、词汇、语法等基本知识，以及听、说、读、写等基本语言技能。

（2）策略与文化意识：包括提高效率、促进学习者自主学习和发展自我能力的策略，以及培养学习者的国际视野和多元文化意识。

（3）五个等级的描述：《国际汉语教学通用课程大纲》参照《国际汉语能力标准》，将课程内容划分为五个等级。从语言知识、语言技能、策略、文化意识等方面对语言综合运用能力分级目标进行了详细描述。其中语言知识和语言技能是语言综合运用能力的基础；策略是提高效率、促进学习者自主学习和发展自我能力的重要条件；文化意识则是培养学习者的国际视野和多元文化意识，使其更得体地运用语言的必备元素。

此外，《国际汉语教学通用课程大纲》最大限度地兼顾到小学生、中学生及社会人士等不同使用对象的特点，最大限度地降低了汉语学习的难度，对目标等级也做了适当调整，突出汉语交际能力在培养语言综合运用能力中的地位，以适应国际汉语教学的实际情况。

第三节　新时期的国际中文教育

2019年12月，国际中文教育大会在长沙举行。这次会议的召开标志着汉语国际教育进入一个新时期，即"国际中文教育"时期。汉语国际教育转变为国际中文教育，学科内涵发生了变化，教学理念也有所创新，课程设置、教学模式、教材编写、教师队伍建设等方面都发生了新变化。

一　国际中文教育的内涵与拓展

汉语国际教育转变为国际中文教育后，其内涵和外延不断拓展，其中有变，也有不变。

一种观点认为，汉语国际教育更名为"国际中文教育"，本旨未变，但外延却有所拓展。"本旨未变"是说，不管名称为何，其内涵是"将汉语作为第二语言/外语教授给母语非汉语的外国人"。作为学科，其本质仍然是语言教学。"外延拓展"的意思是，"汉语"仅包括汉语语言，而"中文"则是中国的语言文字。"中文"的外延更大。①

另一种观点认为，国际中文教育的外延已经扩大，至少包括国内的对外汉语教学、海外的国际中文教学和海内外的华文教育，即所谓"大华语"的观点。②

上述两种观点分别从内涵和外延两个角度对国际中文教育进行了定义。虽然学界目前

---

① 赵金铭. 第十三讲：国际中文教育资源体系的特点与构建［M］//赵金铭. 国际中文教育十三讲. 北京：商务印书馆，2023.

② 郭熙，林瑀欢. 明确"国际中文教育"的内涵和外延［N］. 中国社会科学报，2021-3-16（3）.

对国际中文教育内涵的看法并不一致，但多数学者认为，从学科属性和教学对象出发，国际中文教育的内涵是清楚的，主要是指面向海内外中文作为第二语言、外语或传承语的语言文化教学和教育。

但是，国际中文教育实际上包含两个不同教育或教学系统：一是面向海内外的上述三类教学对象的教育和教学；二是中文作为第二语言或外语教学专业的师资培养。这是国际中文教育的"主责主业"[①]。

总之，虽然国际中文教育的内涵和外延不断拓展，但学科属性和目标并没有变。国际中文教育的外延更加开放、包容和规范。

二 国际中文教育标准建设

2022年12月，国际中文教育大会在北京召开。会议主题是"构建国际中文教育质量发展新格局"。这一主题表明，提高教育、教学质量成为国际中文教育的主责主业。其中，国际中文教育标准体系建设成为落实其教育主业的一项重要举措。这一时期，先后制定和发布了多项国际中文教育标准。

（一）国际中文教育的中文水平等级标准

随着中文在国际交往中作用的日益凸显，中文学习需求不断扩大。国际中文教育迫切需要制定一套科学规范、包容开放、便于实施的规范标准，用于指导中文学习、教学、测试与评估各个环节，推动国际中文教育教学质量和提升。因此，2021年教育部和国家语言文字工作委员会发布了《国际中文教育中文水平等级标准》（详见二维码：《国际中文教育中文水平等级标准》）。该标准是国家语委首次发布的面向国内外中文学习者中文水平的等级标准，作为我国国家语言文字规范。（详见第三章）

《国际中文教育中文水平等级标准》

（二）国际中文教师专业能力标准

《国际中文教师专业能力标准》（详见二维码：《国际中文教师专业能力标准》）是世界汉语教学学会首个以"团体标准"（详见二维码：团体标准）形式发布的标准，目的是为国际中文教师的培养、培训、能力评价与认定及专业发展提供依据和规范。

《国际中文教师专业能力标准》以国际中文教师胜任力模型为基础，通过专业理念、专业知识、专业技能、专业实践和专业发展5个一级指标和16个二级指标，将国际中文教师应具备的知识、技能、态度及专业发展等能力划分为初级、中级、高级三个水平。专

《国际中文教师专业能力标准》

---

① 赵成新. 国际中文教育学科发展之路 [J]. 学位与研究生教育，2022（10）：34-41.

业理念包括教师的职业道德和专业信念；专业知识包括教师需要掌握的教育知识、中文和语言学知识、中华文化与中国国情知识、第二语言习得知识；专业技能包括中文要素教学、中文技能教学、跨文化交际、教育技术技能；专业实践包括课堂教学计划、教学资源选择与利用、课堂组织与管理、教学评估与反馈；专业发展包括教学反思与教师专业发展规划。

团体标准

《国际中文教师专业能力标准》是我国第一个由社会团体发布的国际中文教育标准，在教师专业发展理念上有所创新。首先，《国际中文教师专业能力标准》首次提出"师德为先"，强调教师应遵守职业道德，应具有国际中文教育专业信念。其次，以"素养为基础"，要求教师将国际中文教育学科知识和教学技能相结合并运用于教学实践。再次，强调"学习者为本"，尊重学习者发展和中文学习规律，提供适合学习者特点的国际中文教育内容和教育形式。最后，以"跨文化能力为重"，突出教师跨文化交际能力与数字技术应用能力。

（三）职业中文能力标准

《职业中文能力标准》是国际中文教育领域首个与职业教育结合的标准。制定该标准的目的是满足中文学习者在各自的行业中运用中文进行交际的需求，促进职业中文教育规范化发展，为职业中文教育和教学提供标准和依据。

该标准的主要内容包括四个部分。一是职业范围界定，即按照职业岗位需求将工作岗位分为技能型（A类）和服务型（B类）。"技能型"适用于从事生产制造、加工等以工具设备操作的相关人员，如汽车维修工、钳工等；"服务型"适用于从事商业服务、社会生活服务等以服务为主的相关人员，如酒店服务人员、导游等。二是术语和定义，包括职业中文教育、职业中文能力、职业中文等级等术语的定义。三是等级能力描述。《职业中文能力标准》将职业中文能力分为入门、初级、中级、高级和精通5个等级。四是职业交际策略和文化意识，包括语言策略、非语言策略、情感策略、文化意识、职业精神。

该标准规定了职业范围类型，解决了语言能力与职业技能同步培养的问题，实现了通用层面的语言标准与职业技能标准的有效衔接。

此外，《职业中文能力标准》为职业中文学习者确立了学习目标和方向，帮助学习者准确定位自己的职业中文能力，确立有针对性和务实的学习目标。同时，为教师在职业中文教学的各个环节提供了规范性参考。

（四）海外中文教育标准

近些年来，海外中文教育领域先后制定了一系列的中文教育标准。据统计，目前，海外有32个国家和地区发布了106项中文能力标准、课程标准和测试标准。这些标准主要包括两类：一类是全球和区域中文教育标准，另一类是国别和地区制定的中文教育标准。在此，仅列举几项区域性、本土化标准。

（1）美国的《AP中国语言文化课程与考试大纲》。AP中国语言文化是美国在高中开设的大学选修课程。美国大学理事会开设 AP 中国语言文化课,并举办 AP 中国语言文化考试。2006 年公布的《课程与考试大纲》主要包括课程框架、教学方法、考试信息、评分指南等内容。

(2)英国的《IGCSE 国际普通中等教育证书中文考试大纲》。该大纲是剑桥大学国际考试委员会研制的。该考试主要面向英国 14~16 岁的中学生。大纲内容包括概述、科目内容、考评细节等。此外,英国剑桥大学委员会还颁布了面向 16~18 岁考生的《A-LEVEL 国际普通教育高级水平证书中文考试大纲》。

(3)欧盟颁布的《欧洲汉语能力标准》。该标准以欧盟 CEF 标准为指导,根据中文在欧洲的使用特点,制定了 A1、A2+两个级别的汉语能力标准和 7 个说明文件,增加了包括拼音和汉字在内的字形知识、拼读能力。

上述都是各国和地区根据公布的语言能力标准制定的本土化中文教育标准。

三 国际中文教学模式

汉语国际教育向国际中文教育的转变,使国际中文教育生态和教学模式发生了新变化。除了传统的课堂教学模式,线上教学、线上线下混合教学、线上教学资源平台(国际中文智慧教学)、"中文+"和"+中文"等新型教学模式不断涌现。

(一)线上教学模式

线上教学是指依托互联网技术,通过计算机、平板、手机等终端设备进行远程授课的教学方式。这种教学方式打破了时间和空间的限制,让学生可以在任何时间、任何地点进行学习。线上教学模式主要包括以下几种类型。

(1)直播授课。教师定时在线直播讲课,学生在线实时观看学习。教师通过电脑分享屏幕内容,如 PPT、教学资料等,同时进行语音讲解。学生可以实时观看教师的屏幕内容、收听教师的讲解,并参与课堂互动。

(2)录播授课。教师提前录制授课视频,上传至在线教学平台,学生在课前自行观看和学习,课中老师进行线上答疑等活动。

(3)慕课授课。教师选择现有的优质慕课资源,以供学生在课前进行学习;课中教师进行线上答疑等活动。

(4)线上同步课堂。教师利用网络学习平台在线上课,学生通过电脑或者手机在线收看。

线上教学模式不限于上述 4 种,还包括微课、翻转课堂、任务驱动式教学和情景模拟教学等。线上教学的共同点是,打破了传统线下课堂教学模式时间和空间的限制,教学内容多样化,通过多种模态的教学满足学习者的不同学习需求。

(二)线上线下混合教学模式

中文线上线下混合教学模式是一种将传统课堂教学与在线教学相结合的教学模式。在这种模式下，教师在课堂上进行面对面的教学，同时利用在线教学资源和技术手段，为学生提供更加灵活、个性化、互动性的学习体验。中文线上线下混合教学模式包括以下几种形式。

（1）线上预习与线下教学的结合。教师提前将教学视频、课件等资源上传到在线平台，学生可以在课前进行预习，了解教学内容和重点。在课堂上，教师针对学生的预习情况进行深入讲解和讨论，提升教学效果。

（2）线上与线下互动的结合。教师在课堂上进行面对面的教学，同时利用在线平台进行实时互动和讨论。学生通过在线平台提交作业、参与讨论、提问等，教师及时给予反馈和指导。

（3）线上自主学习与线下辅导的结合。学生在线上自主学习中文知识，同时在课堂或在线平台上接受教师的辅导和指导。这种模式可以培养学生的自主学习能力和独立思考能力，同时也可以提升教学效果和学习体验。

（三）国际中文智慧教学模式

"国际中文智慧教学"（详见二维码：国际中文智慧教学）是一种基于互联网和人工智能技术的全新教学模式，旨在提高国际中文教育的质量和效率。这种教学模式利用先进的技术手段，如大数据分析、人工智能、虚拟现实等，为教师和学生提供更加智能化、个性化和更多互动的教学体验。

国际中文智慧教学

在国际中文智慧教学中，教师通过智能化的教学平台实时掌握学生的学习进度和情况，为学生提供更加精准的教学指导和反馈。同时，学生通过智能化的学习平台，自主选择学习内容和学习方式，实现个性化的学习。此外，国际中文智慧教学利用虚拟现实技术，为学生提供更加生动、形象的学习体验，提高学生的学习兴趣和积极性。（详见第八章第四节）

（四）"中文＋"和"＋中文"教学模式

"中文＋"和"＋中文"的概念，源于汉语国际教育时期的"汉语＋"和"＋汉语"两个概念。这两个概念是指国际中文教育中的两种教学模式，二者的内涵有所不同。

"中文＋"指中文＋专业或职业，重点在"中文"，即以中文教学为中心，同时延伸到其他专业或职业领域。课程设计通常会根据当地的需求和行业特点，融入相关的技能和知识。如"中文＋商务"课程教授商务礼仪、商业合同、国际贸易等相关的中文词汇和表达方式；"中文＋科技"课程教授科技相关的中文词汇和表达方式等。这种教学模式的目标是培养既懂中文又懂相关技能的国际化人才。

"＋中文"指专业和职业＋中文，是以特定领域或技能为中心，中文教学仅作为其中的一部分或辅助的教学模式。课程设计通常以特定专业或职业领域为主，如"商务＋中文"的课程以商务流程、商务谈判、商务信函等为主要内容，同时教授相关的中文词汇和表达方式；"科技＋中文"的课程以科技理论、科技实践、科技交流等为主要内容，同时教授相关的中文词汇和表达方式。

"中文＋"和"＋中文"的本质区别在于中文教学与其他专业教学的选择次序不同、重心不同。"中文＋"教学模式强调以中文教学为中心，注重培养学生在掌握中文语言能力的基础上，能够使用中文进行跨文化交流和从事相关领域工作的能力；"＋中文"教学模式则是以特定领域或技能为中心，注重培养学生具备特定领域或技能的知识和技能，同时能够使用中文进行相关的工作。

四 国际中文教材与数字资源

目前，国际中文教育教材的编写出版处于最繁荣的时期。不仅数量稳步增长，而且种类繁多，教材质量不断提升，教材出版模态多样化。

（一）教材编写理念多元化

对外汉语教学的早期，教材编写基本秉持单一的教学理论或理念，如基于结构主义的汉语教材、基于功能主义的汉语教材等。国际中文教育时期的教材编写理念呈现多元化趋势。这种多元化不仅体现为不同类型教材编写理念的多元上，更体现为在同一部教材中融入多种教学理念。

基于不同教学理念编写的教材有很多种类，如基于"任务型教学法"的教材、基于"主题式教学法"的教材、"基于内容教学法"的教材，以及基于"体验式教学法"编写的教材等。基于任务型教学编写的教材通常是以"目标任务"或"真实世界的任务"以及"任务要素"为核心内容编写，这种教材编写的目的不像传统教材为了展示语言结构，也不是刻意把语言形式镶嵌在任务中，更不是以语言形式操练为导向。任务型教材编写的理念强调的是"做中学""用中学"，即在真实的语言交际环境中学语言、用语言。《体验汉语口语教程》就是以任务型教学为主的中文教材。

此外，"后方法"时代，语言教学和教材编写不再追求最优的单一教学模式和教学原则。任何一种教学方法或教学原则都有其优势和不足，多元教学理念和教学原则的结合，才能够满足学习者不同的学习需求，如《汉语口语速成》等教材就是以培养学生口语交际技能为主、同时突出功能导向的系列教材，即以交际功能为纲，同时融入任务型教学方法。三种不同教学方法相结合，教学理念并行不悖，体现了教材编写理念的多元化。

（二）教材类型多元化与结构立体化

目前，国际中文教材有近两万种，教材数量如此之多，体现了教材编写类型的多元化。教材类型有很多分类标准，每一种分类标准都从不同角度反映了教材多元化的特性。就学习者类型而言，包括幼儿类、中小学类、大学类、社会成人类。这类教材反映了中文学习者年龄层次的多元化。按不同教学目标分类，可以分为面向中小学的中文教材、面向大学成人的中文教材、专门用途教材、中国文化教材、华文教材、考试类教材等，几乎囊括了所有的教材类型；从教学环境角度分类，又可以分为国内编写的教材和海外编写的教材，以及国别化或本土化教材。造成中文教材种类繁多的原因，主要是教学模式的多元化、学习者的多元化、学习环境的多元化。①

此外，目前国际中文教材的另一个特点是教材结构的立体化。结构的立体化是指主干教材和配套教学资源的综合研发，形成主干教材、教辅资源和测试系统相互配合的体系。同时纸质教材、音像教材、电子教材等不同媒介，形成了相互补充的教学资源体系。目前，国内影响较大的几部系列配套教材，如《长城汉语》等为学习者提供了资源更为丰富的立体化教材体系。

（三）教材国别化、职业化、低龄化

中文在海外的广泛传播，推动了其教材编写和出版的繁荣和发展。在数量众多的中文教材中，有三类教材成为教材研发的新领域，即国别化教材、职业化教材和低龄化教材。

国别化教材是指根据不同国家或地区的语言、文化、教育背景和学习需求，编写的适合当地学习者的中文教材。近些年来，针对海外国际中文教育环境、教学对象的教材越来越多，如美国编写的《中文听说读写》、俄罗斯编写的《该学汉语了》、韩国编写的《开口说中国语》等。这类教材大都和本地区或国家的语言文化、教学特点紧密结合，解决了通用型教材"水土不服"的问题，在一定程度上满足了海外中文学习者的不同需求。

职业化教材是指"中文＋职业"和"职业＋中文"类教材。这类教材是在"中文＋"和"＋中文"两类教学模式的驱动下编写的职业教材。"中文＋职业"类教材，如韩国出版的《基础物流中文》《开放商务》《航空客舱中国语》等，不仅体现了职业特点，而且与中文相结合。"职业＋中文"是配合不同职业教育＋中文的特色课程而编写的，如卢旺达和孔子学院编写的"中文＋农业技术培训""中文＋医护培训"类教材。

据估计，全球未成年学习者占海外中文学习者的50%~60%。因此，满足少儿学习需求的中文教材成为新的增长点。低龄化教材包括泰国的《天天汉语》《我爱汉语》，美国的《远东少年中文》《中文百宝箱》，以及印度尼西亚的《千岛娃娃学华语》等。与成人中文教材相比，低龄中文教材具有鲜明的特色。一是教材系列化，课文容量小，符合少儿的学习特点和认知水平。二是教材内容图文并茂、教材设计的活动丰富多样，注重儿童中文学习的趣味性，满足了海外少儿学习中文的不同需求。

总之，国际中文教育时期的中文教材百花齐放，教材编写理念以学习者为中心，贴近海外中文教学环境，符合各类教学对象的学习特点，编写思路不断创新。

（四）数字资源与教材数字化

"数字资源"是指通过计算机程序制作的软件、数字图像、数字音频、数字视频、网站、数据库和电子书等。数字资源主要包括数字教材、网络课程（慕课和微课）、数字应用（电脑和移动终端）三种类型。本节主要介绍数字教材。

---

① 吴中伟，耿直，徐婷婷. 汉语教材建设的发展趋势和相关理论问题[J]. 国际汉语教育（中英文），2017（1）：15-19.

"数字教材是通过数字化技术实现对传统教材文本、图像、声音、视频、动画等媒体的整合,通过各种数字终端阅读并具有交互功能,能够支撑一门课程教学的完整教材资源。"[1] 数字化教材作为国际中文教材的新形态具有几个特点,一是通过数字技术将文本、图像、声音和视频等多种模态资源数字化并整合为一体;二是教材阅读和使用的终端多样化(电脑、移动终端)并具有交互功能;三是以完整的多模态资源形式提供课程教学内容。数字资源的出现打破了传统纸质教材概念的边界。数字教材已经从单一形态向多种形态转化,由单一模态向多种模态转变。纸质教材走向资源化、数字化和智能化。

自20世纪末至今,数字教材经历了由静态媒体教材向多媒体教材、富媒体教材和智能化教材的转变。静态媒体教材是将传统纸质教材进行数字化处理,以复现纸质教材的阅读模式为主的教材,如意大利出版的《说汉语,写汉字》、俄罗斯出版的《汉语》等。这类教材在中文教材中占比最大。多媒体教材是指含有音频、视频、动画等的电子教材,如《新实用汉语课本》《汉语乐园》《环球汉语》等。教师利用这种教材引导学生进行听、读和练习等教学活动。富媒体教材是指文字、图像、音频、视频、动画等各种资源集成的数字教材,如《长城汉语》《快乐汉语》《我的补习老师》等。这类教材为学习者提供了丰富的、可扩展的、互动式的、自主学习的环境和资源。智能化教材是指融入人工智能技术、集个性化辅助学习和智慧导学系统为一体的数字教材。这类教材包括《七色龙》《中文听说读写》《牧羊犬"丁丁"》等。智能化教材集教学活动、教学内容、学习工具和个性化学习于一体,为教师和学习者提供了智能化教学和学习支持。

在数字资源建设的推动下,国内外出版的国际中文数字教材达3600余种。国际中文数字教材的出版为不同年龄层次、有不同学习需求的群体,以及个性化自主学习提供了全方位的支持,大大推动了海外中文教学的推广和普及,对中国语言文化的海外传播起到了不可替代的重要作用。

◇ 基础知识(理论阐释)

汉语作为二语/外语教学经历了对外汉语教学、汉语国际教育、国际中文教育三个历史时期。"汉语作为二语/外语教学"这一概念,在此是作为三个历史时期的、具有普遍适用性的语言教育和教学活动的"中性"表述,而对外汉语教学、汉语国际教育和国际中文教育与特定的历史时期、特定的学科属性和内涵紧密联系在一起。对外汉语教学是指早期面向来华留学生的汉语教学,汉语国际教育主要包括海外汉语作为外语教学和国内的对外汉语教学,其中还包括汉语国际教育专业的教师教育,但二者是两个不同的教育系统。新时期国际中文教育的内涵和外延则更具包容性,包括海外中文作为外语教学、国内对外汉语教学以及华文教学。三者的内涵和外延虽然有所不同,但中文作为第二语言或外语教学和传承语教学的本旨没有变。

---

[1] 教育部教育信息化推进办公室. 国家教育资源公共服务平台教育资源评价指标体系[EB/OL]. (2013-1-12)[2023-02-04]. https://www.ncet.edu.cn/u/cms/www/201401/140911265223.pdf.

◇ 关键概念解析

1. 对外汉语教学

对外汉语教学是以来华留学生为教学对象、汉语作为第二语言或外语的教学。之所以将对外汉语教学称作第二语言教学,是因为学习者在目的语国家学习汉语,教学对象是在学习者习得母语之后学习的一种新语言。而在非目的语国家的对外汉语教学则称作外语教学。

2. 汉语国际教育

就学科而言,汉语国际教育主要是指面向海外汉语作为外语教学和国内的对外汉语教学。此外,汉语国际教育也指培养从事汉语教学工作者的汉语国际教育业,主要以培养从事汉语教学工作的教师为目标。但是,汉语国际教育作为学科和专业是两个不同的系统,教学对象和培养目标不同。

3. 国际中文教育

国际中文教育作为一个学科,其内涵是指面向海内外把中文作为第二语言、外语或传承语的语言文化教学和教育。从外延上,包括国内对外汉语教学、海外国际中文教学和华文教育。

◇ 本章小结

本章分别概述了早期对外汉语教学、过渡时期的汉语国际教育以及新时期的国际中文教育的历史和发展。

本章首先对对外汉语教学时期的学科性质、教学原则、教学方法以及教学理论做了详细的分析回顾。其次,对对外汉语教学学科的创立、学科属性以及学科建设中涉及的语言与文化教学的关系、字本位和词本位教学等理论问题进行了深入探讨。此外,本章还对对外汉语教学学科理论体系创建、教学标准与大纲、教学理论与教学法体系以及学科理论和基础理论的构建进行了论述。

汉语国际教育作为承前启后的历史阶段,开启了对外汉语教学向国际汉语教育事业和学科的转变。本章对这一时期的"三教"问题、学科内涵和属性问题、孔子学院的教学模式、课程设置、教材建设以及两个"标准"和一个"大纲"建设进行了集中的分析和阐释。

新时期的国际中文教育,主要探讨了四个问题。一是对国际中文教育内涵和属性的讨论;二是对国际中文教育的"水平等级标准""教师专业能力标准""职业中文教育标准"和"海外中文教育标准"的主要内容和特点进行了简要的分析和介绍。三是对国际中文教学新模式进行了探讨,包括线上教学模式、线上线下混合教学模式、智慧教学模式、"中文+"和"+中文"等教学模式。四是对国际中文教材和数字教材的编写理念、教材类型多元化与结构立体化特点、教材国别化、职业化和低龄化特点以及中文数字资源与中文教材数字化研发和创新进行了概要介绍。

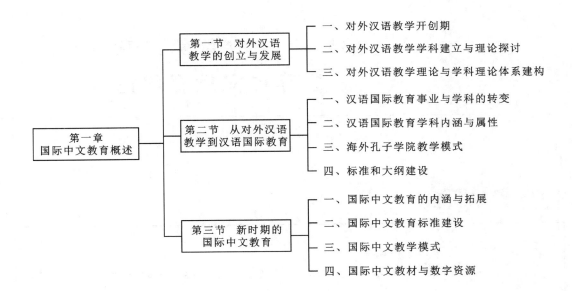

◇ 思考与练习

1. 对外汉语教学时期有三次关于学科性质和属性的讨论，这三次讨论争论的主要问题是什么？谈谈你的看法。
2. 对外汉语教学时期，学界为什么会对"字本位"和"词本位"教学问题产生争论？争论的焦点是什么？
3. 汉语国际教育既是事业也是学科和专业，三者有什么不同？
4. 汉语国际教育时期制定了两个"标准"、一个"大纲"，请你概要说明一下，什么是"内容标准""能力标准"和"水平标准"？
5. 请介绍一下《职业中文能力标准》的内容和特点。
6. 什么是数字资源和数字教材？中文数字教材有哪些类型？

◇ 推荐阅读

赵金铭. 国际中文十三讲 [M]. 北京：商务印书馆，2023.
李泉. 国际汉语教学探讨集 [M]. 北京：北京语言大学出版社，2017.
王建勤. 汉语习得、教学与传播文集 [M]. 北京：北京语言大学出版社，2019.

第二章
国际中文教育理论

教学导航

学习目标	课程素养目标： 1. 通过学习国际中文教育理论，牢记国际中文教育使命，促进中国语言文化传播 2. 通过跨文化交际理论的学习，培养跨文化交际意识，推动文化与文明互鉴 专业知识目标： 1. 掌握国际中文教育学科理论的基本概念、基本知识，打下坚实的学科理论基础 2. 了解国际中文教育基础理论的基本知识，并运用到国际中文教育和教学实践中
重点难点	1. 明确国际中文教育学科理论及其基础理论的不同层次关系，掌握学科理论和基础理论的基本知识 2. 掌握语言教学理论、语言习得理论、语言测试理论和跨文化交际理论的基本理论和研究领域

问题导入

任何一个学科都具有自身的学科理论和学科支撑理论。那么，国际中文教育作为一个新学科，包括哪些学科理论？其支撑理论是由哪些学科理论构成的？此外，国际中文教育的语言教学理论都包括哪些？语言习得理论、跨文化交际理论以及语言测试理论与国际中文教育是什么关系？这些都是本章要回答的问题。

第一节 国际中文教育学科理论

任何一个学科都具有其自身的理论，即学科理论。本节主要介绍国际中文教育学科理论中的语言教学理论、第二语言习得理论、语言测试理论和跨文化交际理论。

一 语言教学理论

在教育学领域，教学理论是教育学的一个重要分支。影响较大的教学理论包括苏联教育学家赞可夫的"教学与发展"理论，美国教育学家布鲁纳的"结构主义教学理论"，德国根舍因的"范例教学"理论等。这些都属于一般的教学理论。国际中文教育由于受多种语言学理论、教育学理论，以及心理学理论的影响，在不同历史时期，形成了一些特定理论影响下的语言教学理论、教学原则和教学法。因此，本小节主要从语言教学理论、教学原则和教学法三个方面概要介绍国际中文教学的理论体系。

（一）语言教学的基本理论

"语言教学理论"是一个比较抽象的概念，特定的教学理论总是受到特定的语言理论、语言习得理论和教育学理论的影响。因此，基于不同学科理论的语言教学理论和教学法也各不相同。

1. 基于行为主义的语言教学理论

教育学领域的行为主义教学理论源于行为主义心理学。在行为主义学习理论的影响下，产生了最具代表性的"程序教学理论"（详见二维码：程序教学理论）。与此同时，行为主义教学理论和学习理论对语言教学也产生了重要影响，因而产生了基于行为主义的语言教学理论。

程序教学理论

首先，基于行为主义的语言教学理论认为，语言学习是言语行为习惯的形成过程。语言学习与其他任何学习一样，学习者通过反复练习，将语言知识和技能内化为行为习惯，从而能够在真实情境中使用语言进行交流。其次，语言学习需要强化，强化是学习的重要条件。在语言教学中，教师通过积极强化使学习者形成正确的言语行为习惯。这一习惯就是通过刺激和反应的强化过程来建立的。再次，该语言教学理论强调规则模仿、操练和强化，促使学生通过实践掌握语言规则。早期的中文教学，如听说法、直接法都是建立在这种语言教学理论基础上的。

基于行为主义的语言教学理论具有以下优点：一是强调反复练习，有利于巩固语言知识和技能；二是强调强化学习，有利于促进学习者的语言习得；三是教学方法简明易行，易于操作。然而，基于行为主义的语言教学理论也存在一些缺点，如过于强调行为习惯的形成，忽视了语言学习的认知过程；教学内容过于碎片化，缺乏整体性；教学方法过于单一，缺乏灵活性等。

2. 基于认知主义的语言教学理论

认知主义教学理论，特别是认知主义学习理论对第二语言教学和外语教学产生了深远的影响。因此，与基于行为主义的语言教学理论不同，基于认知主义的语言教学理论认为，语言学习过程就是认知的建构过程。第一，在语言教学中，学习者通过对信息的加工和理解，构建起自己的语言知识体系。语言学习不仅仅是行为习惯的形成，更重要的是学习者对语言的理解和运用。第二，学习者是语言学习的主体。学习者的主动参与是语言学习的重要保证。教师需要为学习者提供适当的学习材料和环境，帮助学习者积极主动地构建语言知识体系。第三，强调语言教学内容的整体性和系统性。只有这样，学习者才能更好地理解和掌握语言知识。第四，主张语言教学方法多样化，以满足学习者的不同需求。教师应选择合适的教学方法，提升教学效果。

3. 基于交际的语言教学理论

基于交际的语言教学理论是20世纪70年代兴起的一种语言教学理论。该理论认为，语言学习的目的是交流，因此教学重点应放在交际活动上，培养学生在实际运用中学习、掌握语言的能力。语言交际能力是语言学习的核心，因此语言的教学内容和教学方法应以培养交际能力为目标。同时，语言教学应以交际活动为中心，其教学内容和教学方法应围绕交际活动进行设计。此外，基于交际的语言教学理论认为，学习者是交际的主体，因此教学应以学习者为中心，鼓励学习者积极主动地参与交际活动。

受基于交际的语言教学理论的影响，语言教学出现了一些新型教学法，如交际法、任务型教学法、情境教学法等。这些教学法都强调交际活动、真实情境等交际教学原则，有利于激发学习者的学习兴趣和动力，有利于学习者掌握语言的实际运用，有利于培养学习者的自主学习能力。

4. 基于任务的语言教学理论

基于任务的语言教学理论是20世纪90年代兴起的一种语言教学理论，它认为语言学习应以任务为导向，帮助学习者在完成任务的过程中掌握语言。

该理论主张，第一，语言学习是通过完成任务来实现的，任务是语言学习的核心。学习者在完成任务的过程中，需要使用语言来交流、合作、解决问题，从而掌握语言的实际运用。第二，任务应该是真实和有意义的，以激发学习者的学习兴趣和动力。任务的真实性体现在任务的背景和内容上，任务的意义体现在任务与学习者的实际生活和学习相关联上。第三，任务的难度应适合学习者的水平，从而保证学习者在完成任务的过程中取得成功。任务的难度可以通过任务的目标、内容、形式等因素来调节。第四，任务的实施过程中应注重合作和交流，培养学习者的合作能力和交流能力。教师通过小组合作、角色扮演等方式来促进合作和交流。

在这一教学理论的影响下，语言教学领域产生了任务型教学法、情境教学法等。基于任务的语言教学理论及任务型教学法具有一定的优势，但也存在一定的局限性，如任务的设计和实施需要教师具备一定的教学技能，否则难以在普通教学中推广。另外，任务的难度控制较难，容易导致学习者产生挫折感。

5. 基于内容的语言教学理论

基于内容的语言教学理论是一种主张将语言学习与内容学习相结合的教学理论，同时也是一种教学方法。其理论主张包括以下几点。第一，语言学习与内容学习自然伴随。语言学习不是目的，而是学习其他学科知识的手段。学习者在学习其他学科知识的过程中，自然会习得语言。第二，教学内容应具有真实性和趣味性。教学内容具有真实性和趣味性可以激发学习者的学习兴趣和动力。真实性体现在教学内容与实际生活和学习相关联，趣味性体现在教学内容能够吸引学习者的注意力。第三，语言学习应注重语境和文化，帮助学习者更好地理解和使用语言。语境是指语言使用的环境，文化是指语言所承载的文化背景。第四，教学应注重学生的个体差异，以满足学生的不同学习需求。

与基于内容的语言教学理论相伴而生的是基于内容的语言教学法。这种教学法不仅促进了学科知识的学习，而且促进了语言的自然习得。在这种理论的影响下，还产生了一些其他教学法，如主题教学法、项目教学法等。

（二）语言教学原则

语言教学原则是指从一定的教育或教学目标出发，根据对教学实践的客观规律的认识制定的指导教学工作的理论原则。这些原则既是语言教学实践的理论概括，也是语言教学实践的指导原则，构成了语言教学理论的核心内容。库玛（2013）将这些理论原则称作系统、连贯、相互关联的"教学实践理论"[1]。

语言教学原则源于语言学、认知心理学、第二语言习得以及教学等相关理论以及语言教学的实践性经验知识，因此，不同的理论背景和教学实践经验形成了不同的教学原则。

库玛（1994）提出了"后方法时代"的"十大教学策略"，这些策略实际上是后方法时代语言教学的理论原则[2]。库玛认为，这些策略属于理论中性化、方法中性化原则，不受任何具体的语言学、语言教学或语言教学流派假说的束缚。因此，这些理论原则为传统的语言教学向后方法时代的语言教学的转化提供了普遍适用的教学理论框架。

靳洪刚（2011）在 Doughty & Long 提出的语言教学原则的基础上提出了"现代语言教学的十大原则"。这些原则是在"理论解释的充分性""原则应用的必要性"以及"教学实施的辅助性与有效性"这三个标准基础上建立的现代语言教学理论，具体包括：① 以任务为语言教学基本单位；② 教学采用"体验学习"；③ 提供丰富的输入；④ 提供相近的扩展性输入；⑤ 语言学习是一种组块学习；⑥ 注重语言结构的联系；⑦ 强调在有大量输入基础上的有效输出；⑧ 强调反馈纠错，培养学习者差异意识；⑨ 尊重学习者的语言

---

[1] 库玛. 超越教学法：语言教学的宏观策略 [M]. 陶健敏，译. 北京：北京大学出版社，2013.

[2] Kumaravadivelu B. The Postmethod Condition：(E)merging Strategies for Second/Foreign Language Teaching [J]. TESOL Quarterly，1994，28 (1)：27-48.

发展规律；⑩ 采用多种形式的个人化合作学习①。这些语言教学原则，体现了人类认知、学习与教育科学规律，涵盖了语言教学活动方式、学习过程、语言输入方式、语言输出方式、习得规律、教学方法六个方面，为语言教学提供了应该遵循的基本原则。

70 年来，国际中文教育以学科理论为基础，研究第二语言教学普遍规律和中文教学的特殊规律，总结汉语教学实践经验，形成了中文作为第二语言教学的理论原则。刘珣（2002）将这些理论原则概括为以下十个方面。① 掌握汉语的基本知识和基本技能，培养运用汉语进行交际的能力原则。② 以学生为中心、教师为主导，重视情感因素，充分发挥学生的主动性、创造性原则。③ 结构、功能、文化相结合原则。④ 强化汉语学习环境，加大汉语输入，自觉学习与自然习得相结合的原则。⑤ 精讲多练，在语言知识的指导下以言语技能与言语交际技能训练为中心的原则。⑥ 以句子和话语为重点，语音、语法、词汇、汉字综合教学原则。⑦ 听、说、读、写全面要求，分阶段侧重，口语、书面语协调发展原则。⑧ 利用母语进行与汉语的对比分析，课堂教学严格控制使用母语或媒介语原则。⑨ 循序渐进，螺旋式提高，加强重现原则。⑩ 加强直观性，充分利用现代化教学技术手段原则。②

上述三类语言教学原则反映了不同的语言观、语言教学观和语言学习观。刘珣提出的十大教学原则更多地体现了以"语言为中心"（语言结构、知识和技能）和以"学习者为中心"的语言教学观；靳洪刚提出的十大教学原则更多强调以"学习者为中心"和以"学习为中心"的语言教学观。而库玛的十大教学原则由于其"理论中性化"，体现了一般的教学原则。这些理论原则奠定了语言教学理论的基础。

（三）语言教学法理论

在教育学领域，教学法理论是指对教学法的理论研究，包括对教学法的本质、分类、功能和原则等方面的理论探讨。教学法则是一种课堂教学实践，是教师在教学过程中采用的具体方法与技术，教学法理论则是对这些方法和技术的理论解释和指导。

刘珣（2000）根据语言教学法的理论基础及其体现的教学原则将教学法分为认知派、经验派、人本派、功能派四种流派③。（详见二维码：第二语言教学法流派）

第二语言教学法流派

1. 认知派教学法

认知派教学法的主要特点是强调学习者对语言规则的理解和自觉掌握。典型的认知派主要的教学法有语法翻译法和认知法等。

语法翻译法又称"传统法"或"古典法"，主张以系统的语法知识教学为纲，依靠母语，通过翻译学习语言。其语言学基础是历史比较语言学，认为一切语言都起源于一种共

---

① 靳洪刚. 现代语言教学的十大原则 [J]. 世界汉语教学，2011（1）：78-98.
② 刘珣. 汉语作为第二语言教学简论 [M]. 北京：北京语言大学出版社，2002.
③ 刘珣. 对外汉语教育学引论 [M]. 北京：北京语言大学出版社，2000.

同的原始语言，语言规律是共同的，词汇所代表的概念也是相同的，不同的只是词汇的语音和书写形式。因此，通过两种语言词汇的互译和语法关系的替换，就能掌握另一种语言。这种方法的心理学基础是 18 世纪德国的官能心理学。官能心理学认为心灵虽然是统一的，但能划分为不同的官能或能力，如认识、情感、意志等，各种不同的官能可以分别加以专门的训练，以促进其发展。

认知法主张在二语教学中发挥学习者智力的作用，重新肯定了强调语法学习和发展智力的语法翻译法，因而也被称为"现代语法翻译法"。它的语言学理论基础是乔姆斯基的转换生成语法理论，该理论认为语言是一种受规则支配的体系而不是习惯体系，是一种有意识的、创造性的运用过程。其心理学基础是认知心理学，强调学习是一个感知、记忆、思维、想象的过程，是大脑抽象思维活动的结果，不是简单的刺激—反应和模仿、重复。认知法还受到皮亚杰的"发生认识论"以及布鲁姆"学科结构论"和"发现学习论"等心理学、教育学理论的影响，有坚实的理论基础。

2. 经验派教学法

经验派以直接法为代表，强调通过大量的模仿和操练形成语言习惯。典型的经验派教学法有直接法、情景法、听说法和视听法等。

直接法又称"改革法"或"自然法"，主张以口语教学为基础，按幼儿习得母语的自然过程，用目的语直接与客观事物相联系，不依赖母语和翻译。其心理学基础是联想主义心理学，认为人的学习方式与动物一样，是刺激与反应直接联结，否认意识在其间的作用，强调词语与客观事物直接联系而不通过母语的中介，运用联想使新旧语言材料建立联系，以加强学习和记忆。

听说法的语言学理论基础是美国结构主义语言学，主张对自然口语进行仔细的描写分析，对不同语言进行结构对比，因而听说法强调第二语言教学要从口语、从教说话开始，通过掌握语言结构学会目的语。其心理学基础是强调刺激—反应关系的行为主义心理学，认为言语行为是通过刺激与反应的联结并加以强化而形成习惯，强调第二语言教学要通过大量的模仿和反复操练养成新的语言习惯。

3. 人本派教学法

人本派教学法受人本主义心理学影响，看重人文因素，强调以学生为中心，教为学服务，在教学中重视情感因素的作用，强调建立和谐融洽的学生关系和师生关系，充分发挥学生的主动性。典型的人本派教学法有团体语言学习法、默教法、全身反应法、暗示法和自然法等。

以全身反应法为例，它强调语言学习行为的协调，通过身体动作教授第二语言。全身反应法以儿童习得第一语言的理论为依据，主张先理解后表达，通过动作指令学习语言。语言观方面受结构法影响较大，心理学方面以人本主义心理学为基础，主要考虑如何减轻学生的紧张心理，使学生的情绪放松，从而提高学习效率。

4. 功能派教学法

功能派教学法受社会语言学、功能主义语言学的影响，重视培养学生的语言交际能力。最具代表性的教学法就是交际法和任务法。

交际法也称为"功能法",是以语言功能和意念项目为纲,培养学习者在特定的社会语境中运用语言进行交际的一种教学法。其语言学理论是20世纪六七十年代盛行的社会语言学,认为语言是表达意义的系统,其基本功能是社会交际,因此第二语言教学的目的不仅是让学习者掌握语言规则、能正确地运用语言,更要掌握语言的使用规则、得体地运用语言。交际法受人本主义心理学和心理语言学影响,强调以学生为中心,通过"需求分析"选择应该学习的语言功能、语言形式及教学内容和方法,主张在教学中采取从"功能意念"到表达形式的教学路子。(详见二维码:功能意念法)

功能意念法

近年来,"后方法时代教学法"逐渐成为语言教学中的一种思潮。这一思潮认为,教学法不仅包括课堂教学策略、教学材料、课程目标和评价手段,还应包括一系列对语言教育有着直接或间接影响的历史、政治以及社会文化因素,提出将"特定性""实用性"和"可能性"作为"后方法时代教学法"的三个参照标准。(详见二维码:后方法教学的三个参数)

后方法教学的
三个参数

二 第二语言习得理论

第二语言习得理论是国际中文教育学科理论的重要组成部分。50多年来,第二语言习得研究创建了许多理论假说和理论模式,对国际中文教育和教学产生了直接影响。本小节将分别介绍早期第二语言习得研究及其20世纪80年代后的理论转向和发展。

(一)早期的第二语言习得理论假说

20世纪60年代至80年代,第二语言习得研究主要聚焦第二语言学习者特有的语言系统,探索影响第二语言习得的各种因素,形成了早期第二语言习得的一些理论假说。[①] (详见二维码:第二语言习得的理论假说)

第二语言习得的
理论假说

1. 对比分析

对比分析假说产生于20世纪50年代中期的行为主义鼎盛时期,Lado在《跨文化语言学》[②]中系统阐述了对比分析的内容、理论依据和分析方法。该假说基于行为主义的"刺激—反应—强化"理论,认为语言习惯一旦形成,当学习者处于某一语言情境时就会自动做出反应。若两种语言结构特征相似就会产生正迁移,如果两种语言结构特征存在差

---

① 王建勤. 第二语言习得研究 [M]. 北京:商务印书馆,2009.
② Lado R. Linguistics Across Cultures: Applied Linguistics for Language Teachers [M]. Michigan: University of Michigan Press,1957.

异就会导致负迁移。负迁移造成的第二语言习得的困难,是学生产生偏误的主要原因。因此,对比分析假说主张通过两种语言结构的对比来预测第二语言习得的难点和重点,克服母语的干扰并建立新的言语行为和习惯。

对比分析假说对第二语言习得研究产生了深远的影响,因为一些学者坚信对比分析可以预测学习者的难点,为第二语言教学提供依据。但是,对比分析假说把两种语言的"差异"简单地等同于语言习得的"难度",并把学习者的偏误归因于母语干扰因素。由于这些理论与方法上的局限,对比分析假说在20世纪70年代开始衰落。

2. 偏误分析

20世纪60年代末到70年代初,由于对比分析假说的衰落,人们将研究重点从语言对比转向对学习者所产生的语言偏误,70年代是偏误分析研究的鼎盛时期。

Corder(1967)将学习者语言产生的错误分为"失误"(mistake)和"偏误"(error)。① 失误是指偶然产生的口误或笔误,这种错误无规律可循,但说话者一旦发现失误就能够自行改正。这类错误不能反映说话者的语言能力。而偏误是指因目的语掌握得不到位而产生的一种规律性错误,它偏离了目的语规则,反映了说话者的语言能力和水平。学习者自己难以察觉这类错误,也不易改正,同一错误会多次重复出现。这种规律性的偏误现象还是当时第二语言习得研究的主要内容。此外,第二语言学习者偏误的来源是多方面的,一是母语负迁移。学习者在不熟悉目的语规则的情况下,只能依赖母语规则,从而造成语音、词汇、语法层面的母语负迁移。二是目的语规则泛化。学习者把所学的有限的、不充分的目的语规则推而广之,造成了偏误。三是课堂教学中不恰当的规则操练,教材语言规则编排不当等也是造成偏误的主要原因。四是采取不恰当的学习策略和交际策略而产生的偏误。偏误分析在20世纪70年代后由于理论和方法的局限逐渐衰落。

3. "中介语"假说

20世纪70年代对第二语言习得研究影响最大的是Selinker(1972)提出的"中介语"(interlanguage)概念及其理论假说。② 中介语指第二语言学习者在目的语习得过程中受各种因素的影响而形成的语言系统,即第二语言学习者的语言系统。③ 该系统既不同于学习者的第一语言系统,也不同于其目的语系统,是随着学习的进展逐渐向目的语过渡的语言系统。中介语,既指学习者语言发展的任何一个阶段的"静态"语言系统,也指学习者从零起点向目的语发展各阶段构成的语言连续体。

---

① Corder S P. The Significance of Learners' Errors [J]. International Review of Applied Linguistics, 1967 (5): 161-170.

② Larry Selinker. Interlanguage [J]. International Review of Applied Linguistics in Language Teaching. 1972, 10 (3): 209.

③ Ellis R. Understanding Second Language Acquisition [M]. Oxford: Oxford University Press, 1985.

该假说认为，首先，中介语是学习者创造的介于第一语言和目的语之间独特的语言系统，在语音、词汇、语法等方面偏离了目的语规则。中介语作为一种自然语言具有人类其他语言所具有的特点和功能，可以作为交际工具。其次，中介语是动态变化的，随着目的语知识和规则的不断输入，逐渐向目的语过渡。虽然学习者中介语的发展存在个体差异，但总体看来，同一发展阶段中的中介语存在内部一致性。再次，中介语系统既包括偏误，也包括正确的目的语规则。但中介语系统并不是一个错误的混合系统，而是具有规律性和系统性的语言系统。此外，学习者的中介语系统可能会产生"僵化"（fossilization）现象。一方面，已经纠正了的偏误还会重现；另一方面，某些语言规则可能会停滞不前。Selinker 认为，潜在的心理机制是学习者产生语言僵化现象的重要原因。

4. 习得顺序研究

20 世纪 70 年代，英语母语者儿童的母语习得顺序研究发现，儿童英语语素习得遵循相同的习得顺序。这一研究发现引发了第二语言习得顺序研究的热潮。

第二语言习得顺序，一是指学习者习得某个特定语言项目时遵循的习得顺序，如英语否定句和疑问句的习得研究表明，不同年龄和母语背景的学习者都经历了相似的四个发展阶段。二是指学习者习得多个不同语言项目的先后顺序。有的先习得，有的后习得。70 年代的第二语言习得顺序研究的确发现了儿童与成人第二语言学习者的第二语言习得存在相似的习得顺序①，如儿童和成人第二语言学习者，习得英语进行时先于过去时，习得名词复数先于名词所有格等。因而有学者提出了"自然习得顺序假说"②。但是，也有研究表明，成人第二语言学习者的二语习得顺序与儿童不同，第二语言习得顺序与第一语言习得顺序也不同。因此，第二语言习得顺序研究一直存在一些理论和方法上的争议。Ellis（1994）将与第二语言习得相似的习得顺序概括为学习者第二语言"发展模式"（developmental pattern）研究。③

5. 监控假说

"监控假说"（monitor model）最初是由 Krashen（1977）在 20 世纪 70 年代提出。80 年代，Krashen 提出了"可理解输入"和"语言输入假说"，与其"监控假说"（习得与学习假说、自然习得顺序假说、情感过滤假说）构成了"五个中心假说"。

按照 Krashen 的观点，成人第二语言学习者可以通过"习得"和"学习"两种方式学习第二语言。习得是指通过自然交际，接触可理解输入，自然获得语言规则。学习是指通过课堂教学有意识地获得第二语言规则。这是两种不同的机制，二者彼此独立。通过学习

---

① Dulay H C, Burt M K. Natural Sequences in Child Second Language Acquisition [J]. Language Learning, 1974 (24): 37-53.

② Krashen Stephen. Some Issues Relating to The Monitor Model In Brown H, Yorio C, Crymes R (eds). Teaching and Learning English As a Second Language: Trends in Research and Practice, On TESOL 77 [C]. Washington, DC: TESOL, 1977.

③ Ellis R. The Study of Second Language Acquisition [M]. Oxford: Oxford University Press, 1994.

的知识不能转化为习得的知识。成人第二语言习得也存在自然的习得顺序。语言产出主要依赖习得的知识，学习的知识只起监控作用。此外，成人第二语言习得受情感因素的影响，如态度、动机等。这些情感因素过高就会阻碍第二语言习得。

虽然语言监控模式受到许多批评，但是埃利斯认为，语言监控模式在当时已有的理论模式中是最全面的模式。

6. 输入、互动与输出假说

这三个理论假说分别是指 Krashen（1982）提出的"语言输入假说"，Long（1981，1983）提出的"互动假说"①②和 Swain（1985，1995）提出的"语言输出假说"③④。

"语言输入假说"认为，学习者接触"可理解输入"是第二语言习得发生的充要条件，所谓"可理解输入"，指包含 i+1 水平的语言输入，即从目前的习得水平 i 进入下一阶段的习得水平"i+1"。给学习者提供"可理解输入"，语言习得就会自动发生。

Long（1981）在此基础上提出了"互动假说"，认为在交流互动的过程中，"会话调整"（modified interaction）可以为学习者提供可理解性输入，并通过"意义协商"（negotiation of meaning）和理解促进二语习得。

Swain（1985）提出的"语言输出假说"认为，语言输入对学习者语言习得的影响是有限的，语言产出是语言习得的关键因素，只有语言产出才能真正促进学习者语言表达能力的发展。通过语言产出，学习者可以意识到意义的表达与现有表达能力之间的差异，并试图对采用新的语法结构表达意义的假设进行验证。另外，通过产出，学习者可以对产出过程进行反思，并通过元语言知识学习新的表达方式。"迫使"（pushing）学习者语言产出是语言习得的主要驱动力。语言交际和产出的成效超越了仅靠"可理解输入"习得新规则的效果。

（二）第二语言习得的多元理论视角

20 世纪 80 年代以来，第二语言习得研究受不同理论的影响，形成了许多不同的研究领域。这些研究领域反映了第二语言习得研究不同的理论视角（详见二维码：第二语言习得研究的多元理论视角）⑤。

---

① Long M. Input, Interaction, and Second Language Acquisition [D]. Los Angeles：University of California，1980.

② Long M. Native Speaker/ Non-native Speaker Conversation and the Negotiation of Comprehensible Input [J]. Applied Linguistics，1983，4（2）：126-141.

③ Swain M. Communicative Competence：Some Roles of Comprehensible Input and Comprehensible Output in Its Development [A]. In Gass S M and Madden C G (eds)，Input in Second Language Acquisition. Rowley：Newbury House，1985.

④ Swain M. Three Functions of Output in Second Language Learning [A]. In Cook, G. and B. Seidlhofer (eds.) Principle and Practice in Applied Linguistics：Studies in Honour of H. G. Widdowson. Oxford：Oxford University Press，1995.

⑤ 赵金铭. 对外汉语教学概论 [M]. 北京：商务印书馆，2019.

1. 第二语言习得研究的语言学视角

第二语言习得研究的语言学视角主要是从乔姆斯基的语言学理论即普遍语法（universal grammar approach）的角度出发开展的第二语言习得研究。这一视角重点关注两方面的问题，一是第二语言习得的"逻辑问题"；二是普遍语法的"可及性"问题。两个问题讨论的关键在于成人是否如儿童一样依赖先天的语言习得机制和利用普遍语法习得第二语言。

第二语言习得研究的多元理论视角

基于普遍语法的第二语言习得研究，其目的是检验普遍语法的普遍性和适用性。研究者根据普遍语法理论形成第二语言习得的理论假设，然后通过实证研究来检验这些假设对第二语言习得是否成立，如母语习得机制是否适用于第二语言习得，"参数重设"（详见二维码：参数重设）的假设是否可以用来解释第二语言习得的过程和机制。

参数重设

在研究方法上，主要采用语法直觉判断这种研究范式来考察学习者的语言习得过程。采用语法直觉判断的方法，与普遍语法对学习者语言能力的理论假设密切相关。学习者的语言能力，即"心理语法"（mental grammar）是一种"内隐知识"，这种知识的获得是第二语言习得的最终目标。因此，语法直觉判断是考察学习者语言能力的重要方法。

2. 第二语言习得研究的社会语言学视角

第二语言习得研究的"社会语言学视角"（sociolinguistic perspectives）关注两方面的研究：一是对第二语言学习者语言变异的研究；二是从更为宽泛的社会环境因素来考察第二语言学习者的语言习得过程，如"语言社会化"（language socialization）研究、跨文化认同研究等。

"语言变异"指说话者的语言表达系统受社会及社会心理因素、心理语言因素等影响而产生的语言形式变化。第二语言学习者的语言变异可以分为"系统变异"和"非系统变异"。"系统变异"指学习者的语言变异随着语境的变化而变化，语言情境是第二语言学习者语言变异产生的主要原因。非系统变异指第二语言学习者经常在同一情境用两个或两个以上的语言形式表达同一功能，也称作"自由变异"，这种变异不受语境因素的影响。基于第二语言习得研究领域的语言变异研究，常采用的方法有三种，分别是"分类规则"（categorical rules）和"变量规则"（variable rules）描写方法、中介语语体风格连续体的描写方法、"扩散模式"（diffusion model）。

语言社会化观点认为，语言和文化不是截然分开的，二者是一起习得的，学习者在习得语言的同时习得相关的意义和功能，而这些在很大程度上受社会文化构成的影响。语言社会化将学习者的语言能力发展和社会文化发展联系在一起，目的是使第二语言学习者在习得第二语言的同时实现语言社会化。语言社会化研究根植于早期儿童学习说话的纵向人种学研究。这类研究通过观察和描写学习者在特定文化情境中使用语言的情况来考察其语言社会化进程。

第二语言学习者的"跨文化认同"研究主要借自社会心理学"社会认同"的概念,考察学习者在第二语言习得过程中,对目的语社团的语言、文化、族群与价值观的认同,以及学习者的态度、动机和认同这些情感因素对第二语言习得产生的影响。跨文化认同研究大多采取"多维文化适应量表"的问卷调查方法①,为考察双向认同提供了可选择的空间,不仅要考察第二语言学习者对母语语言或文化的认同,还要考察学习者对目的语语言或文化的认同。

3. 第二语言习得的认知视角

受当代认知心理学影响,语言习得的认知研究(cognitive approaches)形成了两种不同的研究领域,即基于"信息加工理论"(information processing theory)的习得研究和基于"联结主义"(connectionism)的习得研究。

信息加工理论把人的心理过程看作类似计算机的符号加工器。在第二语言习得研究领域,有三个重要假设。一是认为人的认知结构是由表征(representation)和通达(access)构成的,表征指存储在人脑中的知识,通达指在言语理解与产出时对存储在人脑中的知识进行检索、提取、加工的过程。二是认为信息加工有两种不同的机制,即自动加工和控制加工,母语者的言语交际大多是自动加工,而不熟练的第二语言学习者的言语交际则更多采取控制加工。三是认为认知加工的资源,如注意和记忆资源是有限的,因此,言语交际的自动加工需要较少的注意资源,控制加工则需要更多的注意资源。

与信息加工理论不同,联结主义强调知识的分布表征,认为在信息加工的语义网络中,一个节点表示一个概念,而联结主义是通过神经网络中神经元之间的联结模式表达的。在信息加工方式上,联结主义采取平行加工,而非序列加工。基于联结主义的第二语言习得研究认为,学习者是通过语言运用来学习语言的,主要采取基于实例和样例的联想学习(associative learning)、基于经验概率的猜测和推断式概率学习(probabilistic learning)和基于运用的学习(usage-based learning)。

4. 社会文化理论与第二语言习得研究

"社会文化理论"的全称是"社会文化心理理论"(sociocultural theory of mind)。该理论包括"调节论"、"最近发展区"理论、"活动理论"等。

"调节论"认为,在个人与社会的发展中,语言起到了不可忽视的调节作用,是连接社会和个体的桥梁。在语言的调节下,学习者的认知从完全被环境左右的"客体调控"阶段,发展到需要别人协助的"他人调控"阶段,最后获得能够控制自己的高级认知功能,即"自我调控"阶段。语言习得总是发生在人与人的社会互动环境中,离开社会环境语言习得便不会发生。

---

① Maria Cecilia Zea, Kimberly K Asner-Self, Dina Birman. The Abbreviated Multidimensional Acculturation Scale: Empirical Validation with Two Latino/ Latina Samples [J]. Cultural Diversity and Ethnic Minority Psychology, 2003, 9 (2): 107-126.

"最近发展区"是指语言实际发展水平和潜在发展水平之间的距离。处于最近发展区内的知识最容易被习得，所以教学应该走在实际发展水平的前面，激活位于最近发展区内的语言知识，而最好的激活方法就是社会互动。社会文化理论关注语言习得的社会属性，将习得看作学习者通过社会互动把外在语言形式内化为自己的思维、实现对语言自我调控的过程，把学习者、社会、语言联系在一起。

基于社会文化理论的第二语言习得研究主要采用"微观发生分析"（microgenetic analysis）方法[①]。微观发生分析是通过学习者个体认知发展过程的纵向考察，揭示学习者最终实现自我调控的阶段性变化的定性研究方法。通过这种方法对个体变化进行密集观察和分析，以便确认发展变化的过程。

（三）第二语言习得理论对语言教学的影响

从早期的第二语言习得研究到 20 世纪 80 年代后第二语言习得研究的多元发展，这些研究对第二语言教学的理论和实践产生了重要影响。在过去的 50 多年中，第二语言习得研究对学习者的习得顺序、语言获得过程、语言输入与输出在课堂教学中的作用，乃至学习者的学习策略等方面进行了系统的研究。第二语言教学根据这些研究结论和成果建立了课堂教学的理论和原则，为第二语言教学的学科理论建设奠定了坚实的基础。

三 语言测试理论

语言测试理论是国际中文教育学科理论的一个重要组成部分，同时也是国际中文教学活动的一部分，为国际中文教学评测提供了重要手段。其理论发展为语言教学评测的有效性和可靠性奠定了基础。

（一）语言测试的基本作用

语言测试是指基于一定的评估目的，以抽样方式通过有限试题来激发受试者的言语行为，将受试者的语言知识和能力进行量化和说明解释，其基本作用包括以下三点。① 评估教学，提供反馈信息。教师可以根据测试结果检验教学效果并改进教学。② 评估人才，提供用人的重要依据。语言测试，尤其是水平测试可以较为准确地反映受试者的语言能力，可以作为用人单位的可靠参考。③ 促进语言教学和传播。大规模标准化语言测试，有利于扩大本国语言在世界范围的影响力，进而推动语言教学和语言传播。

（二）语言测试的基本类型

语言测试可以从测试的用途、评分的客观化程度、命题方法、分数解释方法以及制作要求等不同角度进行分类。

---

① Lantdf J P, Thorne S L. Sociocultural Theory and the Genesis of Second Language Development [M]. New York: Oxford University Press，2006.

按照用途，语言测试包括学前测试、成绩测试、水平测试和诊断测试等。学前测试又称潜能测试，目的在于了解受试者学习的潜在能力。成绩测试又称课程测试，是关于某一门课程或课型的测试，其目的是检查学习者在某一阶段对教学大纲和教材所教内容的掌握情况。水平测试又称能力测试，目的在于测量受试者现有的整体语言运用能力，以评定是否达到胜任某项任务的要求。诊断测试旨在了解受试者在学习某一具体内容或在较短的一段学习时间里所存在的问题而进行的测试，目的是迅速直接地获得反馈信息，及时改进教学。

按评分的客观化程度，语言测试可以分为客观性测试和主观性测试两类。客观性测试的试题答案是固定的，评分是客观的，不受评卷者主观影响。主观性测试的试题允许存在多个答案，评分在很大程度上取决于评卷者的主观判断，不同的评卷者由于认识的不同可能会得出不同的结论。

按命题方法可以分为分立式测试、综合性测试和交际性测试三类。分立式测试是对语言要素和言语技能分别进行单项测试。综合性测试是对语言知识和言语技能进行整体的综合性测试。交际性测试是测定受试者在实际生活中运用语言进行交际的能力。

按分数解释方法可以分为标准参照测试和常模参照测试。标准参照测试是测定受试者是否达到教学大纲所规定标准的一种测试，如成绩测试。常模参照测试是将受试者的个人成绩与集体成绩相比较，以考察受试者的成绩在整个受试群体中的位置。

按制作要求，语言测试可以分为标准化测试和非标准化测试。标准化测试以现代教育测量学理论为基础，按照系统的科学程序对考试全过程进行标准化处理，严格控制误差，有较高的信度和效度，能够测量出受试者真实的语言水平。标准化测试一般要由权威机构和专业团队研制，其规模较大，影响范围也较为广泛。非标准化测试一般由任课教师或学校教育主管部门根据教学需要自行设计、实施，其规模较小，没有统一的标准，成绩测试和诊断测试均属于此类。（详见二维码：知名第二语言测试）

知名第二语言测试

（三）语言测试的评析标准

语言测试可以从效度、信度等方面评析其质量。效度又称测试的有效性，即测试的内容和方法是否能测出预计要测量的东西。效度分为表面效度、内容效度、结构效度等。表面效度指观察者靠主观评价得来的效度。比如，初级汉语考试试题中出现了古汉语内容，显然这种试题不合适，效度很低。内容效度指试题内容的代表性、准确度和覆盖面。比如，在期末成绩测试中出现了没学过的内容，其内容效度大打折扣。结构效度又称理论效度，指考试的结果在多大程度上符合某种理论的预期。

信度又称可靠性，指测试结果的可靠或稳定程度，通过信度可以看出考试成绩是否反映了受试者的真实水平。任何考试都无法完全避免误差，但若把误差控制在很小的范围内，则测量是准确的，信度就高；反之信度低。信度一般从三个方面衡量测试：一是测试的稳定性；二是测试的等值性，也称为复本信度，即在同一场考试中用两份具体题目不同，但题型、内容等值的试卷，对同一批受试者在没有太多时间间隔的情况下进行测试，然后算出两次测试成绩的相关系数,借此来评定其信度;三是测试的内部一致性,常用半分法,即用一份试卷施测,然后将该试卷按奇偶分成题数相等的两份,求这两份测试的相关系数。

(四)语言测试理论与语言教学

语言测试作为应用语言学的一个分支,主要研究语言测试的设计、管理、评分和解释。语言教学的终极目标是提高学习者的第二语言能力和交际能力。为实现这个目标,教师需要对语言能力进行科学的定义和解释,并建立一套科学的、有效的、可靠的语言能力测试方法来测量和评价既定的"理论构念"(详见二维码:理论构念),从而为语言教学目标的确立和教学方法的确定及语言能力的评测提供理论和方法的依据。

理论构念

此外,根据不同的教学和培养目标,应选择适当的语言测试方法。比如,按照汉语水平进行分班,就应选择"安置测试"(placement test),通过评估学生的语言能力,将学生安排在相应水平的班级。如果考查学生课程学习进度,就应选择"成绩测试"。如果要了解学习者的汉语熟练程度就应选择"汉语水平考试"(HSK)和"实用汉语水平认定考试"(C. TEST)等,这些是标准化的水平测试(详见二维码:汉语水平考试与汉语水平认定考试)。

汉语水平考试与汉语水平认定考试

总之,语言测试理论除了帮助语言教师设计和使用适当和有效的测试,以达到不同的教学目标,还可以帮助语言教师根据测试结果对学习者进行反馈和指导,并评估和改进自己的教学实践。

四 跨文化交际理论

跨文化交际理论是国际中文教育理论的重要组成部分。国际中文教学情境下,跨文化交际涉及不同语言和文化背景的族群之间的交际,中文教师和学习者在课堂教学和课外都会面临跨文化交际问题。

(一)跨文化交际的概念与特点

跨文化交际是指具有不同文化背景的人之间进行的思想和信息交流活动,既指本族语者与非本族语者之间的交际,也指任何在语言和文化背景方面有差异的人之间的交际。

跨文化交际必须具备跨文化交际意识。跨文化交际意识包括三项内容,即理解文化差异、接受文化差异和处理文化差异。具备这三方面的意识,才能对不同文化差异有更敏锐的洞察力,从而更顺利地开展跨文化交际活动。

跨文化交际有以下几个特点。第一,跨文化交际主要指人与人之间面对面的交际。第二,跨文化交际中涉及很多差异性。既关乎深层文化,如文化传统、价值观、信仰、态度等,也涉及具体的行为方式和习俗,如手势、衣着等传统文化。第三,跨文化交际有时会产生误解和冲突。但是,这些误解和冲突大多属于"善意的冲突",并非出于恶意的动机。第四,跨文化交际有时会引起情感上的强烈反应,如文化差异和冲突引起的心理紧张导致的"文化休克"。

(二)跨文化语言交际

跨文化语言交际是指在特定交际情境中不同文化背景的学习者使用同一种语言进行的交际。跨文化交际可以是以语言符号进行的交际,也可以是非语言符号的交际。汉语作为第二语言的学习者在学习与汉语言文化相关的词汇(如颜色词、禁忌词和委婉语等)时,由于语言和文化背景的差异可能会产生误解甚至冲突。在京剧脸谱中,红色代表忠诚,黑色代表正直,白色代表奸诈。在印尼的戏剧中,红色代表贪婪,黑色代表紧张,白色代表高贵。再比如,汉语中很多褒义词都与龙有关,比如"龙凤呈祥""望子成龙""龙马精神",等等。但在西方文化中,龙的对应词"dragon"却是贬义词。这些目的语中的词义产生的文化差异,是有效进行跨文化交际的主要障碍。

在语用方面,如称呼、称赞语、道歉语,由于其语用功能和文化差异,也会造成跨文化交际中的误解、不适应或冲突(详见二维码:语用与文化)。

此外,在跨文化交际中,不同的语言交际风格,会直接影响跨文化交际的成败。比如,在典型的西方文化中,人们谈话时以说话者为中心,喜欢直截了当,希望通过语言来解读对方的意图。而在典型的东方文化中,人们谈话以听话者为中心,喜欢用比较委婉的方式表达真实意图,听话者需要根据语境揣摩对方的意思。这种交际风格的差异容易引起跨文化交际中的误读和误解。

语用与文化

(三)跨文化的非语言交际

跨文化非语言交际指在一定交际环境中以非言语符号进行的交际。其中包括各种非语言的交际行为。比如,不同文化背景的学习者对体态语的认知和理解存在较大的差异,从而造成跨文化交际的失败。眼神交流是心灵的窗口,人际交往时眼神的交流能传达出人们的真实情感和态度。但是,在有些文化中,眼神交流会被视为不敬和冒犯。日本文化将对别人的长时间注视看作一种无礼和不敬的行为。另外,手势所表达的含义因文化差异可能造成文化误解和冲突。竖大拇指在中国表示赞许,在美国表示"没问题",但在阿拉伯文化中却是一种侮辱性手势。再者,身体接触具有很强的感情色彩,不同文化间差异巨大。西方的拥抱和亲吻面颊是一种传达友好感情的礼仪,对于亚洲人来说,这种礼仪就会带来尴尬或不适。

(四)跨文化交际中的适应与冲突

当人们处于新的或陌生的文化环境时,会遇到诸多困难和不便。为了适应新的文化环境，需要不断进行自我调节、自我适应，以适应新的文化环境，这就是跨文化适应的过程。

跨文化适应，通常会经历"蜜月期"。在接触异国、异文化、新环境初期，由于对陌生文化的新奇感，学习者会获得美好的经历和感受。之后会经历挫折期，由于失去了熟悉的社会交际方式和交际语言，学习者会产生心理焦虑，即"文化休克"。"一切都是糟糕的"成为这个阶段对新环境的主要认知。随着时间的推移，学习者开始意识到新环境与自己的文化差异，第二语言能力也不断提高，开始尝试与当地人交流，增强了信心，逐渐接受和理解目的语文化，此时学习者来到恢复期。随着学习者对目的语文化的了解逐渐深入，他们对文化差异的态度更加包容、客观，与当地人的交往增多，开始接受目的语文化的观念和行为方式，此时为适应期。

在第二语言习得领域，学者很早就注意到了文化适应对第二语言学习的影响。Schuman（1986）提出了"文化适应假说"（acculturation），认为学习者文化适应的程度决定了第二语言习得的程度。他通过"社会距离"和"心理距离"这两个概念来阐释文化适应对二语习得的影响（详见二维码：文化适应模型）。①"社会距离"是指学习者群体与目的语群体之间的社会关系的远近，这直接影响学习者与目的语群体接触的程度。舒曼从社会主导模式、融入策略、文化相似性以及对目的语群体的

文化适应模型

态度等8个方面阐释了这些因素对学习者目的语文化适应的影响程度。"心理距离"是指学习者由于情感因素造成的与目的语群体的距离。此外，舒曼从"语言休克"（language shock）、"文化休克"、学习动机等因素来解释文化适应或冲突对语言习得的影响。

上述研究表明，跨文化交际中的文化差异和理解、文化适应和冲突对第二语言的教与学产生重要影响。因此，跨文化教学是国际中文教学的一项重要内容，教师必须通过跨文化教学，引导学习者尊重、理解和适应目的语文化，承认文化差异，求同存异，消解文化冲突。

第二节　国际中文教育学科理论基础

国际中文教育除了学科本身的理论，还有其学科支撑理论，即国际中文教育学科的理论基础或基础理论。首先，国际中文教学主要是语言教学。语言教学教什么、怎么教在一定程度上是由其所依据的语言学理论决定的。其次，语言教学，对学习者来说，是语言知识和技能的获得过程，认知心理学为揭示学习者语言习得过程的心理机制提供了理论基础。此外，第二语言或外语教学虽然有其自身的特殊性，但也遵循教育学的普遍规律。因此，教育学同样为第二语言教学提供了理论支撑。

---

① Schumann J. Research on the Acculturation Model for Second Language Acquisition［J］. Journal of Multilingual and Multicultural Development，1986，7（5）：379-392.

一 国际中文教学的语言学基础

历史上产生了许多语言学理论和流派,但对第二语言教学影响最大的语言学理论主要包括历史比较语言学、结构主义语言学、普遍语法理论、功能语言学、认知语言学等。这些语言学理论为国际中文教学奠定了深厚的语言学基础。

(一)历史比较语言学与第二语言教学

"历史比较语言学"起源于18和19世纪的印欧语研究,是确定语言间的历史亲缘关系,研究语言在语音、词汇、语法上的历时变化的学科。其研究方法主要有二。一是以历史比较方法对具体语言进行研究的历史比较语言学。二是结构比较语言学,即以语言共性为研究对象的广义比较语言学。

历史比较语言学的主要贡献体现在以下几个方面。首先,通过比较不同语言在语音、词汇、文法上的对应关系和异同,确定了语言间的历史亲缘关系。其次,利用相关语言之间结构上的亲缘关系,找出它们的共同母语,构建语言的谱系分类。最后,通过语言的发展和演变,找出语言发展、变化的轨迹和引起语言发展、变化的原因。历史比较语言学的发展为现代语言学的建立奠定了坚实的基础,是语言学走上独立发展道路的标志。

历史比较语言学对第二语言教学理论和方法产生了重要的影响。首先是对教学法的影响。语法翻译法是第二语言教学法史上第一个完整的教学法体系,它的语言学基础是历史比较语言学,认为一切语言都起源于一种共同的原始语言,语言规律是共同的,不同的只是词汇的语音和书写形式。因此,通过两种语言词汇的互译和语法关系的替换,就能掌握另一种语言。其次,历史语言学揭示了语言之间的亲缘关系,从而为第二语言教学进行语言比较以及解释语言迁移现象提供了理论基础。

(二)结构主义语言学与第二语言教学

结构主义语言学是20世纪上半叶的主流语言学理论。瑞士语言学家索绪尔的讲稿《普通语言学教程》的出版标志着结构主义语言学理论的诞生。结构主义语言学理论认为,语言是一套完整的符号系统,这一系统具有层次分明的形式结构。每个语言符号由"能指"(形式)和"所指"(概念)两部分构成,二者的关系是任意性的,一旦形成即具有约定性。符号系统内部语言单位之间存在"组合关系"和"聚合关系"。索绪尔还区分了"语言"和"言语"两个系统,以及"内部语言学"(语言本身的结构)和"外部语言学"(语言与社会、民族、文化、政治等的关系)。此外,他还特别区分了"历时语言学"(即研究语言在不同时期演变的"动态语言学")和"共时语言学"(即研究语言在某一时期的状态的"静态语言学"),主张对语言进行共时研究。

20世纪30年代有三个有影响力的结构主义语言学派,一是强调语言符号功能的布拉格学派,二是强调语言符号之间关系的哥本哈根语符学派,三是美国描写语言学派。受当时的行为主义心理学的影响,结构主义语言学和行为主义心理学的结合,对第二语言教学理论和方法产生了深刻的影响。首先，"听说法"就是以结构主义语言学为理论基础的教学法，注重语言结构的描写和对比，强调大量的语法结构的操练，以培养口语能力。行为主义心理学则强调第二语言教学要通过模仿和操练形成新的语言习惯。其次，结构主义语言学为对比分析提供了语言学理论基础，主张通过两种语言系统的对比和分析，探究语言的内在规律，预测学习者在第二语言习得过程中的困难和可能产生的语言偏误。由此可见，结构主义语言学对第二语言教学的影响一直延续至今。

（三）普遍语法理论与第二语言教学

乔姆斯基的"普遍语法"（universal grammar）理论引发了20世纪语言学领域的一场重大变革，他将语言学研究的重点从语言描写转向语言本质的探究。该理论成为现代语言学中影响最为广泛和深远的语言学理论。

普遍语法理论经历了五个不同的发展阶段。第一阶段的转换生成语法理论，提出了深层结构（句子的语义结构）和表层结构（句子的音位结构）的概念，以及二者之间的转换规则。第二阶段的标准理论，强调句法结构的重要性，引入了"短语结构规则"和"转换规则"。第三阶段的扩展标准理论，引入了"移位理论"和"控制理论"。第四阶段即"管约理论"，提出了"管辖"和"约束"两个重要的概念，强调了语言原则的普遍性和语言能力的先天性。第五阶段的"最简方案"是乔姆斯基的最新理论，试图将语言学理论简化为最少的普遍原则和最多的特定参数。

普遍语法理论是非常丰富和复杂的，第二语言教学与习得的一些理论和原则都建立在其理论基础之上。在此仅举其要者。① "语言习得机制"（language acquisition device）。乔姆斯基认为，人类具有一种先天的语言习得能力，即语言习得机制。这种机制具有生物遗传属性，人类可以轻松地习得任何语言规则。有学者认为，这种机制对第二语言学习者仍然适用。② "原则与参数"理论。"原则"（principles）指那些具有普遍性的理论原则，即所有语言的原则都是一样的，不需要学习的，如早期的"结构依存原则""毗邻原则"（详见二维码：结构依存与毗邻原则）以及后来的管约理论、移动理论等；（详见二维码：管约理论与移动理论）"参数"是在语法原则范围内有限变化的，语言参数设置的不同构成了语言之间的差异，如"中心语参数""代词脱落参数"等。基于这一理论，有学者提出，第二语言习得过程就是"参数重设"的过程。基于普遍语法理论的第二语言习得研究还有很多，如语言习得的逻辑问题、普遍语法的可及性问题等。①

结构依存与毗邻原则

管约理论与移动理论

乔姆斯基的普遍语法理论不仅为第二语言习得研究奠定了重要理论基础，也被广泛应用于第二语言教学，如对语言能力的界定，对第二语言水平的描写、教学目标的制定、教学方法的选择等都有重要参考价值。

---

① 王建勤. 第二语言习得研究［M］. 北京：商务印书馆，2009.

（四）功能语言学与第二语言教学

20世纪60年代末70年代初，功能语言学兴起，标志着语言研究重点由语言形式转向语言功能。功能语言学主要包括"功能主义语言学"（J. R. Firth 等）和"系统功能语言学"（M. A. K. Halliday）两个分支。功能主义语言学认为，语言是人们为了满足实际需求而创造的工具，应重点关注语言的功能和意义。语言并不是任意的符号组合，而是具有一定的理性基础。系统功能语言学主张语言是一个复杂的系统，其中各个组成部分都相互关联并共同发挥作用。系统功能语言学强调语言的社会文化背景以及语言在人际交往中的作用，研究内容包括语言的语法、词汇、语义等方面。

功能语言学对第二语言教学的影响主要体现在教学理念的转变及教学方法的选择上。就教学理念而言，在功能语言学的影响下，第二语言教学逐渐从结构向功能和交际转变，提倡交际教学法，注重交际能力的培养，主张改变机械操练的教学方法，为学习者提供真实的语言交际情景教学，强调综合语言技能训练，而不是单一技能的训练。就教学方法而言，由于交际教学法是在功能语言学和美国语言教学改革运动的影响下产生的，第二语言教学者和学习者都更加注重语言的功能表达和实际用法。交际法、任务法等基于功能表达、以培养语言交际能力为目标的教学法日益受到重视。

（五）认知语言学与第二语言教学

认知语言学是20世纪70年代兴起的一种语言学流派，代表人物包括乔治·莱考夫、查尔斯·奥斯格德、罗伯特·兰加克等。认知语言学主要研究语言与人类认知过程之间的关系，关注语言在认知中的作用。其基本观点包括以下几方面。一是认为语言是人类认知能力的产物，是人类思维和交流的工具。语言的结构和功能都反映了人类认知的特点。二是认为语言是认知的基础。语言结构和功能都基于人类认知的普遍原则，如范畴化、隐喻、构式等都是语言普遍的认知原理。三是强调语言的认知功能，认为语言不仅是一种交流工具，也是人类思维的工具。语言可以帮助人们理解和建构世界。

此外，认知语言学为语言研究提供了一些新的理论框架，对语言现象提供了新的解释。首先是对"范畴化"的解释。认知语言学认为，范畴不是截然分割的，而是具有边界模糊性和内涵丰富性的。其次是对"隐喻"的理解。隐喻是语言表达的一种普遍现象，它可以帮助人们理解和表达抽象的概念。再次是对"构式"的分析。构式是认知结构的反映，它反映了人们的认知模式。

认知语言学不仅对语言学研究产生了重大影响，而且其研究成果已被应用于语言教学研究领域。在教学理论方面，认知语言学强调了语言教学应以学生认知能力为基础，关注学生的认知过程，认为语言学习是学生通过认知活动来理解和掌握语言的规律和意义的过程。因此，语言教学应从学生的认知特点出发，帮助学生建立合理的认知模型，促进学生的语言学习。

需要说明的是,虽然上述语言学理论为国际中文教学提供了重要的理论基础,但是语言学理论并不能直接应用于语言教学实践,语言学理论需要语言教师在教学实践中,将理论与实践相结合,提炼出适合语言教学情境的教学方法。

二 国际中文教学的心理学基础

心理学作为国际中文教学的理论基础,对第二语言的教与学产生了重要影响。影响较大的主要有人本主义心理学、行为主义心理学、认知心理学以及建构主义心理学。

(一)人本主义心理学与第二语言教学

人本主义心理学是 20 世纪 50 年代在美国兴起的心理学流派,它强调人的主体性、自主性和自我实现。代表人物有马斯洛、罗杰斯等。人本主义心理学的主要观点包括以下三点。① 人的本性是善良的,人具有自我实现的潜能,只要给予适当的条件,人就会朝着善良、积极的方向发展。② 学习是一种主动的建构过程,学习不是机械地接受和模仿,而是学习者主动构建知识和技能的过程。③ 教师的作用是促进学习者自我实现,即创造一个良好的学习环境,帮助学习者发挥自己的潜能,实现自我。

人本主义心理学的理论观点对第二语言教学的影响主要表现在以下几方面。首先,人本主义心理学强调学习者的主体地位,教师应该尊重其主体地位,让学习者成为学习的主人。其次,注重学习的兴趣和动机,认为学习兴趣和动机是学习的动力。教师应该激发学习者的兴趣和动机,让学习者主动参与学习。再次,关注学习者的个性差异,认为每个学习者都是独特的个体,具有不同的学习方式和需求,教师应该尊重其个性差异,提供个性化的教学。

人本主义心理学对第二语言教学法产生了积极的影响,如"全人教学法"强调全面发展学习者的语言能力,包括语言知识、技能,语言态度和情感等。此外,在人本主义心理学影响下的"自主学习法"强调学习者的自主学习能力,主张学习者在教师的指导下,积极主动地学习,体现学习者的主体性和自主性。总之,人本主义心理学促进了第二语言教学法的改革和发展。

(二)行为主义心理学与第二语言教学

行为主义心理学起源于 20 世纪初,创始人是美国心理学家华生,后期的主要代表人物是斯金纳。行为主义主张心理学应该研究可以被观察和直接测量的行为,反对研究没有科学根据的意识。在研究方法上,行为主义心理学主张采用客观的实验方法研究人的行为,因为行为是由刺激和反应构成的。刺激是引起反应的条件,反应是行为的表现形式。实验方法可以控制这些刺激变量,从而保证研究结果的可靠性。

行为主义心理学及其学习理论对第二语言的教与学都产生了重要影响。在行为主义学习理论看来,人类所有的行为,包括言语行为,都是由先天因素和后天环境决定的,通过"刺激—反应—强化"的模式养成行为习惯。因此,第二语言教学应强调重复练习,以巩固学生的语言习惯。教师是学生学习的引导者,应积极引导学生进行操练,提供及时的反馈,并使用强化手段,如表扬、奖励等,来鼓励学生的学习行为。

此外,行为主义心理学对第二语言教学法也产生了直接影响。听说法、直接法、视听法、程序教学法等都是建立在心理学理论基础之上的。然而,虽然行为主义心理学对 20 世纪心理学的发展和第二语言教学实践都产生了重大影响,但行为主义心理学也存在一些局限性,如忽视了学习者的认知过程、不能解释复杂的学习行为等。随着认知心理学的发展,行为主义心理学受到了挑战。

(三)认知心理学与第二语言教学

认知心理学是 20 世纪 50 年代中期兴起的心理学思潮,70 年代成为西方心理学主流学派。广义的认知心理学包括皮亚杰的建构主义心理学、心理主义心理学等。而狭义的认知心理学即"信息加工理论",是现代认知心理学的主流。

信息加工理论,首先把人脑看作一个信息加工的系统,认知过程就是信息加工的过程,包括感觉输入的编码、贮存和提取的全过程。认知心理学家关心的是作为人类行为基础的心理机制,其核心是输入和输出之间发生的内部心理过程。信息加工理论研究的主要内容包括以下几点。① 知觉。知觉是指对外界事物的整体的、有意义的认识过程。② 注意。指对某一信息或事物进行集中和选择性加工的过程。③ 记忆。指将信息保存下来并在需要时提取出来的过程。④ 思维。指运用知识和经验解决问题的过程,是认知过程的高级形式。⑤ 语言。语言是人类交流思想、情感的工具,是认知过程的重要表现形式,反映了人类的思维能力。这些概念相互关联,共同构成了信息加工理论的基本框架,为我们理解人类认知过程提供了重要的基础。

此外,信息加工理论还有两个重要的概念。一是控制加工,指需要注意和认知资源参与的加工过程。二是自动加工,指不需要注意和认知资源参与的加工过程。这是两种不同的认知加工方式,在认知过程中有着不同的作用。二者之间还可以进行转换,如原来需要控制加工的任务可以逐渐转化为自动加工。

认知心理学的理论为第二语言教学提供了重要的认知和心理依据,20 世纪 60 年代的"认知法"就是建立在认知心理学理论基础上的。认知法教学理论的代表人物卡鲁尔认为,学习是一种认知过程,是通过对信息的加工、理解和内化来实现的。因此,教学应以学生的认知过程为中心,帮助学生理解和掌握知识。认知心理学理论对第二语言教学的影响还表现在以下几方面。① 强调语言学习的认知过程,训练学习者的观察、归纳、记忆等能力。② 注重语言输入的可理解性,提供易于理解的语言输入素材。③ 培养语言学习策略,使学习者主动参与,自主学习。④ 关注学习者原有知识结构,在此基础上扩展新知识。

(四)建构主义心理学与第二语言教学

"建构主义心理学"(constructive psychology)是一个广义的术语,涵盖了各种思想流派,它们都有一个共同的主题:个体通过经验与世界互动,积极地构建知识和理解。建构主义心理学的起源可以追溯到 20 世纪早期皮亚杰和维果茨基的研究。然而,"建构主义"一词在 20 世纪 70—80 年代的教育领域得到了更广泛的应用和普及。

该理论的主要观点如下。① 知识不是通过教师传授得到的,而是学习者在一定的情境即社会文化背景下,借助其他人(包括教师和学习伙伴)的帮助,利用必要的学习资料,通过意义建构的方式而获得的。② 建构主义提倡以学习者为中心,既强调学习者的认知主体作用,又不忽视教师的指导作用,教师是意义建构的帮助者、促进者,而不是知识的传授者与灌输者。③ 学习是通过对某种社会文化的参与,内化相关知识和技能、掌握有关工具的过程,并通过一个学习共同体的合作互动来完成。④ 知识并不能精确地概括世界的法则,在具体问题中,知识并不是信手拿来就用的,而是需要针对具体情境进行再创造。⑤ 建构主义理论的一个重要概念是图式,图式是指个体对世界的知觉理解和思考的方式,是心理活动的框架或组织结构,是人类认识事物的基础。

建构主义心理学理论对第二语言教学产生了普遍的影响,不仅提出了一些教学原则,而且产生了一些建构主义教学模式。建构主义提出的教学原则包括:① 强调学习者在教学过程中的主动参与;② 强调学习者已有知识的重要性,须将已有知识和学习体验结合起来;③ 鼓励合作学习,强调社会互动在知识构建中的重要性;④ 重视真实的交际,主张在真实的社会环境中使用语言。此外,在建构主义的影响下,产生了"支架式教学"(scaffolding instruction)模式、"抛锚式教学"(anchored instruction)模式等。

三、国际中文教学的教育学基础

教育学是一门研究教学现象及其规律的科学。现代教育学理论有许多流派,其中影响较大的是教育学三大流派,即行为主义、认知主义和人本主义教育理论。不同的教育学流派,其理论主张不同,对语言教学的影响也不同。

(一)行为主义教育理论与语言教学

行为主义教育理论是现代教育学中最早的流派之一,产生于 20 世纪初,代表人物有华生和斯金纳等。行为主义主张通过刺激—反应的方式来塑造学生的行为。刺激是指引起学习行为的因素,反应是指学习行为本身。学习是一种可观察的行为,可以通过反复练习和强化来加强学生的学习效果。行为主义的教育理论强调外部环境和奖励对学习的影响,主张教师通过奖励和惩罚来控制学生的学习行为。

行为主义教育理论对第二语言教学的影响主要体现在以下几个方面。① 重视教学目标。强调教学目标的明确性和可操作性,因此第二语言教学应确定明确的教学目标,并制订相应的教学计划。② 重视强化。强化是学习的动力,第二语言教学应运用强化机制,鼓励学生正确地学习。③ 重视练习。练习是巩固学习成果的重要途径,第二语言教学应注重操练,让学生通过操练反复巩固所学内容。

行为主义教育理论对第二语言教学的影响是非常深刻的,第二语言教学的"听说法"就建立在该理论的基础之上。但行为主义在理论上也有局限性,比如,忽视学生内部因素对学习的影响,如情感、动机等,将人类复杂的学习过程与动物的学习过程进行简单的类比，忽视了人类学习的主观能动性和创造性。尽管行为主义教育理论存在一些局限，但对第二语言教学的影响一直延续至今。

（二）认知主义教育理论与语言教学

认知主义教育理论是现代教育学中另一个重要的流派，产生于 20 世纪 50 年代中期。代表人物有皮亚杰和布鲁纳等。认知主义心理学兴起，强调学习是一种主动的认知建构过程，由此产生了认知主义教育理论，为解决教育实践中存在的问题提供了新的理论依据。

认知主义教育理论的主要观点有以下几方面。① 学习不是简单的刺激—反应，而是学生主动建构知识的过程。学生通过对外界信息的加工和理解，将新知识与已有知识进行整合，形成新的认知结构。② 认知结构是学习的基础，是学生对事物和现象的理解和认识方式。认知结构决定了学生对新知识的理解和吸收能力。③ 教学应以学生为中心，尊重学生的主体地位。教师应创造有利于学生学习的环境，引导学生主动参与学习，并为学生提供必要的帮助和支持。④ 教学应注重启发式和探究式学习，让学生通过自主思考和探索来获得知识。

认知主义教育理论对教育实践产生了重大影响，促进了教学方法的改革，提高了教学效果，具体表现在以下几方面。① 重视认知过程。学习是一个认知过程，因此教学应重视认知过程，帮助学生理解知识。② 重视学习策略。学习策略是促进学习的重要因素，因此教学应帮助学生掌握有效的学习策略。③ 重视教学方法。该理论主张，教学方法应适应学生的认知特点，应采用多样化的教学方法。此外，在认知主义教育理论的影响下，产生了一系列的教育教学法，如探究式学习、合作学习以及个性化学习方法等。

（三）人本主义教育理论与语言教学

人本主义教育理论是现代教育学中新兴的流派之一，产生于 20 世纪中叶。该理论强调人的潜能、尊重、关怀、自我实现等。代表人物有美国心理学家卡尔·罗杰斯、亚伯拉罕·马斯洛等。

人本主义教育学理论的主要理论观点可以概括为以下几个方面。第一，教育的目的不仅仅是传授知识和技能，更重要的是促进人的全面发展，包括情感、理智和行为的发展，帮助学生建立健康的人格，培养他们的责任感和道德品质。第二，学生是教育的主体，教师是教育的引导者。教师应该尊重学生的主体地位，以学生为中心，激发学生的学习兴趣，促进学生的自主学习。第三，自我实现是人本主义教育理论的核心，人本主义教育学理论主张每个人都具有实现自身潜力的内在动力。教育的目标是激发学生的内在潜能，通过自我实现充分发挥自己的优势和特长，在个人和社会的层面上实现自我价值。第四，人本主义教育理论认为情感和认知是相互依存的，二者应在教育中得到平衡发展。因此，教育应当关注学生的情感体验，激发他们的积极情感，同时也要注重培养学生的认知能力。情感和认知的平衡发展有助于学生全面发展。第五，学习是主动的建构过程，学生是学习的主体。学生在学习过程中，通过主动探索和发现，建构自己的知识体系。第五，价值观和道德是人本主义教育理论的重要组成部分。教育应当关注学生的道德品质和价值观的塑造，帮助他们建立正确的道德观念和价值观体系。

人本主义教育理论为语言教学特别是第二语言教学理念的创新提供了新的理论依据。首先，在语言教学中，教师应以学生为中心，关注他们的学习需求、兴趣和风格，并据此设计教学策略和活动。其次，教师在语言教学中，不仅要关注学生的语言知识掌握情况，还要关注他们的情感需求，如减少学习焦虑、增强学习动机等。再次，教师应培养学生的自主学习能力，如自我评估、自我监控和自我调整等。最后，人本主义教育理论强调个体和社会价值观的重要性。因此，教师应引导学生理解并尊重不同的文化和语言，培养学生的跨文化意识和沟通能力。

本节简要地介绍了国际中文教育学科的三大支撑理论：语言学、心理学和教育学理论。这些理论作为国际中文教育的理论基础对国际中文教学产生了重要影响。当然，国际中文教育的理论基础并不限于上述三大支撑理论，每个支撑理论也不限于上述所介绍的理论思潮和学术流派，但这些是支撑国际中文教学最基本的理论。

◇ 基础知识（理论阐释）

国际中文教育作为一门学科，有其自身的学科理论，如语言教学理论、语言习得理论、语言测试理论与跨文化交际理论等。同时，作为一个独立的学科，国际中文教育还有其支撑理论，即学科的理论基础或基础理论，如语言学、教育学、心理学等理论。国际中文教育的核心内容是国际中文的语言和文化教学，其出发点和终极目标是培养外国学生学习和掌握中文的知识和技能，培养他们综合运用中文的交际能力。国际中文教育的宗旨是通过国际中文教育推动海内外的国际中文教学，通过中外语言和文化的交流，向世界传播中国的语言和文化。

◇ 关键概念解析

1. 国际中文教育的学科理论

如今所说的"国际中文教育"经历了早期的对外汉语教学和汉语国际教育两个阶段，其学科本质仍是面向海内外中文作为第二语言或外语学习者的教学。因此，其学科理论主要包括语言教学理论、语言习得理论、语言测试理论以及跨文化交际理论。虽然，随着学科的发展，其学科内涵发生了一些变化，但其学科属性及其学科的基本理论没有变。

2. 国际中文教育的基础理论

国际中文教育的基础理论是指国际中文教育学科的支撑理论。虽然从对外汉语教学到国际中文教育，其学科内涵发生了一些变化，但是其学科属性没有变，学科的主要基础理论也没有变。学界的共识是，国际中文教育的基础理论主要包括语言学理论、心理学理论、教育学理论，但并非仅限于上述三大基础理论。有学者认为，还应包括文化学理论、传播学理论等。

3. 中介语

中介语指学习者在第二语言习得过程中，在目的语输入的基础上形成的动态语言系统。这一语言系统既不同于学习者的第一语言也不同于目的语系统，在语音、词汇、语法等方面有其自身的规律，学习者会随着学习进展不断修正并逐渐向目的语系统过渡。中介语系统既存在语言偏误，也包括正确的语言规则，但并非一个偏误的混合系统。此外，中介语既指学习者语言发展的任何一个阶段的"静态"语言系统，也指学习者从零起点向目的语系统过渡的不同阶段构成的一种"动态"连续体。

4. 跨文化交际

跨文化交际是指具有不同文化背景的人之间进行的交际活动，既包括本族语者与非本族语者之间的交际，也包括不同语言和文化背景的人之间的交际。跨文化交际的途径多种多样，可以是以语言符号进行交际，也可以是非语言符号的交际。跨文化语言交际是指在特定交际情境下不同文化背景的学习者使用同一种语言进行的交际。跨文化非语言交际指在一定交际环境中以非语言符号进行的交际，其中包括各种非语言的交际行为。

5. 语言教学理论原则

语言教学的理论原则是指从一定的教育或教学目标出发，根据教学实践的客观规律概括和总结的指导教学工作的基本原则。这些理论原则既是语言教学实践的理论概括，也是语言教学实践的指导原则，是语言教学理论的重要组成部分。语言教学的理论原则源于语言学、心理学、教育学和第二语言习得等相关理论，以及语言教学实践的经验性知识。因此，不同的理论背景和教学实践经验形成了不同的教学原则。

◇ 本章小结

本章从学科理论和学科基础理论两个角度阐述了国际中文教育理论，通过理论的梳理和概述，帮助学习者了解国际中文教育的基本概念和基本理论。本章第一节概要地介绍了国际中文教育的学科理论，即语言教学理论、第二语言习得理论、语言测试理论和跨文化交际理论，并具体介绍了与国际中文教育学科直接相关的知识、理论及方法。本章的第二节，主要介绍了国际中文教育的基础理论，即支撑国际中文教育，并与国际中文教学密切相关的语言学理论、心理学理论和教育学理论。通过本章内容的学习，读者可以增进对国际中文教育学科和学科理论及其基础理论的初步了解，搭建起国际中文教育的知识体系框架，奠定扎实的理论基础。

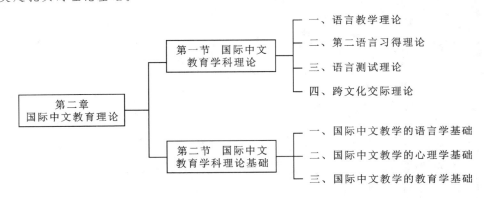

◇ 思考与练习

1. 国际中文教育主要包括哪些语言教学理论？
2. 国际中文教学的基本教学原则有哪些？
3. 第二语言教学法包括哪些流派？
4. 20世纪80年代后的第二语言习得研究包括哪些理论视角？
5. 语言学、心理学和教育学为国际中文教育提供了哪些理论支撑？

◇ 推荐阅读

刘珣. 对外汉语教育学引论［M］. 北京：北京语言大学出版社，2000.
赵金铭. 对外汉语教学概论（修订本）［M］. 北京：商务印书馆，2019.

第三章 国际中文教学设计

教学导航

学习目标	课程素养目标： 1. 通过学习国际中文教育实践发展过程中积累的教学设计智慧，可激发学生自身内在的学习动机和职业热情 2. 领会国际中文教学背后的精细化教学设计，并学习本专业系统思考、精益求精的学科精神 专业知识目标： 1. 清楚教学设计对于国际中文教师的意义和价值 2. 厘清教学设计的基本流程和每个步骤的设计要点 3. 使用本章学到的教学设计知识分析具体课例 4. 针对某个中文知识点或某项技能，比较科学、系统地设计课堂教学
重点难点	1. 结合教材内容和拓展阅读，掌握系统化、总体性的教学设计思想 2. 使用教学设计流程，科学严谨地分析课例、设计课例

问题导入

教学是"有目的地促进学习以达成既定学习目标的活动，是以促进学习的方式来影响学习者的一系列事件"[①]；教学设计，是对教学过程和教学资源进行科学、系统的安排和整合，以达到优化教学、促进学习的目的。[②]

---

① R·M·加涅，W·W·韦杰，K·C·戈勒斯，等. 教学设计原理［M］. 5版. 王小明，庞维国，陈保华，等译. 上海：华东师范大学出版社，2007.
② 张文兰. 对教学系统设计理论的思索与浅探［J］. 中国电化教育，2003（5）：13-16.

国际中文教学设计包括哪些步骤和环节？国际中文教师需要了解哪些与教学设计相关的因素？怎样围绕特定的教学目标设计和安排教学环节、步骤，设计合理的教学活动以达成特定的教学目标？教师如何选择恰当的教学评价方式衡量教学目标的达成情况？本章将对上述问题进行详细的探讨和阐释。

第一节 教学设计的概念和一般流程

现代意义上的教学设计（instructional design）源于第二次世界大战期间的美国。由于战争需要，美国要在最短的时间内为军队输送大批合格的士兵，为工厂输送大批合格的工人，由此积累了很多成功的培训经验和教学设计方法。1962 年，格拉泽在《心理学与教学技术》一文中最早使用"教学系统"一词。1965 年，加涅在《学习的条件》初版中对学习类型的理论进行了完整阐释。加涅强调，教学设计是一个系统化规划教学的过程。何克抗等在《教学系统设计》第二版中总结道："教学系统设计也称教学设计，其根本目的是通过对教学过程和教学资源所做的系统安排，创设各种有效的教学系统，以促进学习者的学习。"① 目前，学界较为认可的说法是：教学设计一般指的是运用系统方法将学习理论与教学理论等相关原理转换成对教学目标、教学内容、教学方法、教学策略和教学评价等环节的具体计划，并创设有效的教与学系统的过程或程序。

教学设计的
理论基础

参照吕必松的对外汉语总体教学设计模型以及泰勒的教学设计模型等，本章将介绍以下国际中文教学设计的一般流程（详见二维码：教学设计的理论基础）。

一 目标设定：国际中文教育的教学目标从何而来？

教学设计的第一步是要设定目标。教学设计的宗旨和落脚点都在于促使学生达成目标，目标也是教师选择教学材料、勾勒教学内容、形成教学步骤以及准备测验和考试的标准。那么，教学目标是如何确定的？

（一）教学目标分析：学习者行为表现与理想预期之间的差距

教学设计以使学生改变特定行为、达成学习目标为宗旨，因此教师在教学设计阶段首先要思考以下问题：学习者目前的状况与理想预期之间存在何种差距？

有多种信息渠道可以帮助教师回答上述问题。

其一，国际中文教育和教学目标确定始终服务于国家的宏观发展战略。党的二十大报告明确指出，加强国际传播能力建设，全面提升国际传播效能，形成同我国综合国力和国际地位相匹配的国际话语权。在百年未有之大变局中，国际中文教育领域要积极肩负起培

---

① 何克抗，李文光. 教育技术学 [M]. 北京：北京师范大学出版社，2006.

养更多有全球视野和跨文化交际能力的复合型人才,在推动中国更好走向世界、世界更好了解中国上做出贡献。国家发展的新需求给国际中文教育教学实践工作提出新的目标和要求,在教学目标上不能忽视"讲好中国故事"。

其二,社会发展以及对劳动力的需求也能够帮助国际中文教育工作者确定教育和教学的目标。当前知识体系的发展突飞猛进,教学内容(如网络热词和新的语言现象)、方法(如虚拟仿真实训)、工具(如虚拟现实、元宇宙和生成式人工智能)和理念(如具身认知)的创新层出不穷,学校教育未必能囊括社会需求的全部知识。新时代有必要培养具备批判性思维能力、创新能力、终身学习能力、汉语自学能力的学习者(详见二维码:国家和社会发展新需求下的教学目标)。

国家和社会
发展新需求下的
教学目标

其三,已有的关于汉语学习者学习规律的语言学领域研究成果,以及基于这些研究成果的国际中文教育专家对教学目标的建议,通常是学校教育目标的来源。学校教育目标的设计很大程度上体现在相关专家编写的教材或研究报告中。从业者要仔细阅读教材和研究报告,从中找出其对教学目标的理解和设计,如任务型教材编写者对教学目标的理解与结构型教材编写者存在一定差异。

其四,利用教育心理学知识确定教学目标。国际中文教育从业者可根据加涅和布鲁姆等教育心理学家对学习结果的分类,关注认知、情感和行为各方面的全面和谐发展。认知方面,学生应能掌握中文语音、字词、语法、功能、话题、语篇等知识;情感方面,学生应看到学习内容的价值,培养文化知识、增进文化理解、树立跨文化意识和全球视野,并用以指导行为;行为方面,学生应能够综合使用听、说、读、写等语言技能,完成交际任务。在第二语言学习领域,研究者一般认为影响学习的因素包括学习者的性格、语言能力倾向、学习动机、认知风格和年龄。①

其五,教师应调研具体学校的具体学生,进一步明确教学目标侧重。水平测试属于教学前对教学需求的调研手段之一,在《国际中文教育中文水平等级标准》(GF0025-2021)的指导下,国际中文教师可以用水平测试等手段初步确定中文学习者已具备的普遍水平,并对比其与期望达到的水平之间的差距,根据这一差距来确定课程教学目标和进程。比如,帮助学习者从初等言语交际水平进阶到中级水平;从具备初步的听、说、读、写能力并进行简短的交流,能够基本理解简单的语言材料并进行有效的社会交际,提升到能够就较复杂的日常生活、学习、工作等话题进行基本、连贯、有效的社会交际。在教学过程中,结合学生课上表现和作业情况,或者通过与学生一对一深入交流以及发布调查问卷等方式,教师往往会发现一些需要通过及时调整教学目标来应对的情况。比如,教师发现本班学生在写作时大多只用简单陈述句来表达思想观点,而不是根据表达的复杂性来变换句子结构,那么,教师应在课程大纲范围内,及时调整具体教学目标的侧重点。

需要强调的是,教师在教学中发现的问题未必是最适合用教学手段来解决的。比如,留学生对中国了解不够深入甚至带有刻板印象,这或许是因为缺乏相关知识,或许是因为学生缺乏通畅的信息渠道。后者更需要从社会需求的角度来思考,因为难以单靠学校达到

---

① 崔永华. 对外汉语教学设计导论[M]. 北京:北京语言大学出版社,2008.

教育目标。在实际教学中，问题成因往往是错综复杂的、系统性的。教师需要精准描述当前的教学需求，剖析学生的学习现状与预期状态存在差距究竟是什么原因造成的，分析、罗列可能的解决办法并给出性价比最高的解法。

（二）教学目标撰写：以能够有效指导教学的形式陈述目标

不同来源的教学目标可能是以不同的方式陈述的，为了有效指导后续教学设计，有必要以某种形式归纳、厘清这些目标。

以往常见的教学目标撰写形式有三种。其一，将目标陈述为教师要去做的事情。例如，介绍中秋节等中国传统节日，讲解和训练汉语中的声调等。需要注意的是，此类教学目标的陈述，应该明确教师行为是否真能促使学生产生正确、有效的学习行为。其二，将目标陈述为课程中涉及的主题和内容。例如，中文元音和辅音的发音部位、中文的声调等。这样陈述目标的好处是能够明确学习者要学习哪些具体内容，但是，因为没有具体指出期望学生如何处理这些内容要素，难以指导课程的深入开展。其三，将目标陈述为概括化的行为模式。比如，培养学生的批判性思维能力，提高学生讲述中国故事的能力等。这种形式确实旨在引发学生在行为层面上的积极改变，但是由于这些目标过于笼统，不能清晰指明能力的行为表现，以及可以解决的具体问题。

陈述教育目标最有用的形式是既指出应该培养学生的哪种行为，又指出该行为能够用于哪些生活领域，从而清楚准确地说明学习者在完成教学之后能做什么、需要哪些支持条件、能做到什么程度。这些对教师开展考试评估、验收学习成果至关重要。对学生来说，他们也能够直观地看到自己在学完课程之后能有何产出、收获什么，有助于激发其内在学习动机。（详见二维码：布鲁姆认知目标分类）

布鲁姆认知目标分类

完整的教学目标有四个组成部分。A：学习主体（audience），即学习者。B：行为表现（behavior），即教师在教学完成后希望学生能够做出什么行为。教师在考虑行为表现时必须不断思考，"我能够观察到学习者在做这个吗？"如果行为表现难以直接观测，那么后续的测评工具也很难精准开发。C：行为条件（conditions），即实现目标时学习者可用的资源和环境的精确说明，这能够控制教学目标的复杂度。比如，是否允许学生使用电子词典等工具对交际任务的难度有很大影响。D：评判标准（degree），即评估学习行为表现的标准。

撰写体现上述四个组成部分的教学目标，能有效帮助教师设计清晰精准的教学计划。

> 教学目标示例：
> 　　在中级汉语水平考试中，在提供汉语短文的情况下（C），学生（A）能够运用课堂所教授的语法和语义知识，判断文中指定句子的正误（B），正确率达到80%（D）。

（三）教学条件分析：分析教学目标实现的优势和限制条件

考量教学目标设计是否合理，必须审视教学环境和条件，考量它们的优势和限制。比如，社会环境、文化环境和物理环境等，都会对国际中文教育产生影响。在目标语环境下开设中文课程，学生在课后可以充分利用周遭的自然语言环境，目标语环境是学生高效学习汉语的便利条件。而在非目标语环境下开设中文课，则缺少这种便利条件。教学环境分析包括宏观层面的政治经济需要、社会观念传统和语言政策等，也包括微观层面的班级环境、教学设备等。

此外教师还要了解：教学设计以及实施教学的经费、教学的起始时间、教学团队的人员构成、教学设施和设备情况、现有教学材料和资源、教学开展的环境，等等。

二 内容组织：提供何种学习路径才能达成学习目标？

在确定教学目标、了解学习者和条件环境之后，教师应进一步确定教学内容，思考学习者应该学习哪些知识、技能和态度，才能达成教学目的。教学内容组织不仅要考虑教师的教，还要充分考虑学生的学。换句话说，教师应该从学习者与中文知识内容的互动层面去组织、部署学生的学习路径。教师需要将纯粹的教学内容转换成"内容—行为表现"的形式，以此更好地组织教师视角下的教学内容和学生视角下的学习历程。总的来说，这一环节要回答的核心问题在于：提供何种学习路径才能达成学习目标？

（一）基本原则：连续性、顺序性和整合性

为学习者部署学习路径通常有三项原则。第一，教学内容本身应该具有纵向的连续性，应在课程中反复教授和操练课程主要知识内容。第二，教学内容和学习历程都应有顺序性，每一后继学习要以先前的学习经验为基础，同时更广泛、更深入、更高层次地探究先前经验中涉及的内容。第三，学生的学习历程要体现整合性，教师应引导学生在各种学习历程之间建立纵横关系，让学生获得统一的观点，并把自己的行为与所学课程内容统一起来。

教学内容可分为知识和技能两大类。国际中文教师应该首先确定国际中文中的某些重要的基本概念，如语音中的辅音、声母、元音、韵母、声调、音节等。在学习初期，学生就要形成对这些基本概念的认识及应用，并延续到课程的后期阶段。如果初学者入门时就已学过这些语音的概念和技能，到了中高级阶段，应该对这些概念有更深入、广泛的理解，并能将语音知识灵活运用到交际任务完成的过程中。

（二）教学内容组织：从内容维度来看学习路径设计

课程的教学内容一般会分为课程、单元、项目（一个知识点或一项技能）三个层次，教师应根据知识组块做到合理布局。具体来说，国际中文教师需要对教学内容进行序列分析，揭示教学内容之间的组织逻辑关系。有时教学内容存在难度梯级和内在逻辑顺序，需

要教师设计层层递进的内容组织顺序。教师可以从已确定的教学目的逆向思考：为帮助学习者达成目的，他们必须具备哪些次一级的从属知识和技能？而要培养这些从属知识技能，又需要具备哪些再次一级的知识技能？比如，在汉语教学中，学生应该在学会结果补语（洗<u>干净</u>）、趋向补语（躺<u>下</u>）、状态补语（学<u>得很认真</u>）和时量补语（玩了<u>一个小时</u>）之后再学习可能补语（洗<u>不干净</u>）。在学习时间词（如"天/星期/月/年"）之前，应该先学量词（如"个"）。[①]

有的知识内容之间是并列关系，教师对其进行合理归类组织即可。如在《新丝路中级速成商务汉语Ⅱ》的第一课"参观工厂"中，分别介绍了参观车间和参观样品室两个场景中常用的中文词汇，教师可分两次课依次完成相关词汇的教学（见图3-1）。

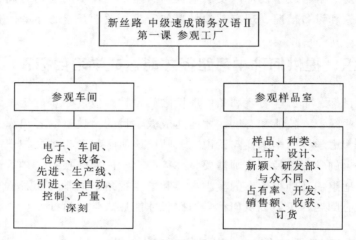

图3-1 归类序列设计示例

教学内容的组织不仅限于一节课，教师在设计阶段应有总体考量，要对教学内容的层次结构、类型特征以及组织序列烂熟于心，这样才可能顺利完成每一节课、每一门课的教学任务。

三 策略择取：如何有效地传递教学内容、驱动学习之旅？

（一）教学内容分块：以合适的步调和逻辑顺序开展教学

确定教学策略的第一步是确定教学顺序、管理内容分块。一般来说，呈现教学内容的顺序是从最下位的技能开始，由简单到复杂、由初阶到高阶。内容分块指的是教师将知识内容分成多大的信息单元，这需要教师综合考虑教学目标、学习者年龄、教材复杂性、所发生的学习类型等因素。对低龄学习者，建议将教学块做得小一点，融合知识讲解、技能练习和反馈容易使学习者疲劳、厌倦。内容组块的大小和教学时长，需要教师在实践中摸索。

[①] 郭睿. 汉语课程设计导论［M］. 北京：北京语言大学出版社，2017.

如在《高级汉语听说》教材第一课中，要教的语言点有"说到……会……""如果……就""如果……那么……""由于……所以……因此……""不是说……吗？为什么/怎么……""把A……坏了"等表达方式。但需要对这些内容进行分块，不能一蹴而就。《高级汉语听说》设计了"快乐也会传染""快乐需要分享""世界上最快乐的事，你经历了几件"三篇课文，分别讲解上述表达方式，让学生循序渐进地学会使用这些表达方式。

（二）教学活动设计：教学法、学习者分组和媒介选择

教学策略既包括教学内容的顺序安排和组织，特别是学习活动的顺序和安排，也包括如何组织活动、传递内容。本教材第四章详细介绍了外语教学界的常用教学法及其流派演变。在此，仅提出两个需要着重考虑的方面，分别是学习者分组和媒介选择。

分组活动也很重要。学生可以两两成组分角色阅读课文；可以结成多人小组完成一个较复杂的交际任务；教师领读、全班学生整体跟读等。学习者分组的类型包括个别化、成对、小组、大组等，这取决于特定的社会交互需求，并且经常混合存在于一节课之中。比如，写作课上，学习者有时独自写作；有时在小组互动后口头表达，之后教师评估，小组补充等。

在教学媒介选择上，中文教师主要用教材、多媒体课件、实物教具等媒介开展教学。近年来也有教师在虚拟现实、元宇宙环境中开展教学。媒介的选择应以服务教学目标达成为基本宗旨，并不是越新越好。

教师也需要参照学习者的中文水平及其二语习得规律合理制定具体的教学策略。例如，在教第一年来华全日制学习汉语的留学生状态补语句时，可先带领学生做好词汇准备和句式导入，这是说对句子、顺利交际的基础；随后通过师生对话、听力填表、分解句式操练、小组读句比赛等多样化的活动正式教授状态补语句，让学生在活动中逐步熟悉状态补语句的句式结构和应用语境；最后请任意两位同学结成一组，通过真实交际对话练习巩固状态补语句的知识，强化学生对知识的理解（详见二维码：目标语环境下的语言点教学设计案例）。

目标语环境下的
语言点教学
设计案例

四 评价设计：如何衡量教学设计方案的有效性？

（一）设计评价方案：立足教学目标评价学习

确定好教学目标、组织好教学内容、设计好教学活动之后，教师要根据具体目标和内容设计学习评价方案，包括开课前测试、随堂练习测验、课后作业以及考试等，以测定学生对于具体教学目标中所描述行为的完成水平。

关于测试的内容在第七章中有详尽介绍，在此仅以一些示例呈现不同类型的测试题。

【填空题】句类是根据句子的_____分出来的类，包括陈述句、_____、_____和_____四种。

【是非题】阅读下面对话，并判断正误。

A：你看，前面那个人是男的还是女的？

B：当然是女的。看，她头上是一顶花帽子，穿的衣服颜色很亮，她的那串项链也很好看呢。

A：是的，可能是个女的。啊！不对，他长着胡须。

【简答题：考查学生对知识的记忆】现代汉语有哪七大方言？分别以什么话为代表？

【简答题：考查学生的分析能力】请分析下列句子中的词语偏误及偏误原因。

（1）昨天他们访问了学校图书馆。

（2）我对中国很有意思。

【简答题：考查学生的分析和评价能力】有一种观点认为"把"字句是汉语教学的难点，课堂上应多加练习；另一种观点认为教师在课堂教学时过度强调"把"字句会导致学生过度使用。你怎么看待这种现象？

【现场展示/表演】请和你的同桌结成一组，用"聚餐、菜单、迟到、聊天、小费"等词语设计一段对话，并在全班展示。

【制作作品】"害羞"一词可以怎么教学？请谈谈你的教学设想，并设计一课教案。

（二）优化教学设计：在正式教学实施前评估并优化教学

在设计完成第一版教学方案后，教师可能很难通过自我审查发现其中的问题，这时就需要借助"局外人"来帮助修正和优化教学材料。常用的修正与优化方式有两种。

第一，由教师和试学者参与教学材料试用与优化。目的是发现并改正教学方案中存在的明显错误，从具有代表性的学习者那里获得对教学内容的最初使用数据和反馈。教师需要先请若干位与目标学习者中文水平相当的试学者进行一对一评价，调查试学者对教学明晰度、影响力和可行性等方面的体验和反馈。评价过程中，要鼓励试学者指出教学材料的不足，包括教材排版错误、内容缺失、图表编号错误、教学指令句型过于复杂、教学顺序不合理、内容组块过大或过小、教学过渡不自然、教学内容老旧、考试题目不清晰、考核内容与教学内容不一致、难以激发学生学习动机和兴趣、课时容量不足以完成教学、缺乏必要的教学设施条件，等等。这一过程需要教师与试学者在互信的基础上进行一对一的、深入细致的有效交流。汇总分析评价数据后，教师应该适当调整教学设计，然后开展小组评价，以确定一对一评价后所做的教学修改是否有效，同时确定在多元背景的学习者群体中开展教学是否顺利。可以挑选具有代表性的试学者组成评价组，比如，不同国别的学习者、熟悉和不熟悉某种学习方式（如混合教学）的学习者、自主性强的学习者和相对被动型的学习者等。

第二,由教学同行、教学领域专家和教师参与教学材料试用与优化。同行对教学对象比较熟悉,能从学习者视角及其可能的反应看待教学并提出修改意见。教学领域专家主要评价教学内容的精确性和时新性,同时从教学理论和学习理论的视角帮助改进教学材料。教师主要通过核查表和访谈等方式来收集数据。

教学材料试用后,教师要梳理相关数据,找出学生的学习困难和教学设计的不足。接着,教师可能会对教学材料做出两类修改。第一类,修改教学内容或材料,使教学更加切合学生需求。例如,20世纪50年代东欧和非洲学习者,主要是为了学习中国的科学技术而学习汉语,汉语课主要目标是保证他们能进行专业性的听、说、读、写。近三四十年来,大批日韩学习者学习汉语,主要是为了将来代表公司派驻中国时能应对各种商务活动。教师应根据需要对教学设计做出调整。第二类,修改教学材料的呈现顺序。有些教材中,"把"字句的讲授顺序为"把书打开—把老师看成学生了—把书包放在桌子上—把衣服洗干净了"。而根据习得顺序,应调整为"把书放在桌子上—把书打开—把衣服洗干净了—把老师看成学生了"。

图3-2是教学设计流程。要注意两点:第一,教学设计并非简单地以线性顺序完成,而是需要反复打磨,甚至可能会颠覆原本的设计而另起炉灶;第二,一门或一节课的目标设定、内容组织、策略择取、评价设计,以及在本教材后续章节将详细讲解的教学材料开发和选择等,都要在教学大纲和课程标准的指导下进行设计,同时也要结合特定学习者和环境的具体情况进行精细化设计。

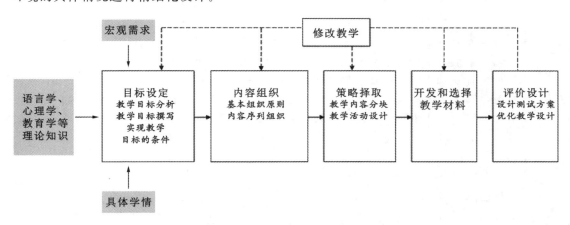

图3-2 教学设计流程图

第二节 教学大纲设计

教学大纲是教学的总体指南,要遵循教学设计的基本原理进行设计;但教学大纲一旦出台,就会成为专业系统、特定课程和独立课程教学设计的重要依据。

以下结合外语教学和国际中文教育，采用 Nunan（1988）[①] 的概念分类，把大纲分为结果性和过程性两类。前者主要关注目标语学习的结果，后者主要关注目标语学习的过程。

一 结果性教学大纲

结果性教学大纲关注学习者掌握的语言知识和语言技能，提出目标语分级水平的标准，描述各等级应达到的能力。

（一）《汉语水平等级标准和等级大纲（试行）》（1988）

为了规范对外汉语教学，1988 年，北京语言学院出版《汉语水平等级标准和等级大纲（试行）》（以下简称《等级大纲-试行》），包括《汉语水平等级标准》《词汇等级大纲》《语法等级大纲》。它是早期汉语水平考试（HSK）的主要依据。

《汉语水平等级标准》分三级描述汉语学习者的听、说、读、写等技能应该达到的标准，同时指出各级的词汇、语法项目的具体数量。表 3-2 是对一级汉语水平的描述。

表 3-2　汉语水平等级标准一级描述

	听	说	读	写
定性描述	可满足最基本的日常生活、简单的社交和有限的学习需要	可满足最基本的日常生活、简单的社交和有限的学习需要	能够认读最基本的日常生活、简单的社交和有限的学习需要范围内的甲级词（1011 个）及其所涉及的全部汉字	能够书写最基本的日常生活、简单的社交和有限的学习需要范围内的甲级词（1011 个）及其所涉及的全部汉字，笔画均匀、笔顺基本正确，能够辨认这些汉字的基本组成部分
定量描述	课上（不低于）160 字/分钟；课下（不低于）150 字/分钟	所涉及的语言范围为甲级词（1011 个）和甲级语法（133 项）	阅读 400～500 字记叙文速度不低于 100 字/分钟，含 1%生词、无关键性新语法点，同类短文阅读速度不低于 80 字/分钟	听写速度不低于 10 字/分钟。汉字抄写速度不低于 15 字/分钟

《词汇等级大纲》含词汇 5168 个，其中甲级 1011 个、乙级 2017 个、丙级 2140 个。分级依据三点。其一，《现代汉语频率词典》（北京语言学院教学研究所，1985）。其二，词表，如《普通话三千常用词表》（中国文字改革委员会，1958）、《常用字和常用词》（北

[①] 王家芝. 英语课程设计 [M]. 武汉：武汉大学出版社，2015.

京语言学院教学研究所,1985)和《对外汉语教学常用词》(北京语言学院教学研究所,1986)。其三,教材,如《汉语教科书》(北京大学外国留学生中国语文专修班,1958)、《现代汉语系列教材》(北京大学,1987)和《基础汉语》(北京语言大学,1971)等。词汇分级主要标准:词语在上述词表和教材中出现的频次;在外国人日常生活和交际中的常用程度;词语的语体特征和时代特点;教学实践经验。

《语法等级大纲》含语法项目489个,其中甲级33个、乙级249个、丙级207个。分级依据有三点。其一,教材,如北京语言学院的《基础汉语课本》(1979)、《实用汉语课本》(1981)和《现代汉语教程》(1984)等。其二,专著,如《中国现代语法》(王力,1955)、《语法和语法教学》(张志公,1956)和《现代汉语语法讲话》(丁声树等,1961)。其三,句型统计材料,如《汉语500句》(林杏光,1980)等。

(二)《汉语水平词汇与汉字等级大纲》(1992)

《汉语水平词汇与汉字等级大纲》(以下简称《等级大纲》)是早期的规范性大纲,是对外汉语教学的重要依据。大纲分四级,以词汇为中心,四级词对应四级字(见表3-3)。

表 3-3　《等级大纲》基本框架 (个)

等级划分和等级水平	词汇	汉字
甲级	1033	800
乙级	2018	804
丙级	2202	601
丁级	3569	700
总计	8822	2905

等级划分主要依据七个动态频度统计词典和字词表:《现代汉语频率词典》(北京语言学院,1985)、《现代汉语常用词词频词典》(北京航空航天大学,1989)、《中小学汉语教学用词表》(北京师范大学,1990)、《现代汉语常用词库》(山东大学,1990)、《信息处理用现代汉语常用词表》(北京航空航天大学,1990)、《北京口语调查》(北京语言学院,1991)和《现代汉语常用字表》(国家语委和国家教委,1988)。

等级划分有五个步骤。第一步,筛选4个动态性词表得出4个分词表:"4次词表"(4个词表共有词)2743词,"3次词表"2750词,"2次词表"3271词,"1次词表"8599词。第二步,以"4次词表"和"3次词表"作为选基数,同时对"2次词表""1次词表"进行"人工干预",得到8875个词。第三步,依据最新动态词频统计、权威性常用字表、对外汉语教和学规律,对8875个词进行联想、添加和删除,得出9060个词。第四步,对9060个词进行分级,初步形成《等级大纲》。第五步,参考《北京口语调查》的高频口语词和《现代汉语常用字表》,经添加删除,得到8822个词语,2905个汉字。①

---

① 国家对外汉语教学领导小组办公室汉语水平考试部. 汉语水平词汇与汉字等级大纲[M]. 北京:北京语言学院出版社,1992.

《等级大纲》对开展汉语水平考试(HSK)和教材编写有指导作用。教材编写和评估,需注意教材与大纲的字词、语法、功能等项目的吻合程度。

(三)《汉语水平等级标准与语法等级大纲》(1996)

《汉语水平等级标准与语法等级大纲》(以下简称《标准与语法》)是基于《等级大纲-试行》和《等级大纲》等众多资料编制而成,包括《汉语水平等级标准》(五级)、《语法等级大纲》(四级),是一部规范性的等级标准大纲,其基本框架如表3-4所示。

表3-4 《标准与语法》基本框架

等级划分	《汉语水平等级标准》	《语法等级大纲》(个)
初等	一级	甲级(129)
初等	二级	乙级(123)
中等	三级	丙级(400)
高等	四级	丁级(516)
高等	五级	丁级(516)

语法等级划分依据:《汉语水平等级标准和等级大纲》《汉语水平词汇与汉字等级大纲》《北京口语调查》(北京语言学院,1991);《现代汉语句型统计与研究》(北京语言学院语言教学研究所,1995);《现代汉语八百词》(吕叔湘,1980)和《对外汉语语法大纲》(王还,1994)等。此外还参考了北京语言学院1980—1994年编写的众多教学大纲以及众多高校先后出版的对外汉语教材。语法等级划分的主要原则:连续继承、纳新发展、分级定位、循环递进、系统协调、综合过渡。特点是将同级语法项目用词限制在同级词汇范围内。[1]

《标准与语法》用五个等级描述汉语水平初、中、高三个阶段的标准,使汉语水平分级测试有明确参照。通过句型频度考察研究成果,对语法项目选取和排序给出了较为清晰的指引。

(四)《汉语国际教育用音节汉字词汇等级划分》(2010)

《汉语国际教育用音节汉字词汇等级划分》(以下简称《等级划分》)引入音节,将音节、汉字和词汇分为普及化水平、中级水平、高级水平,并添加高级附表(见表3-5)。

表3-5 《等级划分》基本框架(个)

等级划分与等级水平		音节	汉字	词汇
一级	普及化水平	608	900	2245
二级	中级水平	300	900	3211

---

[1] 国家对外汉语教学领导小组办公室汉语水平考试部. 汉语水平等级标准和语法等级大纲 [M]. 北京:高等教育出版社,1996.

续表

等级划分与等级水平		音节	汉字	词汇
三级	高级水平	163	900	4175
高级附表		39	300	1461
总计		1110	3000	11092

表 3-5 中，2245 个一级词汇还可分为三个层次，分别有 505 个、837 个、903 个词汇。目的是为使用者提供循序渐进、多层次的普及化等级词。等级划分依据有两点。其一，当代大型动态语料，包括 2005—2008 年间的广播电视对话节目、有声媒体、报纸、广播电视、网络新闻综合语料，5 个版本的九年义务教育语文科的语料和 2002 年国家语言委员会现代汉语语料库的语料。其二，现代汉语词典、等级大纲、常用字表和词表，包括《现代汉语词典》（商务印书馆，2005）、《等级大纲》（北京语言学院出版社，1992）和《汉语教材常用词表及常用字表统计分析报告》（国家汉办/孔子学院总部教材处，2008）等。

音节划分依据大型对话口语语料的音节统计频度、音节对汉字的覆盖率及其在日常生活口语会话中的常用程度等。汉字分级依据大型对话口语语料的汉字统计频度、日常生活和口语会话的常用度、汉字对音节的覆盖率、构词能力，适当考虑书写难度。词汇分级依据对汉字和词汇进行的交集比对。[①]

《等级划分》主要特点有：引入音节，汉字从"附属"地位变为核心要素；推出"普及化水平"，设立最低入门级；选取最常用的字词，贴近外国人最基本的交际需求；细化量化指标，有入门级和高级附表，满足学习者多样化需求。[②]

（五）《国际中文教育中文水平等级标准》(2021)

《国际中文教育中文水平等级标准》（以下简称《等级标准》）包含音节、汉字、词汇和语法，分"三等九级"（见表 3-6），每个等级都有从语言难度、社会交际、话题、交际策略、中国文化与跨文化交际能力等角度进行的说明。

表 3-6 《等级标准》基本框架（个）

等次	级别	音节	汉字	词汇	语法
初等	一级	269	300	500	48
	二级	199	300	772	81
	三级	140	300	973	81

---

① 国家汉办 教育部社科司《汉语国际教育用音节汉字词汇等级划分》课题组. 汉语国际教育用音节汉字词汇等级划分（国家标准应用解读本）[M]. 北京：北京语言大学出版社，2010.

② 刘英林，马箭飞. 再论汉语国际教育新思维——解读和应用《等级划分》的若干问题[C]. 第十届国际汉语教学研讨会论文选. 2010：13.

续表

等次	级别	音节	汉字	词汇	语法
中等	四级	116	300	1000	76
	五级	98	300	1071	71
	六级	86	300	1140	67
高等	七~九级	202	1200	5636	148
	总计	1110	3000	11092	572

《等级标准》的音节表、汉字表、词汇表传承《等级划分》。其语法等级大纲是对1996年《标准与语法》的升级，以海内外3014个国际中文教材的语法项目为依托，参考《对外汉语教学语法大纲》（王还，1995）和《通用大纲》（国家汉办，2014）等，结合70年的教学经验和研究成果，形成12大类572个语法点。在分级排序上，兼顾语法系统性和学习的渐进性。①

《等级标准》设定"四维基准"，注意音节、汉字、词汇、语法之间的呼应：各等级音节能够涵盖该等级字词的全部读音；各等级词汇全部由该等级汉字组成；各等级的语法点也从该等级的词表中选取。水平等级描述考虑言语交际能力、话题任务内容和语言量化指标，包含听、说、读、写、译等技能。选出每级最常用的话题，列举交际任务，说明在特定情境下五种语言技能的具体表现，结合语言量化指标进行定量描述。②

《等级标准》关于国际中文教育中文水平能力的测定，对教学设计具有引导作用。③

二 过程性教学大纲

过程性教学大纲关注教学和学习的过程，重视达到某一目标的系列活动和操练。

（一）《国际汉语教学通用课程大纲》(2014)

为规范课程教学，国家汉办研发了《国际汉语教学通用课程大纲》（简称《通用大纲》），明确了汉语教学课程的目标与内容，为制订教学计划、评测学生水平和编写教材提供依据。

课程内容分五级，分级描述了每一级学习者应具备的语言知识（语音、字词、语法、功能、话题和语篇）、技能（听、说、读、写）、策略（情感、学习、交际、资源、跨学科）和文化意识（文化知识、文化理解、跨文化意识和国际视野），如表3-7所示。

---

① 王予暄，王鸿滨.《国际中文教育中文水平等级标准》语法等级大纲的解读［J］.国际汉语教学研究，2023（2）：74-86.

② 李亚男，白冰冰，王学松.《国际中文教育中文水平等级标准》音节表的构建原则及意义［J］.国际汉语教学研究，2021（3）：3-11，22.

③ 鞠玮玉.基于《国际中文教育中文水平等级标准》的线上中国文化通识课教学标准研究［J］.中国多媒体与网络教学学报（中旬刊），2022（6）：164-167.

表 3-7 　《通用大纲》分级目标描述

层级	分级目标描述
一级	学习者能理解有关个人或日常生活的基本语言材料，可以较准确地进行词句复述、背诵及抄写。开始培养学习汉语的兴趣和信心。在教师的指导下，初步接触简单的学习策略、交际策略、资源策略和跨学科策略。开始了解中国的文化知识，开始具有初步的跨文化意识和国际视野
二级	学习者能理解和掌握有关个人或日常生活的基本语言材料，掌握基本句型，可以造一些简单的句子，对事物作简单的描述，以比较简单的方式进行简单的语言交流。开始培养学习汉语的兴趣和信心。初步学习简单的学习策略、交际策略、资源策略和跨学科策略。开始了解中国的文化知识，具有初步的跨文化意识和国际视野
三级	学习者能理解并学习与生活相关的语言材料，可以运用较为复杂的句型，就熟悉的话题进行沟通、交流与描述，可以组织简单的语段。具有学习汉语的兴趣和信心。了解简单的中国文化知识，具有一般跨文化意识和国际视野。
四级	学习者能理解与社会生活相关的语言材料，造句的正确率高，能就熟悉的题材进行描述、解释或比较，可以进行一些基本的成段表达，能组织简单的篇章。具有学习汉语的兴趣和信心。掌握一般的学习策略、交际策略、资源策略和跨学科策略。了解中国文化中基本的文化知识，具有基本的跨文化意识和国际视野。
五级	学习者能理解多种主题的语言材料，能熟练造句，掌握一些成段表达的技巧，具备组织比较完整的篇章的能力，具备比较流利地进行语言交流的能力。对学习汉语具有较强的兴趣和信心。较全面地掌握学习策略、交际策略、资源策略和跨学科策略。比较深入地了解中国的文化知识，具有跨文化意识和国际视野。

大纲包括《汉语教学话题及内容建议表》《中国文化教材及文化任务举例表》《汉语教学任务活动示范列表》《常用汉语语法项目分级表》《汉语拼音声母、韵母与声调》《常用汉语 8000 字表》《常用汉语 1500 高频词语表》等具有实用价值的附录。①

《通用大纲》规定了国际汉语教学课程的总目标：使学习者在学习汉语语言知识与技能的同时，进一步强化学习目的，培养自主学习与合作学习的能力，形成有效的学习策略，最终具备由语言知识、语言技能、策略及文化意识组成的综合运用能力。它参照《国际汉语能力标准》（国家汉语国际推广领导小组办公室，2007）和《欧洲语言教学与评估框架性共同标准》（欧洲理事会文化合作教育委员会，2008）等语言能力标准，吸收汉语教学研究成果，为教师制订不同课程的教学计划，为实施教学计划提供了明确的参考。该大纲提出了诊断性、形成性和总结性三种评价类型，启发教师科学地评价学生的汉语程度和学习效果。

---

① 孔子学院总部，国家汉办. 国际汉语教学通用课程大纲［M］. 北京：北京语言大学出版社，2014.

（二）《国际中文教育用中国文化和国情教学参考框架》（2022）

《国际中文教育用中国文化和国情教学参考框架》（以下简称《参考框架》，见表 3-8）旨在全面展示中国文化和当代国情，为相关教学提供参考。《参考框架》依据学习者认知水平，分为小学、中学、大学及成人 3 个层次；包括 3 个一级文化项目，32 个二级文化项目。①

表 3-8 《参考框架》基本框架

层级	一级项目	二级项目
小学	社会生活	饮食、居住、衣着、出行、家庭、节庆、休闲、语言交际、非语言交际、交往、语言与文化
	传统文化	文化遗产、文学、艺术、发明
	当代中国	地理、教育、语言文字
中学	社会生活	初级基础上增加消费
	传统文化	增加历史、哲学
	当代中国	增加人口与民族、政治、经济、文学艺术、科技、传媒、对外关系
大学及成人	社会生活	中级基础上增加就业
	传统文化	增加宗教、中外交流
	当代中国	增加社保、对外关系改为对外交流

教学总目标包括四个维度。其一，文化知识，了解中国传统文化、当代中国、社会与生活的概况和主要特点。其二，文化理解，理解中国文化的多样性和动态性。理解传统文化与当代社会生活的联系，理解文化产物、制度、行为所体现的中国文化内涵和观念。其三，跨文化意识，了解中国文化与学习者本国文化的异同。培养对中外文化异同的敏感性。其四，文化态度，以尊重、宽容、共情的态度看待和评价中国文化的特点和文化间的差异。超越刻板印象和文化偏见。此外，小学、中学、大学及成人的文化教学目标也有明显区别。

《参考框架》三大板块相对独立又相互呼应。它为中文教学与中国国情和社会文化教学的有机结合提供了明确指引，可作为文化课和国情通识课程以及相关讲座的内容指导②，对教材（读物）研发也有指导作用③。

---

① 教育部中外语言交流合作中心. 国际中文教育用中国文化和国情教学参考框架 [M]. 北京：华语教学出版社，2022.

② 祖晓梅. 文化教学的新理念和新思路——《国际中文教育用中国文化国情教学参考框架》解读 [J]. 语言教学与研究，2023（3）：26-35.

③ 吴勇毅，刘弘. 中国研习（五年级）[M]. 刘艳辉，王佳艺，译. 上海：华东师范大学出版社，2018.

第三节 国际中文教学设计案例简析

本节讨论具体的第二语言教学设计。主要从汉语要素教学、技能教学两方面展示并分析案例。希望能帮助读者了解不同类别的教学，知晓教学设计的要素、方法和程序，把第一节讲授的知识用于实践，切实提高教学设计能力，胜任相关的课程教学。

一 美国中学的语法点学习教案[①]

1. 教学对象与环境

美国中文沉浸式项目 7 年级学生，每周汉语学习时长 150 分钟～210 分钟。有白板、投影仪、电脑、扩音器等设备。

沉浸式教学，指除了专门学习第二语言的课程，科学、数学等科目也用第二语言教学。

2. 课程与教材

中英双语沉浸课程（dual language immersion program，DLI），该课程注重词汇和语法知识积累，为 9 年级中文考试作准备。教材：《欢迎》第二册（Cheng & Tsui Company）。

3. 教学内容与时间

《欢迎》2.1 中的"V+着"表示存在。75 分钟。

4. 教学目标

让学生能听懂看懂、说出、写出该句式，用它表达事物、人、动物的存在。

撰写教学目标时不一定完整体现学习主体、行为表现、行为条件和评判标准四个部分，而是强调行为表现，让学习者能将注意力集中在要重点学习的特定行为上。

5. 教学过程

（1）课前准备（约 15 分钟）。

播放学生熟悉且喜欢的音乐。请大家四人一组谈星期一在家上网课的感受：你喜不喜欢上网课？为什么？

在课前播放音乐能营造良好的氛围，有效激活学生头脑，使其积极参与课堂活动。用学生熟悉的话题预热有助于学生集中学习注意力，同时巧借生活场景练习口语交际。

---

① 本教案由北京语言大学赴美教学一年的研究生陈晴提供。

（2）旧课复习（10 分钟）。

听写上节课学的重点短语：学生先在笔记本上写拼音，然后在电脑上打字。

旧课复习对于加强知识内容衔接至关重要。新手和教学领域专家的重要差别之一在于后者能够更加系统、完整地组织知识内容。

（3）语法导入（20 分钟），如图 3-3 所示。

我们要学些什么？

我会用

Place + Verb+着 +Noun Phrase 句型

描述 什么地方 放着/摆着/挂着/贴着什么东西。

图 3-3　语法导入

明确教学目标对师生都很重要。教师要明确教学方向，学生要明白学习重点。

师：小学的时候，我们学了"桌子上有书""我的卧室里有床"。现在你们已经是初中生了，我们要学习一些不一样的。

师：看一看，说说"着"和"看"有什么不一样？（易混淆字，见图3-4）

着 和 看 什么一样什么不一样。

它们的下面都有（　　），

看的上面 是（　　），着的上面是（　　）

图 3-4　易混淆字

展示语法结构及例子："somewhere＋V＋着＋something"。

桌子上　　放着　书
卧室里　　放着　床

从字音字形开始讲重点字词，澄清学生很可能混淆的"看"和"着"二字，以免学生一开始就带着错误的印象开启学习之旅。这体现教师对学习者学习情况的深入理解和关注。教师在教学设计阶段不仅要了解学生的预备知识和中文基础，还要了解学生中文学习的常见偏误。

（4）语法练习——师生对话（10 分钟）。

师：现在大家来看看，老师的桌子上放着什么？
生：老师的桌子上有书、iPad、苹果。
师：不是"有"，是"放着"，老师的桌子上放着书，放着iPad，放着苹果。
生：老师的桌子上放着iPad……

师：现在，看看我们的教室的墙上，贴着什么？
生：教室的墙上贴着 world map。
师：世界地图，world map 是世界地图。

利用教室中的实物进行对话练习，让学生初步了解语法点"V+着"，并在练习中纠偏，使学生有意识地用"V+着"代替"有"表示存在。

（5）师生对话+我说你画（10分钟）。

师：现在我来说，你们拿马克笔在桌子上画，看谁能画对。
师：桌子上放着两本书，一本是打开的，一本没打开。书的旁边放着一盆花。桌子的右边放着一张床，床上放着一台电脑。墙上贴着一幅画……

通过"我说你画"的游戏活动，扩展师生对话，给学生更多练习、理解语法点的机会。设计体现了语法点学习和学生兴趣的结合，教师在学习者分析阶段了解到班内学生普遍喜欢画画。事实证明，精心的教学设计能提高教学效果。

（6）看图说话（8分钟）用"V+着"句式写至少两句话，如图3-5所示。
用到以下词汇：着、着、着、桌子、花。

图 3-5　看图说话

在师生对话活动结束后，教师将关注点从班集体切换到个体。集体作答时，教师难以确定每个同学是否都达成了学习目标。此时，教师可以设计看图说话，让每个同学都有机会开口，有助于教师测定每个学生的学习效果，把握整体的阶段性学习进度，进而适当调整教学节奏。

（7）课后作业。

描述你的房间，用"somewhere+V+着+something"短语语句模式。

在课堂上进行大量的对话练习和口语输出之后，教师希望学生在课后可以重点锻炼书面输出的能力，以形成课上课下的有效衔接和配合。

（8）教学反思。

一些学生执着于用"有"表述存在，因此教会学生掌握本课语法点（somewhere+V+着+something）还需大量练习。本节课对学生读的能力训练不够，下节课要增加一篇 AP（advanced placement，高级课程）考试中出现过的"卧室布置"类的短文供学生读。

另外，复习时间过长，导致准备好的几个练习（如改写句子及小组交际活动）没时间做，之后教学应严格把控复习时长。

二 面向成人汉语学习者的综合课教学设计[①]

目前在目标语环境的汉语言本科专业课，一二年级汉语课通常分为综合课（或精读课）、听力课、口语课、阅读课、写作课等。综合课是主干课，要求通过听、说、读、写尤其是精读，教学生掌握语音、词汇、汉字、语法等语言要素，以及听、说、读、写等交际技能。在非目标语环境，分技能授课不多，汉语课通常跟目标语环境的综合课类似，须将四种技能融合。初级阶段多以听说为主，读写为辅，有的甚至没有读写。[②]

以下介绍初级阶段综合课的一个教学设计。

1. 教学对象

多元文化背景的成人汉语学习者，来自欧美国家和日韩等国。这些学习者掌握了600多个汉语词汇，汉语水平HSK二级；整体水平相当于中国高校汉语全日制初级或本科一年级的B班。

成人学习者具备一定的学习自主性，自我调节能力和汉语学习的目标导向性强于低龄学习者。但成人学习者的母语表达技能相对完备，母语负迁移的表现比少儿汉语学习者明显。

2. 教材与教学重点

《长城汉语：生存交际》（北京语言大学出版社）四级，九单元"这个周末我们班同学去郊游"第一课"你业余时间做什么"。重点词语：谈恋爱、知道、业余、跳舞。语法点：可＋A＋了。难点：离合词。

综合课的教学围绕重要词汇和语法点展开，并且要涉及多种语素和技能。

3. 教学目标

① 掌握生词和语法点。② 能复述课文内容。③ 能简单谈论业余生活。④ 对当代中国人的业余休闲有一定了解。

这里体现了递进式教学目标。教师分析教学内容和目标时，需要为学生铺设步调合理的台阶。目标①和②属于记忆和理解层面，认知难度较小。目标③要求学生能较为灵活地使用字词句进行日常交际。目标④则是全面应用知识技能的具体成果。

4. 方法及教具

第一，用支架法、交际法讲练词语，借助PPT、板书等引导学生学习词汇。第二，用

[①] 本教案由复旦大学季晓静老师设计。参见《首届"北语社杯"对外汉语教学资源大赛优秀作品选》，北京语言学出版社，2014。

[②] 周小兵. 对外汉语教学入门［M］. 3版. 广州：中山大学出版社，2017.

情境法、归纳法、交际法讲练语法，借图片、板书等布置练习，引导学生把句式运用到交际中。第三，用听说法、提问法、情境法讲练；用交际法布置任务，并培养学生的口语及书面表达能力。

情境法是综合课常用的教学法，借助精心设计的情境能将汉语听、说、读、写等技能串联起来。情境法有助于拉近学生和学习内容之间的距离，有效提升学习效果、改善学习体验。

5. 教学过程

1) 引入（5 分钟）

老师可以先提问：大家最近忙不忙？有空的时候做什么？做多长时间？这个周末你打算干什么？然后板书学生回答中与休闲有关的词语，一般动词和离合词分两栏。板书示例：

A：动词有学习、运动、旅游、休息……
B：离合词有上网、聊天、睡觉、打球、喝酒……

"动词＋时间频率/时间长度＋名词"句型强调离合词时量补语放在动词名词之间，示例：

他每周打一次球，他上了三个小时网

通过提问使学生快速进入情境，促使他们把语言知识和技能运用到日常交际中，提升其学习兴趣和动机。

2) 生词讲练（30 分钟）

朗读及释义：① 通过拼音及英文释义、带读、解释、图片来教授生词；② 点鼠标隐藏拼音并检查单词朗读（忘记拼音可点鼠标以提示拼音）；③ 隐藏英文释义，教师说词义、学生说词语。

练习使用：① 点鼠标显示生词在对话中的用法，通过情境和搭配的支架，让学生习得词语用法；② 模仿交际问答，真实回答。

（1）谈恋爱。板书：动词＋名词。扩展结构：动词＋时间频率＋名词。"你谈过几次恋爱？我只谈过一次恋爱。你呢？我还没谈过恋爱"。模仿上述格式进行真实的交际对话。扩展结构："谈＋名词"（学习、爱好、生活）。

A：你跟朋友在一起的时候常常谈什么？
B：我们常常谈……和……

（2）知道。板书：谁＋知道/不知道。

A：你知道老师的名字吗？
B：我不知道（老师的名字）。
A：你知道中国银行在哪儿吗？
B：我知道（银行在哪儿）。

PPT 上展示信息，让学生选择提问的同伴，要求回答完整句子，并向对方提问。

（3）业余。板书：业余＋时间/爱好/运动员。练习 PPT 显示的对话后，进行自由交际，互相询问：

A：你业余时间喜欢干什么？你有什么业余爱好？
B：……（"打太极、跳舞、听音乐"等类比）

最后，进行总结，学生朗读，老师纠音，然后同学之间相互提问（业余时间喜欢做什么）。根据学生的整句回答，检查学习效果。

生词讲练活动体现了支架式教学的思想。讲授新知识时需要搭建一定的"脚手架"，帮助学生学会新知识。而当学生达到对新知识的一定掌握程度后，应适时撤出支架的某些部分，使学生能独立运用新知识解决问题。此案例中，教师先用图片、拼音及英文等讲解新词，随后逐步撤出部分支架，直至学生能够根据词义独立说出对应的词汇形式。在后续练习使用环节，通过情境和支架，如"我们常常谈……和……"等，帮学生使用"动词＋名词""谁＋知道/不知道"等结构。随后逐步撤掉支架，让学生在自由交际、自然语境中应用语言。

3）语法点讲练：可＋A＋了（10 分钟）

（1）呈现。

PPT 显示句子和情境（最近忙吗？可忙了。HSK6 级考试难不难？可难了！）。对比已学的"A 死了"和"可 A 了"，前者有消极意义，后者可褒可贬。

（2）练习。

让学生集体朗读例句；然后让学生们相互问答，对知识点进行操练。教师用 PPT 展示情境，引导学生模仿对话。

4）课文讲练（30 分钟）

（1）听读。简单介绍课文内容。用 PPT 展示问题，让学生读，以了解对话中不同人物和内容线索。听课文后领读一遍，然后请学生分角色朗读课文。

（2）讲解。个别答问，检测课文理解。提问操练旧语言点，板书：① 谁最近在忙＋something；② 谁正在＋动词呢；③ 只知道＋something。

先逐个提问，然后让学生集体回答，检测学生是否都理解了课文的内容及词语意义。

（3）复述。将对话整理成一段话，并用 PPT 展示，用图片代替重点词语，检查学生的习得情况（见图 3-6）。如果学生说不出来，可点鼠标显示答案，再隐藏词语。从两人一组互助完成，过渡到全班完成。

课文讲练活动中，先通过教师讲解、领读，学生分角色朗读等活动捋顺课文内容。随后重点讲解语言点，并通过逐个提问、学生集体回答等方式进行练习测试，检验学生阶段性目标达成情况。最后，教师借助复述环节由关注集体过渡到学生个体。

5）交际活动（10 分钟）

（1）谈业余爱好。向学生展示中国人一般的业余休闲方式。请学生分组头脑风暴，谈中国人休闲方式，板书学生答案，若学生未提到关键知识点，可以用 PPT 展示，并请学生重复表达。

（2）交际。二人一组问答：最近忙不忙？忙什么？业余时间喜欢做什么？每次多长时间？

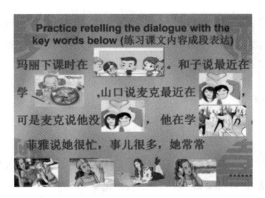

图 3-6　用图片代替重点词语

要求学生回答真实情况。学生在问答时，教师可以进行巡视，并提供帮助、纠正偏误。最后请小组到前台表演。

6) 布置作业（5 分钟）

采访 5 个同学的业余爱好，找到爱好相同的人，将其中两人的业余活动写成一段话，并用 PPT 展示范例。

◇ 基础知识（理论阐释）

教学设计是以解决教学问题、优化学习为目标的系统性设计活动。教学设计有利于教学工作的科学化、教师的专业化发展以及学生素质的有效提高。一些有经验的教师虽然没有接受过系统的教学设计培训，但依然能设计和实施精彩纷呈的国际中文课程。这是因为他们长期扎根教学一线，摸索出很多教学原则和方法，部分暗合教学设计理论和二语习得规律。研习教学设计，有意识地贯彻教学和学习理论原则，能够压缩从新手教师到熟手教师和专家型教师的时间。此外，由于语言本体、教学理论以及学习理论都在不断发展演化，并不存在最佳理论、最有效的教法和最完美的教学设计方案。但是，对教学设计的持续研习和改善，肯定能够帮助国际中文教师不断雕琢自己的教学，推动终身的专业发展。

◇ 关键概念解析

1. 教学设计

采用系统方法将学习理论与教学理论等相关原理运用到对教学目标、教学内容、教学方法和教学策略、教学评价等环节进行具体计划，以及创设有效的教与学系统的过程或程序中。真实教学情境具有极大的复杂性、差异性甚至混沌性，教学设计者既需要应用教学本质与规律的认识来优化教学、促进学习（比如，既要设计优化的教学产品，又要创造性地解决教学问题）。因此，有人说教学设计既是一门科学，也是一门艺术。

2. 教学目标

教学目标即通过教学，教师希望学生能够实现的行为表现和能力水平。教学设计的第一步是分析教学需求，确定学习者在目标知识领域已经具备的普遍水平与期望达到的水平之间的差距，从而根据差距确定课程教学目标。教学目标的确定在教学设计中起到举足轻重的作用：教学目标向上承载着更加宏观的教育理想和国家战略，向下又直接影响着教学内容范围划定、教学活动实施过程和策略部署，以及教学评价工具开发等。一条完整的教学目标要体现学习主体（audience）、行为表现（behavior）、行为条件（conditions）和判断标准（degree）四个主要成分。

3. 第二语言教学

第二语言教学主要包括两部分：语言要素和语言交际技能。教学设计时需要注意两点。第一，语言要素教学当然要聚焦某一课的语音、文字、词汇、语法、语篇要素等；但语言要素教学的主要目标是培养学习者用目标语进行听、说、读、写、译等语言交际的能力，使学习者能够用目标语跟他人进行有效的交际。第二，教学应本着"巧练精讲"的原则，通过适当讲练，让二语学习者有效习得语言知识。不能像面对母语者的知识教学那样，讲得多，练得少，甚至只讲不练。交际能力，需要在大量操练中养成。

◇ 本章小结

本章首先介绍了国际中文教育教学设计的重要性。对于学生而言，好的教学设计会让学生学习目标明确，学习体验愉快，学习效果理想。对于教师而言，掌握教学设计的一般流程有利于教学工作的科学化和教师的终身专业发展。为了有效促进学习，国际中文教师应掌握目标设定、内容组织、策略择取以及评测设计这一教学设计的基本流程，在各个环节中充分调研教学对象、教学内容、教学环境等具体情况，因地制宜地设计并实施教学。

在国际中文教育领域，设计并使用教学大纲是重要的工作内容之一。教学大纲是教学的总体指南，也是专业系统、特定课程和独立课教学设计的重要依据。本章结合实例，介绍了结果性和过程性的教学大纲，以及其背后的设计理念。

本章还提供了两个国际中文教学设计案例，从教学对象、教学目标、教学环境、教材、教学实施过程等各个方面细致解析了教学实践背后的教学设计考量。

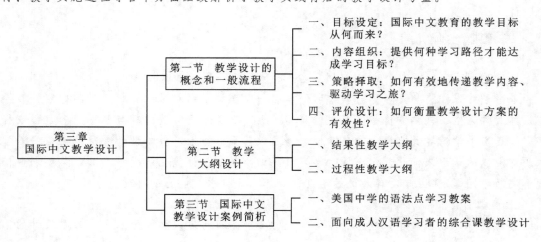

◇ 思考与练习

1. 有人说，教学设计要解决的具体问题有以下三个，分别是"我们要到哪里去""我们如何达到那里""我们怎么知道已经达到了那里"。你怎么理解这种说法？

2. 请找一份你手边现成的教案，看看教案中教学目标的撰写是否体现了 ABCD 四要素。如果是，请具体标注；如果否，请对其进行改写。

3. 请找一个语言点，如表示动作行为完成的"了"，表示数量少的"一点+N"，表示程度低的"有点+A"，或者语言交际知识点如应对表扬等，设计一节针对中学生的汉语课。

◇ 推荐阅读

R·M·加涅，W·W·韦杰，K·C·戈勒斯，等.教学设计原理［M］.5 版.王小明，庞维国，等译.华东师范大学出版社，2007.

崔永华.对外汉语教学设计导论［M］.北京语言大学出版社，2008.

拉尔夫·泰勒.课程与教学的基本原理［M］.罗康，张阅，译.中国轻工业出版社，2014.

周小兵.对外汉语教学导论［M］.北京：商务印书馆，2009.

第四章
国际中文教学法

教学导航

学习目标	课程素养目标： 1. 理解国际中文教育教学法的意义，树立从事国际中文教育的职业道德和信念 2. 激发学习动机，以积极的态度和探索的精神钻研国际中文教育教学法的理论和方法 专业知识目标： 1. 通过学习国外教学法流派的起源、理念和教学方法，正确理解不同教学法的意义，科学、客观评价各教学法的功过，具备理论学习与批判的实际能力 2. 通过学习汉语综合教学法的起源、诞生和发展历程，深刻领会综合教学法的独特意义和应用实践价值，具备根据不同教学需求和教学环境设计课程、开展教学的能力 3. 通过学习汉语要素教学和技能教学的特点和教学原理，深刻理解不同课程的教学目标，掌握并灵活运用课堂教学的方法和技巧，具备独立开展针对性和有效性教学的能力
重点难点	1. 准确区分不同教学法的特征 2. 正确理解综合教学法的本质 3. 灵活掌握和运用教学方法和技巧

问题导入

会说中文就能教中文吗？知识丰富就能教好中文吗？为什么有的学生喜欢某一个老师的课而不喜欢另一个老师的课？为什么在这个课堂学生理解快、练得好，在另一个课堂却懵懵懂懂、懒于开口？要回答这些问题，不可避免要考虑到教师的教学水平这个因素。

当我们称赞一个教师"上课上得真好"时，毋庸置疑，教师除了有深厚的学养、清晰的逻辑、雄辩的口才、幽默的语言外，能运用丰富多样、灵活有效的教学方法也是重要的原因。教学法就是这样一门艺术，它能帮助教师更好地展现课程内容，更有效地激发和调动学生，更有针对性地引导学生训练，从而更有效地达成教学目标。

教学法既是知识也是技能。同学们可以在老师的帮助下，通过不断的学习和实践，来增长真才实干，从而深刻理解"用什么方法""为什么用这个方法"的背后原因，达到"知其然并知其所以然"的理想境地。

为此，本章将详细介绍外语教学界教学法的流派的演变，阐释从对外汉语教学到国际中文教育的"综合教学法"的特点、教学理念和教学原则，透彻说明适宜教授语言要素和语言技能的各种方法和技巧。

第一节　教学法流派简述

过去的一百余年，是二语教学法更迭的时期，先后产生了翻译法、直接法、阅读法、自觉对比法、情景法、听说法、视听法、自觉实践法、认知法、社团语言学习法、沉默法、全身反应法、暗示法、交际法、自然法、任务型教学法等数十种著名的教学理论与方法。每一种教学方法的诞生，都从不同侧面解释了那个时期人们对语言本质和语言教学本质的认识，反映了语言学、心理学、教育学等学科理论发展的结果。这些方法的兴衰更替，推动了世界范围内二语教学的历史进程，因而这个时期也被称为"方法时代"。

学者们曾从不同角度对教学法的流派进行了分类。从形式与内容方面，一般可将其分为基于形式的教学法和基于意义的教学法两类。刘珣所述的认知派、经验派、人本派、功能派四个派别的主要特点，在第二章中已有说明，本节仅对翻译法、听说法、交际法和任务法做详细阐述，以下教学法仅简单介绍。

第一类，认知派：自觉对比法、认知法。自觉对比法诞生于20世纪30—50年代的苏联，提倡听、说、读、写四会并齐头并进，不完全排斥母语的使用，主张通过对比和翻译的办法来控制母语的影响。认知法诞生于20世纪60年代初的美国。依据转换生成语言学、认知心理学的理论，提倡以学习者为中心，通过有意义的操练，全面培养学习者听、说、读、写能力。

第二类，经验派：直接法、情境法、视听法。直接法诞生于19世纪末20世纪初，基于联结主义心理学，汲取了第一语言习得经验，开辟了经验派教学思路。该方法主张直接使用目的语教学，注重口语能力。情境法诞生于20世纪20年代至30年代，是基于英国结构主义语言学、行为主义习惯形成的观念，强调在情境中，通过有意义的操练，培养口语能力。视听法诞生于20世纪50年代的法国。基于结构主义语言学、行为主义心理学的理论，强调使用音频、视频，通过听觉、视觉创设语言环境，让学习者整体感知并学习语言。

第三类，人本派：团体语言学习法、静默法、暗示法和自然法。团体语言学习法诞生于 20 世纪 60 年代初的美国。该方法基于人本主义心理学，注重学习者"人"的社会属性，将学习过程看作咨询过程，由学习者决定学习内容与方式，然后通过小组讨论的方式学习语言。

静默法诞生于 20 世纪 60 年代初的美国。依据布鲁纳"发现学习"的教育思想，鼓励学习者自己发现规律，多进行直观演示。鼓励学习者多说，并能自己改错，以培养学习者的口语能力为先。暗示法诞生于 20 世纪 60 年代中期的保加利亚，通过暗示激发学习者的潜力和动机，让学生在放松而又注意力集中的情况下，开展有意识和无意识相结合的学习。自然法诞生于 20 世纪 70 年代的美国，基于语言交际理论和 Krashen 的"输入假说"，强调提供可理解性输入，在自然状态下习得语言。

第四类，功能派：交际法、任务法。

从纵向的角度看，教学法的发展是随着学科理论的发展而不断推陈出新的。闻亭从历时的角度分析了"语言""环境""学习者"三因素不断融入不同教学法流派的过程。[1] 可以看出教学法从早期关注语言本身，逐步发展到更关注教学和学习环境，关注学习者的学习过程和心理状态，关注人的社会属性。[2] 王才仁将教学法理论的走向概括为结构、认知、社会、情感四个方面[3]，教学法流派形成了多元发展、综合化的倾向。

下面，我们将精选翻译法、听说法、交际法、任务法这四种对汉语教学影响最为广泛的外语教学法，分别详细阐述它们的起源、特点、评价和应用。

一 翻译法

翻译法又称"古典法""传统法"，它是指以讲授语法、句子互译为主的教学方法。在全世界的语言学习历程中，采用翻译的方法来学习二语的历史已有几千年，但直到 19 世纪，翻译法才成为系统的教学法理论。由于关注点的不同，翻译法又有不同的分支，如语法翻译法、词汇翻译法等。

翻译法的语言学理论基础是历史比较语言学，心理学理论基础是 18 世纪德国的官能心理学。该法详细分析了语言的语法规则，同时将这些知识应用于翻译句子、文本的任务。根据理查兹和罗杰斯的观点[4]，语法翻译法主要具有如下特点。

（1）外语学习的目标是阅读这门语言的文学作品，或者帮助学习者从智力、心理训练中受益。

（2）阅读和写作是重点。

---

[1] 闻亭. 论第二语言教学法的多元化、综合化发展趋势 [M] //郭鹏，沈庶英. 汉语国际教育研究（第 3 辑）. 北京：北京语言大学出版社，2014.

[2] 闻亭（2014）从"语言""环境""学习者"三方面阐述了教学法流派的发展脉络，在此基础上，进行了进一步分析，并于本文中加入了"社会性"元素。

[3] Jack C. Richards, Theordor S. Rodgers. 语言教学的流派 [M]. 北京：外语教学与研究出版社，2000.

[4] Jack C. Richards, Theodore S. Rodgers. Approaches and Methods in Language Teaching [M]. 北京：外语教学与研究出版社，2000.

（3）词汇的选择完全基于所使用的阅读文本，通过双语词汇表、字典、记忆来教授单词。

（4）句子是教学和练习的基本单位，课程的大部分内容是将句子翻译成目标语言。

（5）强调语言的准确性。

（6）采用演绎式教学教授语法，展示语法规则，然后通过翻译引导学生进行练习。

（7）学生的母语是教学媒介，可用于解释新项目，教师要帮助学生在目的语和母语之间进行比较。

到20世纪中期，翻译法在理论和实践方面都有了很大改观，语音教学被纳入教学法体系，这为兼顾听说教学奠定了基础。阅读方面强调阅读能力和翻译能力的培养。

翻译法是最早产生的以教授现代语言为目的的二语教学法，在教学法史上有不可动摇的地位。早期的翻译法主张通过阅读名著来学习外语，由于过于依赖母语翻译、过多地强调语法和词汇在语言学习中的作用，成为后来直接法抨击的对象。改良后的翻译法侧重培养学生的阅读和翻译能力，翻译不仅是教学的手段，也成为教学的目的，这拓展了二语教学的内容，教学形式也变得更为灵活多样。

20世纪50年代，早期的对外汉语教学部分采用了语法翻译的方法；到60年代，课堂上不再过多地使用外语，代之以学生能理解的、浅显的汉语来进行讲解和操练。目前，当强调语言对比或在中文高级阶段翻译课、专业课上，翻译法还有一定程度的应用。

二 听说法

听说法指把听说教学放在首位，主张引导学生先用耳听，后用口说，经过反复操练，最终能自动化地运用所学语言的外语教学法。

听说法诞生于20世纪40年代的美国。产生背景：一是第二次世界大战爆发后，美国急需外语军事人才，军事院校采取了集中速成强化的语言训练模式；二是受到美国结构主义语言学（又称描写语言学）和行为主义心理学的影响。结构主义语言学基于对印第安人口语的记录和描写分析经验，主张在尊重语言事实、对各种语言结构进行如实对比描写的基础上，开展口语教学。行为主义心理学认为，学习是反复刺激强化的结果，主张用有规律的强化操作来强化学生的反应，巩固所学的语言规则，并形成语言习惯。

听说法的主要教学特点可概括如下。① 培养听说能力，听说领先于读写。② 反复操练，形成习惯。认为学习外语就是养成一种新的语言习惯。教学中要帮助学生反复模仿、重复记忆、大量操练，形成表达的自动化。③ 教学以句型为中心。教学活动围绕句型而展开，通过操练句型来掌握外语。④ 实行语言对比，发现学习难点。用对比的方式，发现母语和所学外语结构的不同，针对不同，确定难点，开展教学。⑤ 及时纠错，逢错必纠。强调说准确而地道的目的语。为防止学生形成错误的表达习惯，对于学生的错误要及时纠正、反复纠正。⑥ 排斥或限制使用母语。为了不误导学生，认为不能用翻译的方法来解释，而要采用情景、上下文、直观的手段和所学的语言来解释。

听说法的教学过程一般包括理解和活用两部分。根据刘珣（2000）的观点，听说法的教学过程可以划分为以下五个教学阶段。① 认知。教师向学生展示新语言材料（句型），借助于实物情景、手势等使学生理解语言材料的意义。② 模仿。在教师的反复示范下,学生得以准确地模仿。③ 重复。通过反复练习,不断重复已模仿的语言材料,达到让学生牢记、背诵的目的。④ 变换。用变换句子结构的练习给学生活用的机会。⑤ 选择。用问答、对话、叙述等方式,让学生选择学过的词语或句型,描述特定的场景或事件,进一步活用。

听说法的最大功绩在于培养了大批掌握外语口语的人才,满足了当时社会的需要。听说法从理论和实践两个方面促进了外语教学法的发展,给世界外语教学带来了深刻的变化,极大地提高了教学方法在外语教学中的地位。听说法也使教和学的效率达到了最大化。它克服了语法翻译法重理论、轻实践、重读写、轻听说的倾向,教学内容紧贴现实生活,以口语为中心,以句型或结构为重点,广泛采用对比法和教育技术手段,形成了很多卓有成效的教学方法。

听说法也有一些明显的不足。比如,它把外语学习看作刺激—反应的结果,否认人的能动作用和智力在外语学习中的作用,因而过分重视机械性操练,忽视活的语言运用。听说法还过分重视语言的形式结构,忽略语言的内容和意义,导致学生能自动地说出句型,但可能无法在交际中运用合适得体的句子,因而也受到一定的批评。

在对外汉语教学领域,听说法得到了极力的推广和广泛的运用,其"语言是一种习惯"的观念深入了广大对外汉语教师的内心。在课堂上,通过各种形式的语法操练,来帮助学生达到语言的"熟巧",成为传授语言规则、加强听说练习、提高学生口语表达能力的重要途径。20 世纪 70 年代,句型操练的方法被引入课堂,其理念也被吸收到教材编写中。受亚历山大《英语 900 句》的影响,从 1973 年起,北京语言学院①着手试编结合句型教学的新教材,1980 年出版的《基础汉语课本》,1981 年出版的《实用汉语课本》都吸收了句型操练的方法。至今,句型操练的方法仍然在初级汉语语法教学中得到广泛应用。

三 交际法

交际法又称功能法、意念法、或功能意念法,它是以语言功能和意念项目为纲,培养在特定的社会语境中语言交际能力的一种教学法。

20 世纪 70 年代,行为主义和结构主义式微,听说法遭受了前所未有的批判,交际法出现。交际法的思想源于语言学家、功能语言学家和社会语言学家的研究。作为交际法的前身,功能法主张用语言叙述事情和表达思想,培养学生的语言交际能力。(详见二维码:交际能力)

交际能力

交际法的主要教学特点可概括为以下几点。

(一)培养语言交际能力

交际法认为,语言是人与人之间的交际工具,而不仅仅是一套规则系统,交际功能是语言最本质的功能。语言教学要为学生的交际需求服务,教学的目的就是教会学生创造性地、有目的地运用外语,学会使用与不同环境相适应的语言形式以完成不同的社会目的。

---

① 今北京语言大学,作者注。

（二）以功能为纲

采用功能—意念大纲，选择最通用的功能项目作为教学内容的核心。在教学和教材编写上，注意语言形式与功能项目的结合。

（三）教学过程交际化

交际法认为，语言教学应该尽量给学习者提供大量易于掌握的真实语言，并创造条件和机会，鼓励他们为实现交际目的而积极运用目标语言进行实践。这主要体现以下几个方面。① 教学内容要选择来自真实世界的语言而非经过改编或简化的语言。② 要结合具体语境，选择恰当、得体的语言表达形式。③ 创造真实的交际环境或接近真实的交际场合，进行自由表述和发挥。强调在交际中使用目标语言，反对机械性的句型操练。④ 综合性地运用语言交际活动的各种要素，如功能、语境、语体、社会、性别、心理和语言辅助手段等。⑤ 在交际教学中，教师的作用首先是促进交流，其次才是纠正错误。⑥ 教学方法和手段多样，教学材料不局限于课本，广泛采用录音、录像、图片、电影、新闻广播、广告等材料进行教学。

（四）以学生为中心

"以学生为中心"强调从学生的实际出发确定教学目的，根据教学目的选择教学内容和制定教学方法。在教与学中，认为"学"最重要；在教师和学生方面，认为学生更为重要，教师的任务只是为学生提供和创造学习和使用语言的条件。学生成为活动的"主角"。在学习过程中，强调调动学生学习外语的主动性和积极性，促使内因发挥作用。利用学生用外语表达的愿望，发展其交际能力。

（五）全面发展听、说、读、写综合技能

语言作为交际工具，既是口语形式的，又是书面形式的，学生学习口语和书面语同等重要。言语活动的听、说、读、写各技能并不是孤立的，它们是一种综合的言语活动，因此综合训练与单项技能训练应协调起来进行。四种活动的先后顺序、学习快慢则无关紧要。

（六）以交际活动为教学组织方式

上课经常采取两人一对、4~6人一组的小组活动形式，各小组的教学目标和学习侧重有所不同，但成为相互联系的有机整体。课堂上的交际任务、活动和内容要尽可能与学生的学习目标和他们在实际生活中的交际一致。

（七）发展专门用途目的语

专门用途英语指掌握与某种特定职业、科目或目的相联系的目的语。它有两个明显的

特点：一是由职业决定，如工程师、医生、售货员等，在职业范围内达到使用目的语的目的；二是专门化的内容，即与专业相关的独特的用词、用语和语言结构模式等。

交际法的课堂教学顺序为：第一，利用语言尽可能多地进行交际；第二，为了达到有效交际而学习必要的语言项目；第三，如有必要再进行操练。这种思想后来被概括为"3P"教学法。常规的"3P"教学法分为三个阶段：演示（presentation）—操练（practice）—产出（production）。"演示"指展示语言材料，进行讨论和口头对话。"操练"指教授语言知识，并在控制或半控制之下进行有限的交际。"产出"指语言的输出。教师提供交际情境，给予学生运用所学语言结构自由表达的空间，从而取得学习成果。

交际法的优点非常突出。它以功能和意念为纲，以培养语言交际能力为目标，以学习者为中心，从学生的交际需要出发，通过创造接近真实的交际情境锻炼学生的交际能力，体现了语言教学的真实性和有意义性，促进了外语教学法的蓬勃发展，因而在全世界得到广泛的应用，成为世界上影响最大的外语教学法流派之一。

交际法的理论基础深厚，体系完整。它把语言看作交际的工具，教学的内容聚焦交际目的的实现而不是从语言结构出发，这提升了师生对外语学习的认知，开拓了外语教学的新思路和新视野。由于交际法最初是针对听说法而提出的，它不仅是一种教学方法，也是一种教学思想，并广泛应用于教学大纲制定、教材编写等，因而有效地影响和培养了大批外语人才。

交际法也存在一些不足或实施困难，比如，交际法提倡从功能—意念角度出发开展教学，然而语言的功能和意念种类繁多，目前制定的功能大纲和意念大纲远远无法做到像语法大纲一样具有逻辑和系统性，因此如何协调语言结构大纲和功能大纲是一个问题。

从交际法自身来看，课堂交际化难以真正实现。比如，"3P"教学法，学生是在有控制的情况下完成教师预设的交际任务，更多地关注对目标语言的掌握程度。对不影响交际活动的语言错误放任自流，导致语言表达的准确性下降，难以实现语言准确性和流利性的平衡，因而支持关注语言形式教学的观点从未消失。

关于外语教师在课堂上的角色问题，提倡交际法教学的学者认为，教师不应是课堂的控制者而应扮演协助者和参与者的角色。这两种角色在小班可能会得到有效实施并取得理想的效果，但在大班实施可能会遇到困难。

20世纪80年代，交际法进入对外汉语教学界的视野后，产生了巨大的影响，直接提升了对外汉语教学法的整体认识水平。关于汉语功能项目与功能大纲的研究相继出现，基于功能大纲编撰的教材也纷纷问世，并诞生了以结构为主、结构与功能相结合的教学法。进入90年代，随着文化因素逐渐得到重视，汉语教学在"结构、功能、文化"相结合的教学模式上取得较大共识。① 至今，秉承交际理念、开展交际活动的教学仍然是汉语课堂教学的主要方法。

---

① 刘珣. 关于对外汉语教学法的进一步探索［J］. 世界汉语教学，1989（3）：169-175.

四 任务法

任务法是一种以完成任务而不是学习语言项目为主要目的的语言教学法。它强调交际的真实性、活动的任务性、活动的结果等,鼓励学生在完成任务过程中发现、理解和学习语言,典型的做法是"做中学""体验中学"。

任务法最早可以追溯到 20 世纪 80 年代。英国的 Willis 将任务引入英语教学并称之为"任务教学法"(task teaching),成为基于任务的语言教学(TBLT)的雏形。后来经过 Willis、Nunan、Skehan 等人的研究和实践,逐渐形成一种更加系统和完整的教学方法。自 80 年代末期以来,在全球范围内得到广泛应用和研究。

任务型教学的理论基础主要来自建构主义、认知心理学、语用学、交际语言学等学科领域,这些理论为任务型教学提供了理论支持和指导,促进了任务型教学的发展和实践。

任务法的教学特点如下。

(一)任务要素

Nunan 1989 年出版的《交际课堂的任务设计》① 是任务型教学正式形成的标志性著作。他认为,任务由六个部分构成:任务目标(goals)、材料输入(input)、活动(activities)、教师角色(teacher role)、学习者角色(learner role)、环境(setting),具有以意义为中心和以解决交际问题为目的等特征。

(二)教学原则

根据 Skehan 等人的观点,程晓堂将任务型教学的原则概括为如下六个。②

(1) 真实性原则:任务要尽可能接近或类似于现实生活中的各种活动。

(2) 目的性原则:任务要有明确的目的和目标。教师和学生都要知道为什么要做这个任务,有什么现实需要,在任务完成之后能做什么、有什么结果。

(3) 做事情的原则:要有做事情的过程。像理解性的听和读,是学生的大脑在活动,耳朵和眼睛在活动,但是我们看不见信息加工的过程,所以课堂教学要安排听后、读后的活动,比如,听后画图、填表、读后发表意见等,通过操练来检查。这样的过程就是具体的、可观察的。

(4) 信息交流原则:在完成任务的过程中,学生必须使用语言获取信息、处理信息和传达信息。比如,交际互动的发生就是因为有信息差,课堂交际活动可以通过提供富有信息差的语言材料,促进学生的交流和互动协商。

(5) 表达意义的原则:任务必须以表达意义为中心,而不能以操练语言形式为中心。

---

① David Nunan. Designing Tasks for the Communicative Classroom [M]. London:Cambridge University Press,1989.

② 程晓堂. 任务型语言教学 [M]. 北京:高等教育出版社,2004.

真实性是任务活动的一个典型特征。在真实的或模拟真实的任务活动中，语言的输入和输出才可能体现真正的需求，有意义的交流才会产生。

（6）结果原则：完成任务后必须有一个明确的结果，这个结果常常是具体可感的东西。比如，画的图画、记录的文字、填写的表格、排出的顺序、做出的选择和决定等。这是检验任务完成与否和完成质量的重要依据，也是任务链的重要组成部分。

（三）教学过程

任务型语言教学是一种教学思想或教学途径，而不是一种具体的教学方法。因此，任务型语言教学没有固定的操作过程和教学步骤，但任务型语言教学的研究者们所阐述的观点大同小异，阶段的划分基本一致，只是命名有所不同。Willis 在 1996 年出版了《任务型课堂教学结构》[①]，他所提出的前任务（pre-task）、任务环（task-cycle）和语言聚焦（language focus）的操作模式在教学实践中得到广泛运用。

任务法的教学过程或程序通常包括以下步骤。

（1）任务设计：首先，教师需要根据学生的语言水平和学习目标设计一个具体的任务。这个任务应该是实际、有意义、需要交际并具有挑战性的。例如，要求学生在某个场景中使用目标语言完成某项任务，比如，购物、订餐、旅游等。

（2）任务导入：教师会通过某些方式引导学生进入任务，比如，呈现相关的图片、视频、音频或文字材料，或者通过提出问题等方式调动学生的兴趣和注意力。

（3）任务执行：学生开始执行任务，尝试使用目标语言完成任务。在这个过程中，教师可以给予必要的指导和帮助，例如，提供词汇、语法和交际策略等。

（4）任务展示和评价：完成任务后，学生会将结果展示给其他同学或教师，并接受反馈和评价。这个过程可以帮助学生发现自己的问题和不足之处，并进一步提高语言能力。

（5）语言反思和总结：学生和教师可以一起回顾任务执行过程中遇到的问题和解决方法，并总结出一些语言规律和策略。这个过程可以帮助学生更深入地理解目标语言的结构和用法，提高语言运用能力。

任务法具有明显的优点，它在思路上和做法上都避免了交际法的不足，强调在大量的输入与输出过程中学生语言能力的自然发展，不排斥在此过程中基本的、必要的语言形式的操练，因此学生语言表达的准确性、流利性和复杂性都能得到充分的重视和发展，体现出"语言习得所需要的理想状态"[②]。

任务法的"任务"为实现交际功能找到了落脚点，提高了学生的语言交际能力。任务法教学注重语言实际应用，鼓励学生在交际中使用目标语言，因而促进了学生语言交际能力的提高。

任务法教学强调学生要在任务完成的过程中探究语言，鼓励学生自主学习，通过思考和探究，建立自己的语言体系，从而更容易记忆和理解所学语言，因而促进了学生自主学习。任务法教学以真实的场景为背景，激发了学生的学习兴趣和积极性，因而使学习变得

---

① Willis J. A Framework for Task-Based Learning [M]. London：Longman，1996.
② 龚亚夫，罗少茜. 任务型语言教学（修订版）[M]. 2 版. 北京：人民教育出版社，2006.

更加有趣和生动。在学习中，任务法教学采用小组学习、合作学习的模式，学生之间的分工合作使每个学生得到更多的学习机会，也使教师能有更多的精力去关注每一位学生的学习效果。任务法也注重语言应用和语言策略，鼓励学生在任务中探究语言用法和交际策略，以培养学生运用语言的能力。

不过任务法在实施中也存在一些不足或困难，如任务法的目的性、过程性、综合性和对思维的挑战性体现了很多现代教育的新理念，因而对教师素质和能力提出很高要求。任务需要精心的设计和充分的准备：教师要有充足的准备时间来完成对任务的设计、材料的准备、评价标准的制定等。如果"任务"没有经过精心的设计和恰当的运用，过难或过易，"任务型"教学则不仅不能取得预想效果，反而会打击学生应用语言的自信心，对学习动因产生负面影响。此外，教师还需要面对复杂多变的课程情况。由于学生性格、文化背景、汉语水平、知识结构均不同，在实践中，教师需要对学生进行个性化的指导和帮助，以保证学生能够完成任务，这就需要教师具备充分的语言能力、丰富的教学经验来应对多样化的教学情境。

对外汉语教学界是从21世纪初开始关注任务型教学的，稍晚于外语教学界。初期的研究大多集中于介绍国外学者所提出的任务模式或任务设计研究成果，之后开始运用这些成果开展课堂教学设计、进行教学实践和教材编写。在任务法的发展演变中存在两种类型，即基于任务的教学法（task-based）和任务支撑的教学法（task-supported），前者如前文所述，其操作程序为典型的任务法；后者借鉴了任务法的理念，在操作上有所改良。在汉语教学实践中，完全采用典型任务法的操作模式开展汉语教学的情况较少，大部分实践者采纳了任务法的一些做法，比如，强化了热身与激活环节，在交际应用环节更多地采用任务形式，对操作程序做了一定的优化，可以说更多地体现出"任务支撑"的教学法特点。

第二节　汉语综合教学法

一　汉语综合教学法发展概况

纵观语言教学法的历史，每一种教学法都有其特定的产生背景和生长的土壤。汉语作为第二语言的教学是伴随着新中国的成立而诞生，历经几代人的不懈努力而发展壮大的。在70余年的发展历程中，汉语教学尊重汉语事实，既立足于已有的经验和成果，也积极吸收和借鉴了各教学法流派的精华或合理成分，形成了海纳百川、兼容并包的教学法体系，走出了自己的教学法路子，被称为"汉语综合教学法"（以下简称综合法）。

综合法是以北语模式①为核心、吸收和借鉴了各教学法流派的精华或合理成分、适应汉语特点的语言教学法，其实质是"最优化"教学。

---

① 指北京语言大学及前身北京语言学院长期以来所形成的教学理念、教学方法、课程设计、教材编写、师资培训等理论认识及教法体系。

综合教学法的形成非一日之功，其发展历程可划分为五个时期，前四个时期依据吕必松的论述并做了调整。① 简述如下。

（一）草创时期（20 世纪 50 年代初到 60 年代初）

汉语教学肇始于 1950 年"清华大学东欧交换生中国语文专修班"，该班于 1952 年调整至北京大学。

初创时期的汉语教学具有明显的探索性质。吸收了听说法、翻译法、直接法的一些教学思想，主张以理论指导实践，讲练并重。在语音和语法教学阶段的前期通过翻译法讲解语言知识。教学以词汇和语法为中心，要求学生全面掌握听、说、读、写四种技能，初级阶段侧重听说，中、后阶段侧重听读、读写。用一门课程、一本教材进行教学，是综合法教学的雏形。

（二）改进阶段（20 世纪 60 年代初到 70 年代初）

20 世纪 60 年代初，北京外国语学院建立"非洲留学生工作办公室"；1962 年，在此基础上成立了"来华留学生高等预备学校"；1964 年，北京语言学院成立，汉语教学有了固定且呈一定规模的教学园地。

教学上基本沿用 50 年代的做法，教师的教学经验逐渐丰富且趋稳定，提出了"实践性原则"，强调"精讲多练""学以致用"的教学要求。授课方式由直接法过渡到"相对直接法"，不禁止使用母语。

（三）探索阶段（20 世纪 70 年代初到 80 年代初）

这一时期对实践性的认识更加全面，组织和引导学生通过大量的、自觉的实践来掌握汉语，提出课堂实践与社会实践的结合。采用听说法的句型操练的方法，开始进行按语言技能划分课型的教学实验，重视专项技能——尤其是汉字读写和阅读理解训练。进一步丰富了综合教学法的体系。

（四）成熟阶段（20 世纪 80 年代到 90 年代）

引进交际法的概念，确定了汉语教学就是训练语言技能和培养交际能力的教学目标，确定了综合＋分技能教学以及单纯的分技能教学这两种并行的教学路子。这一时期的汉语教学体现出"集传统法、听说法、句型法、直接法、功能法等理论与实践于一身的、互为补充的、以结构和功能相结合为主的方法"②，综合教学法特点明显，认识成熟，形成较为固定模式并进入推广辐射阶段。

---

① 吕必松. 中国对外汉语教学法的发展 [J]. 世界汉语教学, 1989 (4)：193-202.
② 对外汉语教学研究会研究小组. 建国以来对外汉语教材研究报告 [C] // 第二届国际汉语教学讨论会组织委员会. 第二届国际汉语教学讨论会论文选. 北京：北京语言大学出版社, 1988：590-603.

（五）日臻完善阶段（20 世纪 90 年代至 21 世纪）

自 90 年代开始，交际法的理论得到深入的研究和理解，在教学理念、教学方法、课程设置、教材编写各个方面都得到贯彻执行。此外，三个新元素也逐渐进入教学法研究的范围。① 开始探索文化与语言的关系，文化教学、跨文化交际的理念得到重视，"结构、功能、文化"三者相结合的教学模式日趋成熟。② 开始关注学习者是如何学会语言的，教学从关注"如何教"转向关注"如何学"，学习者成为设计和开展教学的重要考量因素。③ 进入 21 世纪，认知心理学、二语习得理论和社会文化理论的研究成果被应用到汉语教学法中，任务法在汉语教学中得到极大的重视和应用，综合法得到巩固发展，日臻完善。

以上简述了汉语综合教学法的发展历程。从哲学的角度来看，综合法的诞生与完善是中国文化尊重事实、重视实际的唯物思想的体现。人们早已认识到没有一种教学法是全能的，也没有一种教学法是毫不足取的。博采众长，不独法一家，是我们的传统，也是对外汉语教学的显著特点，因此，汉语综合教学法的形成与确定是自然而然的。

二 综合性的内涵

综合教学法的内容涉及教学理念、教学目标、教学内容和教学方法等多个方面，其"综合"性主要在以下几个方面得到体现。

（一）教学理念的综合

教学理念是指导课程设计、开展教学活动的依据。综合法取长补短，合理吸取了各个教学法流派的思想，将其创造性地运用到汉语教学中，并体现在不同的教学环节和教学活动中。例如，采用语法翻译法找到语言间的差异，避免母语负迁移；采用认知法，启发学生自我发现；采用沉默法、暗示法，进行纠错反馈；采用自然法，进行大量可懂输入；采用情境法，在情境中进行操练；采用视听法，丰富视听材料，为语言输入和表达提供手段和途径；采用听说法，进行大量的句型操练；采用交际法，使教学过程交际化；采用任务法，通过完成任务来推动真实交际等。综合法采用最优化教学的理念来开展汉语教学，保证了在顶层设计上不偏离，在具体操作上更加合理高效。

（二）教学目标的综合

教学目标是设计并观察教学效果的指标，反映在课程大纲和具体教学内容上。综合法完善了学习者汉语能力的培养体系，避免了使用单一教学法造成的能力不均衡。按照《国际汉语教学通用课程大纲》[①] 对语言综合能力的说明，语言综合能力主要针对语言知识、

---

① 国家汉语国际推广领导小组办公室. 国际汉语教学通用课程大纲 [M]. 北京：外语教学与研究出版社，2008.

语言技能、策略、文化意识等四个方面展开。所形成的能力包括语法能力、社会语言学能力、语言策略能力、跨文化交际能力，以实现语言交际的准确性、流利性、丰富性和得体性。在技能上体现为听、说、读、写全面发展。

（三）教学内容的综合

综合法注重建构学习者全面的知识体系，通过教授汉语语音、词汇、语法、汉字四要素，以及与汉语理解与运用密切相关的中国文化知识和跨文化交际知识，来培养听、说、读、写交际技能，形成相关语言能力。

（四）教学活动和方法的综合

教学活动是选择合适的教学内容和教学方法而开展教学的活动组织形式。教学方法包括具体的方法和技巧。综合法教学强调在设计教学活动时要多感官、多通道、全方位地调动学习者的认知能力，久而久之也形成了丰富多样的教学方法与技巧体系，适用于语言知识、语言技能、文化因素等不同教学内容，感知、理解、记忆和应用等不同认知层面，以及导入、讲解、操练、活动等不同操作环节。在性质上体现为由"死"到"活"的机械性练习、有意义的练习与交际性任务练习等。在方法的运用和组合上更具艺术性。

三 汉语综合教学法的特点

"汉语教学法和其他语言作为外语的教学法必然有许多相同的地方，也必然会有教汉语的独特的地方"①。汉语作为第二语言的教学法体现出对汉语本质的尊重，紧密贴合汉语语言规律，特别是基于对汉语句子及汉字的特殊性认识来开展针对性教学方面。其特点主要表现在以下几个方面。

（一）注重培养学生的汉字认读和书写能力

汉字是记录汉语的文字符号系统，具有字形、字音、字义特征。与线性拼音文字相比，汉字字形具有难认、难记、难写的特点，因此，汉字教学一直是汉语教学的难点，也是汉语教学的特色。

综合法的汉字教学，注重培养学生的汉字认读和书写能力，要求学生准确发音和流利书写。通过字形分析，汉字构字理据的阐释等，帮助学生辨别字形，理解汉字的意义。为了更有效地开展教学，教学界不断探讨"语文分离""语文同步"的教学模式，通过汉字习得研究，探索学习者理解和记忆汉字的策略，帮助他们克服畏难情绪，改变认知习惯，逐步建立起汉字正字法意识。

---

① 王还. 门外偶得集[M]. 北京：北京语言学院出版社，1987.

（二）采用"综合＋分技能"的教学模式

在对外汉语教学的历史上，"听说领先、读写跟上""全面要求""四会"这样的要求被先后提出，直至最终确定"综合＋分技能"的教学模式，在这一过程中，综合法一直注重语言能力的全面、均衡发展。在"综合＋分技能"的教学模式中①，综合教学的任务一般由综合课来承担，全面培养学习者的语言知识和语言技能；技能课一般有口语课、听力课、阅读课和写作课，分别从说、听、读、写等角度有侧重地进行技能培养，彼此之间既分离又配合，形成相互支撑、相互促进的关系，这与很多教学法往往关注一点、忽视其他的做法有很大不同。

（三）重视发挥教师的作用

以往的教学法流派在对待教师角色和学习者地位问题时，容易走入极端。综合法赞成"以教师为主导、以学生为中心"的提法。综合法的教师课堂角色具有较清晰的中国传统教师的特色，教师在教学设计和课堂组织中具有主导作用，但并不是一言堂和瞎指挥，而是必须以学生为中心，根据学生的特点和需要来组织教学，并在教学过程中充分尊重学生的水平、能力，设置针对性的活动。比如，在提问环节，有经验的教师会根据问题的难度来确定提问的对象和顺序，体现出对学生自我意识与个性特点的充分认识和理解。

（四）采用结构—功能—文化相结合的教学路子

1981年刘珣等编写的《实用汉语课本》②出版，这是一部全面培养学生听、说、读、写综合运用能力的教材。教材遵循"结构、情景、功能"相结合的编写路子，这一路子之后发展为"结构、功能、文化"的教学理念，不仅成为汉语教材编写的典范，影响巨大，而且成为汉语教学的一般路子，被应用在各种类型的汉语教学中。这里的结构，泛指一切语法形式，不局限于句型，也包括汉字、语音、词汇、语篇等语言要素及其规则；功能，指用语言做事，表现为具体语言环境下的得体表达，包括功能项目和意念项目；文化指包含在语言之中和语言之外的各种社会规约、思维方式、心理取向、文化、民俗、历史、国情等知识和策略，包括目的语文化和跨文化两部分。结构、功能、文化相结合的教学路子体现了综合法在处理语言形式、语言内容和语言使用时，既考虑到了语言的规则性、交际性，也考虑到了它的社会性，因而比单独强调某一方面的教学法更为周全，产生的教学效果也更稳定。

（五）奉行"精讲多练"的原则，注重教学实效

20世纪八九十年代以前的对外汉语教学，主要是本科预备教育，教学有明确的目标，

---

① 宗世海（2016）梳理了20世纪70年代至今以来的汉语教学模式，共调查整理了我国34所高校的51个教学类型，认为汉语教学界一共存在三种主流汉语教学模式，其中以鲁健骥为代表的"综合＋分技能"教学模式及其变体占绝大比例，达80.4%，说明该模式是最权威、得到最广泛应用的模式。

② 刘珣. 实用汉语课本[M]. 北京：商务印书馆，1981.

因而特别强调实用。1979 年，钟梫在对五六十年代的汉语教学情况进行总结论述时，提出了实践性原则、学以致用原则、综合教学的原则、精讲多练的原则等。① 之后，任远、李培元等在相关论述中都做了进一步的阐述和肯定。②③ 自此"精讲多练"和"实践性"成为综合法教学最为核心的要点。

"精讲多练"主要针对教师的教学方法提出，它的核心理念是学生的语言能力不是通过教师大量的讲授学会的，而是通过学生大量的操练学会的，学习要熟能生巧，从量变到质变。"精讲"指教师的"讲"是必要的，一要与"练"形成合理的比例，虽然是四六开还是三七开说法不明确，但是讲的分量和时间决不能多于练的分量和时间；二要掌握"讲"的要点，即突出重点、难点，此时既要了解学生整体情况，也要注意语言对比。讲的时候力求简明扼要、少而精，不鼓励使用外语。"多练"指把时间给学生，精心设计教学活动，利用各种方式，提高学生的开口率，达到语言熟巧。"实践性"则体现出书本知识与应用实践相结合的思想，认为学生语言能力的获得要依赖反复实践，特别是真实的社会实践，因此鼓励学生走出校门、走向社会，充分利用汉语的大环境学习语言。"精讲多练"和"实践性"强调培养学生的真实语言能力，反对过多讲解，反对将学生的学习局限在课堂内、书本上，这一思想与中国传统文化中"读万卷书、行万里路"的实践精神有密切关系。

第三节　汉语要素教学与技能教学

一 汉语知识和汉语技能

语言知识和语言技能是语言交际能力最核心的部分。汉语的语言知识包括汉语语音、词汇、语法和汉字，对这些知识的教学统称要素教学。汉语的语言技能包括听、说、读、写、译单项技能，对这些技能的教学统称技能教学。语言的要素教学和技能教学的关系是，一方面，语言技能教学不能脱离语言要素教学而展开；另一方面，语言知识如果只停留在知识讲授的程度，而没有形成语言技能，则是死的知识、无用的知识，所以语言知识要转化为语言技能。语言要素教学和语言技能教学是密不可分的。

（一）汉语要素的量

语言要素教学往往跟教学的"量"有关系，比如，什么水平的学生应大致掌握多少词

---

① 钟梫. 对外汉语教学初探 [M]. 北京：北京语言大学出版社，2006.
② 任远. 北京语言学院六十年代对外汉语教学法回顾 [J]. 语言教学与研究试刊，1979（4）：83.
③ 李培元. 五六十年代对外汉语教学的主要特点 [C] // 第二届国际汉语教学讨论会组织委员会. 第二届国际汉语教学讨论会论文选. 北京：北京语言学院出版社，1988：44-50.

汇、学习多少语法点等。以《国际中文教育中文水平等级标准》[①]（以下简称《等级标准》）规定的初等三级为例，完成初级阶段学习的学习者应掌握音节608个、汉字900个、词语2245个、语法点210个，能够书写汉字300个。从纵向看，从初级到中高级，学习者需要在各项的量上不断积累提升。

（二）汉语技能的质

语言技能教学往往跟能达到的语言表达的"质"有关系，即水平如何。《等级标准》采用语言描述的方式来说明各等级学习者应达到的语言水平。在总体描述后进一步分项描述。初等三级的学习者应达到以下水平。

听：能够听懂涉及三级话题的任务内容、以较长单句和简单复句为主的对话或一般性讲话（300字以内），对话或讲话发音基本标准、语音清晰、语速接近正常（不低于180字/分钟）；能够通过语音、语调、语速的变化等辅助手段理解和获取主要信息。

说：能够掌握三级语言量化指标的音节，发音基本正确。能够使用本级所涉及的词汇和语法，完成相关的话题表达和交际任务；具备一般的口头表达能力，能够使用少量较为复杂的句式进行简单交流或讨论。

读：能够准确认读三级语言量化指标涉及的音节、汉字和词汇；能够读懂涉及本级话题任务内容的、语法基本不超出本级范围的语言材料（300字以内），阅读速度不低于120字/分钟，能够理解简单复句，能读懂叙述性、说明性等语言材料，理解文章大意和细节信息；能够利用字典、词典理解生词意义。初步具备略读、跳读等阅读技巧。

写：能够掌握初等手写汉字表中的汉字300个；能够较为熟练地掌握汉字笔画和笔顺的书写规则以及各类标点符号的用法；能够正确地抄写汉字，速度不低于20字/分钟；具备一般的书面表达能力，能够进行简单的书面交流，在规定时间内，书写邮件、通知及叙述性的短文等，字数不低于200字；语句基本通顺，表达基本清楚。

汉语教学的目的不仅是量的积累，更重要的是质的保证和提高。首先体现为汉语表达的准确性、流利性。在准确性和流利性的基础上，还要提高学生语言表达的丰富性和得体性，保证学习者的表达既合乎汉语表达的习惯，又合乎交际目的和要求，从而为母语者所理解和接受。

二 教学方法的选择依据

与标准化做法不同，教学方法的选择和运用大多是个性化的行为，并体现为教师对"教学有法，教无定法，贵在得法"的认识。就像中医开药方，医师的用药风格不同，不同的药药性不同，药的君臣佐使配伍不同，出来的效果就一定不同。选择和运用教学方法时也需要综合考量各因素。

---

① 中华人民共和国教育部国家语言文字工作委员会.国际中文教育中文水平等级标准[M].北京：北京语言大学出版社，2021.

（一）教学对象

要依据不同教学对象的年龄、学习水平、学习习惯、学习方式选择合适的教学方法。适用于儿童的动作反应法一般不适用于成人，游戏法则既适用于儿童，也适用于成人。高水平学习者或成人学习者，思辨能力强，过多机械性的重复操练会显得枯燥，而设计探索性的活动如语法分析、话题讨论、辩论采访能更好地调动成人学习者的大脑和参与积极性。

（二）教学内容与课程

要依据不同的教学内容、不同的课程选择最有效的教学方法。"听写"的方法适用于检查拼音、汉字、词汇、句子等书写，不适用于检查大语段书写；猜词的技巧适用于阅读课教学的词汇学习，而很少用于口语产出练习。教学方法应针对训练目的实施，有针对性才更有效。

（三）教学目标和培养要求

依据学生需求和未来发展需要来选择教学方法。针对职业教育的学生，应强化他们的应用能力、交际能力，所以要在听说训练上多下功夫；未来要入系学习专业的学生，应强化他们的汉语基础，打好词汇和语法的底子，在知识的积累和举一反三上多下功夫，在技能上侧重于听读能力训练。

（四）教学方法的质与量

教学方法宜精不宜多。课堂教学训练要扎实、稳步推进，所以不宜频繁变换方法，有时好看而热闹的方法不一定能收到实效。方法的设计应考虑形式特点、复杂程度、参与人员数量，并提供充足的材料。

（五）教学方法的应用环节与阶段

依据不同教学环节和教学阶段的要求，合理设计和运用不同的教学方法，由易到难、由"死"到"活"。比如，任务法能有效调动学生参与的积极性并增加互动频率，因而适宜用在交际运用环节，而不适宜应用于导入或学习新知识的环节。

不同教学阶段的方法运用的侧重也不同。入门阶段的重点任务是突破语音、汉字的屏障，保证学生能正确地发音，会认读、抄写汉字，所以会有大量的模仿等机械性操练，而这些方法到了中高级阶段就基本不再使用，而代之为大量的演讲、辩论、报告等交际练习。所以，在方法的选择和使用上，适宜采用灵活、有针对性的组合策略。

三 汉语要素教学

以下主要介绍汉语语音、词汇、语法、汉字要素教学的内容与方法。

（一）语音教学

1. 语音教学的内容

汉语语音教学指以汉语声、韵、调为主的，包含轻声、儿化、变调、轻重音、语调、语气、节奏、韵律等在内的语音知识介绍与训练。语音教学的目的在于建立学习者的音感，引导其正确发音，在听中识别和理解意义，为听说技能训练打下基础。

2. 语音教学的方法

语音教学一般采用汉语拼音方案进行，主要有两种形式：音素教学和语流教学。音素教学指从音素入手，在教学初期安排一个相对集中的"语音阶段"，较为系统地教授汉语的声、韵、调及相关语音知识，集中训练一个个的音素和音节，打好语音基础。语流教学指从会话入手，先教句子中词汇的发音，做相应的语音练习，并在此后的词汇、语法和课文学习过程中，不断纠正语音，让学生在语流中掌握语音。由于孤立音素的听辨和连续性语音的听辨是既有联系又有区别的过程，因此两种方法的教学侧重不同，结果也有不同，前者强调单音准确，后者注重语调自然。综合法采用两者结合的方式，先集中进行音素训练，后在语流中不断纠正巩固。

语音训练大多采用大量模仿、听辨练习的方法。比如，跟读、听后写出拼音，听后选择正确的读音，为拼音添加声母、韵母或声调等。这需要学习者准确捕捉音节的发音特征，调动发音器官，准确模仿，还要辨识不同音的细微差别。在长期的教学实践中，教师们也总结出许多语音教学技巧，如吹动纸片来演示送气音 p、t、k 气流的涌出；从一个容易发的音，带出一个新的或较难发的音，如先发 r，然后延长，尾音就是 zhi、chi、shi 中的 -i；通过夸张式的声音强弱对比来突出轻声的短、弱；用学生容易掌握的词的音来带读新的词、固定标准的读音，如用"你好"来带读"展览"，用"谢谢"来带读"爸爸、妹妹"等。这些技巧都能起到较好的教学效果。

3. 语音教学的意义

语音是语言的物质外壳，发音的好坏，直接影响学习者的语音面貌，发音偏误严重者会影响交流理解。所以，教师要重视学生的语音偏误，及时纠音，防止错误固化；此外，要从语言对比中发现不同母语学习者的发音难点，有针对性地开展教学和纠音训练。语音教学长期以来一直是汉语教学的一个难点，尤其是声调，有的汉语水平极高的学生，洋腔洋调问题仍然很突出，所以汉语教学界一致认为，语音教学应该贯彻始终，口耳训练不应该只是初级阶段的要求。

（二）汉字教学

1. 汉字教学的内容

汉字教学指介绍汉字基础知识，开展认读、书写训练，也教授一些查词典、电脑输入的方法，以培养学生用汉字书写、表达和交际的能力。认读指辨认字形、见文识义，并准确朗读；书写指能按照基本正确的笔顺抄写或书写汉字；查，指能根据字音、笔画或偏旁部首查阅词典等工具书；电脑输入指利用拼音等输入法来打字、输入文本。施正字把学习者的汉字能力概括为写、念、认、说、查五个方面。①

汉字是形、音、义的结合体，学习者初学汉字，容易出现很多问题，主要原因为：文字体系差异大；字符集庞大；字音障碍；字形困扰。如学生把"午饭"看成或写成"牛饭"；把"见"写成"贝"等。与线性拼音化文字相比，汉字不可避免具有难写、难记、难认等特点。《等级标准》采用了认读和书写两套汉字系统，意在减轻逢字必写的压力，强化必写汉字的作用，在一定程度上化解了这些困难。

2. 汉字教学的方法

汉字教学首先涉及"什么时候教"的问题。历史上曾经出现"语文同步""先语后文""语文分开"等多种观点与做法。"语文同步"指的是随文识字；"先语后文"指的是先学习一段时间的口头表达，再学习汉字认读与书写；"语文分开"指单独教授汉字。随文识字在入门阶段容易导致难题堆积，而且汉字的出现缺乏系统性，因而最常用的方法是在学生学习了一段时间之后才开始汉字教学，或者根据需要单独开设汉字课。

初级阶段的汉字教学一般从教授汉字的基本笔画、笔顺入手，先教独体字，再教合体字，学生进行临摹、抄写。经过一段时间的积累后，帮助学生归纳偏旁部首、字体结构，并做相应的字、词、句练习；有选择性地教授一些汉字构成知识，从汉字构形的角度来阐释汉字构成理据，强化学习者对汉字结构、汉字意义的认知，提高学生汉字理解和记忆汉字的效率。

有研究表明，学生更倾向于从整字到偏旁地记忆汉字。留学生最常用的是整体字形策略、音义策略、笔画策略和复习策略，其次是应用策略，最不常用的是归纳策略。② 所以，教师要针对学生的汉字认读和书写习惯，进行学习策略上的指导，这样也有助于提高学生识别与记忆汉字的水平。此外，利用分级读物等进行大量阅读，也是增强学习者对汉字的熟悉度的有效方法。（详见二维码：母语儿童识字与外国学生识字）

母语儿童识字与外国学生识字

在长期的教学实践中，教师们总结出很多汉字教学的方法和技巧，具体可以分为三种类型。① 释字的方法：通过图片、实物等直观手段见物知义；通过对比辨形来强化字义理解；也可以通过字形演变、造字法来解释字义。② 认字的方法：可以采用字卡、拼图、积木等方法来识字、记字。③ 练字的方法：描红、抄写、默写、看拼音写汉字、看图写汉字、组词、选字填空等。

目前，计算机技术的应用和一些学习软件的开发，使得汉字书写和认读手段更加便捷，因而成为很好的教学辅助。

---

① 施正字. 论汉字能力 [J]. 世界汉语教学，1999（2）：87-93.
② 江新，赵果. 初级阶段外国留学生汉字学习策略的调查研究 [J]. 语言教学与研究，2001（4）：10-17.

3. 汉字教学的意义

汉字能力既是技能，更是素养，它既是学生进入汉语之门的钥匙，更是促进学生汉语水平发展的扶梯。具有良好的汉字认读与书写能力，能促进学生语言能力全面发展，支撑学习者完成与职业、专业有关的更高要求的工作和学习活动。《等级标准》从需要掌握的汉字中划分出部分手写汉字，减少了汉字书写的数量，在一定程度上也降低了汉字书写的难度。

信息化时代的到来，虽然弱化了汉字书写的功能，但汉字教学却不能放弃，而须不断加强。教师需要通过各种有效的教学方法帮助学生建立起汉字正字意识，改变认知习惯，克服畏难情绪，持续练习，最终有所成。

（三）词汇教学

1. 词汇教学的内容

词汇教学涉及词语的音、形、义、用。教学目的是帮助学生了解汉语构词规则，掌握识词、辨词、用词的能力，扩大词汇量。具体包括以下几点。

（1）识词：能够熟练地识记汉语词语的音、形，准确发音，准确认读，能记忆书写，并能区分词、语素和短语，在阅读中正确断句。

（2）辨词：能准确理解词的意义，在此基础上，区分汉语同音词、同形词、近义词以及多义词的意义差别，能准确把握汉语和母语对译词之间的联系与差别。

（3）用词：了解词的词性和基本句法功能，能够根据具体的交际环境，从语义表现、句法要求、语用得体性等各个方面综合权衡，选择合适的词语进行表达和得体运用。

2. 词汇教学的方法

词汇教学主要在词的音、形、义、用四个方面着力，可以设计各类有针对性的练习。举例如下。

（1）发音、听辨练习：跟读、朗读、齐读、个别读等，要求发音准确，教师要根据学生发音情况进行纠音。

（2）认读、书写练习：认读、抄写、听写等，教师还要指导学生分辨不同的汉字，做汉字偏误的分析。

（3）词义理解练习：要求学生理解词语的基本意义，主要是当课的词义，不做过多的扩展。可以设计选词填空、看图选词、根据描述说出词语等方法。

（4）交际运用练习：要求学生知道词的词性、常用搭配、使用规则等，在此基础上进行问答、完成句子、看图说话等练习。

在长期的教学实践中，教师们还总结了很多词汇教学等方法和技巧。比如，利用实物、图片、动作等直观手段呈现词义；根据构词法知识，利用语素义如"学习"中的"学"，让学生学习"学校、学生、自学、大学"等；利用语义场，如让学生通过"生日"

联想并说出"蛋糕、蜡烛、礼物、鲜花"等词语；采用传口令、动作猜词、听词拍词、萝卜蹲等游戏方法帮助学生记忆词汇，增加课堂的趣味性。

开展词汇教学需要注意语境的作用，应"字不离词，词不离句"，把词放到具体语境中，让学生去理解和掌握，语境法和语素法可以结合一起进行。此外，还要注意利用语素知识，适当介绍一些构词法知识，帮助学生快速理解记忆，扩大词汇量。再次，要求学生多复习和预习，通过加大输入输出的频率，达到巩固记忆的目的。

3. 词汇教学的意义

词汇被称为构筑语言大厦的基石，一般认为，学生掌握的词汇越多，理解得越透彻，越能达到较高的广度和深度，词汇理解和运用的能力也就越强。词汇的学习需要日积月累，持之以恒。

（四）语法教学

1. 语法教学的内容

语法教学即语言规则教学，不过语法教学中的语言规则不是抽象的理论语法，而是教学语法，它主要讲的是用法，即在具体的语境中，教学生如何理解话语、如何造出合乎规则的句子。

汉语语法分布在语素、词、词组、句子和语篇五个层级。《等级标准》的附录《语法等级大纲》将其分为 12 个大类，分别为：语素、词类、短语、固定格式、句子成分、句子的类型、动作的态、特殊表达法、强调的方法、提问的方法、口语格式、句群。一般来说，语法教学侧重于词法和句法层面，并且从初级到高级各有侧重。

开展语法教学应先明确几个认识。

（1）从意义到形式。

语法教学不是大量讲解语法规则，而是从生活中的表达出发，发现和归纳语言形式，从而举一反三。这是从理解意义到分析形式的过程。

（2）阐释用法。

注重语法点用法的阐释，即说明使用条件和使用限制，以及适用的交际场景和语用功能，全面立体地讲解说明。

（3）精讲多练，以练为主。

努力使课堂教学交际化、真实化，让学生在尽可能真实的交际实践中掌握所学的语法形式。

（4）语言对比，减少偏误。

要通过语际对比的方式来凸显汉语语法的特点，帮助学生克服难点，减少母语负迁移和偏误的发生。

（5）分散难点，循序渐进。

按照由易到难、由浅到深的原则，以旧带新，合理安排语法点的讲练顺序。

（6）纠正学习者的语法错误。

要及时、恰当指出学习者的语法错误，提高学生表达的准确性。

2. 语法教学的方法

语法教学主要从两个方面展开，一是讲解，二是操练，操练有演绎法和归纳法两种形式。先讲解语法规则，然后提供具体实例进行操练的方法称作演绎法；先从学习具体的语言材料出发，通过发现和讲解语法规则来教授的方法叫作归纳法。在综合法的教学中，演绎法和归纳法往往须结合起来使用。崔永华概括语法操练的一般程序为：引入语法点、展示语法点、解释语法点、操练语法点、归纳语法点，就是先观察具体现象，再进行规则阐释，随后反复操练，最后总结概括的过程。①

在长期的教学实践中，教师们总结出很多语法教学的方法和技巧。比如，利用公式、图片或动作等，具体形象地表示某种抽象的语法规则和意义；用以旧带新的方法，引出新的语法格式。再比如，用"能不能＋动词"引出可能补语"动词＋得＋结果/趋向补语"；用汉外对比的方法分析汉语的特点等，这主要用在引入、展示和解释语法点环节，首先解决对语法规则的理解问题。

理解基础上的操练是第二步，也是最重要的。按照先易后难、循序渐进的思路，语法教学设计有机械性练习、有意义的练习和交际性练习三种。机械性练习为有控制的操练或模仿类的操练，多针对句型而言，通过大量的替换、模仿、完成句子等方式来帮助学生建立初步的语法规则意识，减少出错的概率。有意义的练习也叫半机械性练习，它既有一定的控制性，也有一定的自由度，通过提供具体的语境、一定的表达框架和丰富的辅助材料，来帮助学生进行基本的交际，如回答问题、根据情境说出合适的句子、复述、看图描述等。交际性练习是以任务活动为依托的真实语言操练，学生在真实的语境中灵活地、创造性地使用语言表达思想和观点，典型的交际性练习有角色扮演、演小话剧、讨论辩论、演讲等。

3. 语法教学的意义

从实现交际目的的观点来看，无论是书面表达还是口头表达，我们都需要教授学生如何准确、流利、丰富、得体地产出，所以在汉语教学中，语法教学占据着极为重要的位置。关于语法教学，不同的教学法流派基于对语言教学的不同认识，有着截然不同的做法，如语法翻译法、听说法和交际法。综合法教学既不夸大，也不忽视语法教学对提高学习者语言表达能力的作用，强调使用恰当的方法来增强学生的语法意识和分析能力。

四 汉语技能教学

语言技能指的是运用语言进行听、说、读、写、译交际活动的技能。语言技能与开车、游泳等其他技能一样，都有一个反复练习、达到自动化的过程，而且都有方法可循。

---

① 崔永华. 基础汉语阶段精读课课堂教学结构分析［J］. 世界汉语教学，1992（3）：224-226.

听、说、读、写、译代表了五种不同的信息传递和交流方式。"听"指通过接收声音符号信息来理解语言;"说"指通过口头输出语言来表达意义;"读"指通过接收文字符号信息来理解语言;"写"指通过笔头输出语言来表达意义。"译"包括笔头翻译和口头翻译。"听"与"说"构成口头交际,"读"和"写"构成书面交际,它们皆为互动交流方式。

从信息传递的角度来看,听和读是接收技能,机制是对信息的解码;说和写是表达技能,机制是编码。"译"则兼具听、说、读、写,如口译为听后说,笔译为读后写,是人和文本的互动。

20世纪80年代,分技能教学出现,这一方法首先解决的是汉语技能与汉语要素之间的关系问题。吕必松认为,真正的语言教学必须把训练言语技能和言语技能训练放在首位,从而强调了知识教学必须转化为技能教学的问题。[①] 其次是解决综合教学和分技能教学的关系问题。学界多认为,综合课是主干,是核心,技能课为辅助,在培养汉语综合能力的大目标下,既强化和突出综合训练的核心地位,又不忽略、放弃技能训练的优势,汉语教学界从而逐渐确定了综合+技能的训练模式,并延续至今。

开展汉语技能教学要注意以下几个方面。

1. 明确汉语技能教学的相关要求

汉语技能教学的目标是培养学习者听、说、读、写、译各项技能。《等级标准》对此都有明确的要求。对"译"的要求只体现在中高级中,如四级标准的"译":

> 具备初步的翻译能力,能够就本级话题任务内容进行翻译,内容基本完整,能够意识到翻译中涉及的文化因素。能够完成非正式场合的接待和简单陪同口译任务,表达基本流利。能够翻译简单的叙述性和说明性等书面语言材料,译文大体准确。

《等级标准》明确了对各等级汉语技能在话题内容、题材、场合、表达质量等方面的相关要求,技能教学从而得以有效展开。由于"译"涉及听、说、读、写各技能,以下将不单独论述。

2. 突出技能训练的特点

不同的技能,其产生、产出机制也不同,需在教学中依据其机制特点、技能特征或微技能要素而展开,突出课型特点。比如,听力技能训练是以培养汉语听力理解能力为目的的教学,整个课堂主要围绕着听来进行,强调大量的可懂输入;口语技能训练是以培养汉语口头表达能力为主的教学,整个课堂主要围绕说来进行,强调口头表达。抓住技能特点开展教学,才不会把听力课上成口语课,把口语课上成阅读课。

3. 体现汉语技能教学的重点

技能教学需要抓住学习者学习的困难,有针对性地进行重点训练。比如,在阅读教学

---

① 吕必松. 关于语言教学的若干问题 [J]. 语言教学与研究, 1995 (4): 8-19.

中，学生的一个困难是读得慢，那么在进行阅读技能训练时，就要求学生不间断地读，扩大视幅，减少回看，来提高阅读速度。听力教学中学生的理解困难可能是不了解相关背景知识、文化知识，那么在听力前的教学活动中就要引导学生分析题目，就话题内容进行必要的介绍和简单的讨论，以减少理解障碍。不同的技能教学，如听和读虽同属接收性语言活动，但因其信息通达方式不同，因此教学重点的确定上也是同中有异的。

4. 掌握汉语技能教学的方法与技巧，有效组织教学

技能教学的方法既有互通性，更有独特性。选择能体现技能训练要求的方法，才能收到良好的效果。比如，"听后填空"考查的是听力理解能力，虽然也涉及汉字书写，却不是训练"写"的最佳方法。每个单项技能训练都有其更为适宜的、行之有效的教学方法，教师应能根据技能教学的目标，选择合适有效的教学方法和技巧，紧扣技能训练的特点，应用好教学方法。

以下我们将从听、说、读、写四个方面进行详细说明。

（一）汉语听力教学

1. 听力教学的内容

听力是弄懂所听内容的一种主动的、有目的的信息加工过程。在听力理解的过程中，听话人不是被动地、简单地接收听到的信息，而是将它们与自己已有的知识和经验相联系，利用已有的语言知识和背景知识，主动参与话语意义的建构。徐子亮从认知的角度将听力理解过程概括为听觉加工，译码加工和思维加工三个层次。① 在教学上体现为学生对语音的感知、识别，对包含语言词汇、语法等语言信息的分析、储存，对话语意义的理解概括。

早在1987年，李清华就提出了听力微技能的概念，认为听力教学应培养学习者对听力材料的筛选能力、预测和更正预测的能力及跳跃障碍的能力②；要侧重培养学生识别语音语调的能力，抓主要信息，猜测、联想等。1996年，杨惠元第一次系统概括总结了听力微技能为：辨别分析能力；记忆储存能力；联想猜测能力；快速反应能力；边听边记能力；听后模仿能力；检索监听能力；概括总结能力。③ 虽然对这八项微技能的部分提法学界还有异议，但听力教学的任务就是进行听力微技能训练的观点已广为接受。

2. 听力教学的方法

听力教学需针对影响听力理解的因素来开展。比如，学生会把"我常常骑车去学校"听成"我常常汽车去学校"，说明相似的音或调会影响学生分辨。而语气语调往往隐含着作者的态度和情绪。再比如，女的说"昨天晚上的演出怎么样？挺好看吧？"男的说"好

---

① 徐子亮. 汉语作为外语教学的认知理论研究 [M]. 北京：华语教学出版社，2000.
② 李清华. 谈科技汉语的听力理解 [J]. 语言教学与研究，1987（2）：103-111.
③ 杨惠元. 听力说话教学法 [M]. 北京：北京语言学院出版社，1996.

看什么呀!"男的说话语气则明显包含了不满、否定、批评等负面态度,因此分辨出表面意义和言外之意,才能更准确地理解话语意义。进行听力理解时,听者获取的信息大致分为两类,一类是细节性信息,一类是概括性信息。细节性信息统筹需要对文章进行精细理解,如事件发生的时间、地点,物品特征描述等,上例的"骑车"和"汽车"就属此类。概括性信息需要对各种零散的信息进行归纳、总结,以获取文章主旨大意、说话人态度、作者观点等,上面的对话就属此类。

此外,话题的熟悉程度、交际的场所、任务的形式、发音是否标准、语速快慢、是否有方音等,都是教学中需要考量的因素,给学生提供多样化的聆听内容,通过大量输入来训练他们的听力理解能力非常必要。

依据教学的过程,我们把听力教学划分为听前、听时、听后三个阶段,并相应设计各种训练方法。

(1) 听前练习。做一些热身活动,为听时练习扫除理解障碍。常用的方法有激活知识图式、预测文章内容、生词联想、回答问题、讨论等。

(2) 听时练习。在聆听的过程中检测学生理解的各种练习,如判断正误、选择正确答案、猜测词义、填表、画图等。聆听的过程一般为三遍,第一遍考查概括性信息,第二遍考查细节性信息,第三遍可完整再听一遍,然后做听后练习。

(3) 听后练习。在理解的基础上做扩展和延伸性的活动,进一步提升技能运用水平,如回答问题、讨论、表演、讲故事等。

3. 开展听力教学的建议

"听"在社会生活中占据着绝对重要的位置。对儿童语言能力发展的研究证实了"听"在语言学习中的作用。综合法的听力技能教学强调从听入手,以听为主,大量输入可懂输入,并从微技能的角度设计大量活动和练习,来提高学习者听力理解能力。

(二)汉语口语教学

1. 口语教学的内容

"说"指口语表达,它是借助语音来表达意义的交流方式。汉语口语教学就是教学生如何运用汉语更好地传递信息、表达思想的教学。

口语输出的形式包括独白和对话两种。独白为个人成段表达,须讲究一定的篇章结构;对话为两人及以上的交流互动,需遵守一定的会话模式和会话规则。徐子亮从语言心理学的角度将口语输出划分为三个阶段:话语计划、话语构建和话语执行,体现为从构思到语言组织、到语音输出的过程。[①] 因此,不管是独白式的成段表达,还是互动式的口头交际,说话人首先都要有表达的意愿、想表达的思想,并有已储存在大脑中的语言知识和使用规则,将这些按一定的句法规则排列组合后,用语音表达出来。

---

① 徐子亮. 汉语作为外语教学的认知理论研究 [M]. 北京:华语教学出版社,2000.

翟艳、苏英霞认为，口语教学的重点是顺应口语产出的过程来培养学生的口头表达能力，这包括：运用正确的语音、语调表情达意的能力；快速组织语言的能力，包括遣词造句、组句成段、组段成篇及会话组织能力；语言得体运用能力，即根据交际需要、交际场合、交际对象选择恰当的语言表达方式。①

2. 口语教学的方法

开展口语教学，需要让学生想说并且能说，即让学生既有表达欲望，又有表达能力。提高学生的开口率需要在这些方面进行思考和设计。

（1）话题内容：选择难度合适的话题、学生熟悉度高的话题，来有效激发学生说的意愿。

（2）活动方式：采用双人组或小组活动的方式，既能增加学生的表达机会，也能有效减轻学生说的压力。

（3）辅助材料：为学生提供给更多辅助性的材料，如图片、视频、表格、文字、表达框架、表达样例（范文）等，来减少学生构思的难度。

（4）交际场景：创设真实性的交际场景，让学生有身临其境感。比如，在角色扮演中规定人物角色的身份（如是爸爸，是孩子）；在问题类活动中明确任务的结果（如今天我是校长，要解决建图书室问题；用100元的预算组织一场别开生面的晚会）；提出观点交换类的活动需求（如我要去英国伦敦求职，请给我介绍一下那儿的天气）等。

（5）信息差：真实的任务往往会产生信息差，从而引发意义协商，意义协商则是促进学习者口语表达的有效方式。比如，看图说话，A、B两人各持有一张跟对方不一样的图片，两人分别描述图片上的内容；再比如，角色扮演、解决问题、交换观点等活动，都涉及表达个人观点、合作完成任务等，所以都需要大量的互动协商。

3. 开展口语教学的建议

开展口语教学要平衡好教学形式和内容，注意杜绝两种倾向：一是一味地要求学生说，却没有教授新的知识，也没有提出表达的要求，这样容易导致学生口语水平徘徊不前；另一种是仅局限于生词、语法等学习，却没有适时开展交际任务活动，导致学生的开口率低，表达应用能力弱。口语教学要突出训练要点，合理安排不同的练习方式。像跟读、模仿、替换、造句、问答、复述、看图说话等练习方式都有必要，但我们提倡多开展任务式的交际活动，来切实提高学生自主表达的能力。

（三）汉语阅读教学

1. 阅读教学的内容

阅读是学习者借助已有的语言和社会文化知识、通过与文本信息和上下文语境的互动来构建意义的过程。建构意义的过程也是信息加工的过程。

---

① 翟艳，苏英霞. 汉语技能教学［M］. 北京：北京语言大学出版社，2022.

阅读中的信息加工有三种模式：自上而下式、自下而上式和相互作用式。自上而下式指阅读者根据他们的已有知识和话题经验，预测或推断文章的内容，然后在文章中寻求证据来对预测或推断进行证实或证伪，并循环往复。自下而上式指阅读者通过阅读词和句子并观察文本的结构，从而理解文本的意义。由于自上而下式和自下而上式都不是单独起作用的，当人们阅读文本时，自上而下和自下而上的过程都会发生，因而产生了第三种加工模式，即相互作用模式。

根据不同的阅读目的和速度，阅读方式一般分为精读和泛读两种。精读（也称细读）指细细研读，理解的内容包括材料的主要信息和细节信息，教学中还附带一定的学习字、词、句的任务。泛读主要包括通读、略读（或称粗读、略读）、查读（或称寻读、查阅）几种形式，要快速查找所需的信息。阅读是一种综合性的语言活动。

汉语阅读教学的目的是，培养学生阅读理解多种题材和体裁的能力，掌握阅读策略和技巧，提高阅读的速度和理解的精准度，同时扩大学生的知识面和词汇量。

2. 阅读教学的方法

影响学习者阅读理解质量和速度的因素有很多，比如，学生汉字认读困难；文本生词密度大；话题不熟悉；文本中经常包含长句、难句，导致学生理不清逻辑关系等。而文化的差异、思维习惯的不同更是导致学习者阅读理解能力偏差的重要原因。

针对这些问题，阅读教学主要从两个层面展开。一是提高阅读理解的准确性，二是提高阅读理解的速度。可以按照教学的过程，也可以按照读前、读中、读后三个环节来设计和选择教学方法。

在提高阅读理解的准确性方面，需要重视基础性的汉字、词的理解训练。阅读教学可讲授一些汉字构形和构词的原理，引导学生规律性地理解和记忆。阅读中的生词，可以采用词义猜测的方式来解决，通过语素法从构词角度、通过语境法从上下文的角度都可以帮助学生猜测词义。长难句可以单独拿出来让学生做理解性练习，引导学生抓住句中主要成分，或者利用关联词语来分析句子的逻辑关系。

理解篇章需从宏观上把握文章的主旨大意。可以从分析不同体裁的篇章特点入手，培养学生分析、概括、归纳的能力。训练时采用抓词汇链、找关键词和衔接替代词语、寻找主题句、给段落加上小标题、把一个段落的句子打乱以后重新排序等方法，来帮助学生理解文章各部分之间的关系，使文章观点、态度清晰。

在提高学生的阅读速度方面，除了明确规定阅读的时间外，还可以训练学生按意群阅读，减少断句，以扩大阅读的视幅；对一些生词采用猜测词义、跳跃障碍的方法，改变逐字逐词阅读的方式。

3. 关于阅读教学的建议

要想使学生具有较高的阅读技能，必须进行长期的、大量的阅读实践。课堂教学以阅读活动为主，讲解和练习要紧密配合阅读活动进行，不过多讲解。要不断扩大学生的阅读量，特别是增加课外泛读的量，保证有足够的文字输入刺激，以训练学生对字、词、句的快速识别和领会，培养他们对汉语的语感。正确处理理解水平和阅读速度的关系，在保证理解的前提下，加强阅读速度训练。注意培养学生良好的阅读习惯。（详见二维码：精、泛读并举）

精、泛读并举

（四）汉语写作教学

1. 写作教学的内容

写作是综合、全面运用语言的活动，它不仅要求语言表达准确、流畅，而且要求内容丰富、生动，篇章结构完整、合理，书写符合规范，因而最能反映出一个人的语言运用水平。

一般而言，学习者的母语写作能力会迁移到汉语写作中来，训练学生的写作技能，要注重从汉语的角度来培养学生遣词造句、表达思想的能力，还要指导学生学会汉语的思维和表达习惯，包括掌握一定的语篇构造知识，学会不同文体的写作框架，正确使用标点符号等。写作课教学一般都会借助范文来训练学生掌握不同文体的写作技巧。

新标准对汉语写作水平的要求主要集中在这些方面：能够书写的汉字数量，抄写及书写，标点符号的运用，写作的篇幅、文体，语言表现，思想性，修辞手法等。

2. 写作教学的方法

写作教学应分等级有侧重地进行。初级阶段学生的书面表达能力还处于较低水平，因此，主要训练学生组词造句，掌握正确的表达语序、正确书写汉字、正确使用标点符号等。这时的写作可从"语段"入手，由易到难来提升学生的写作水平。

中级阶段学生汉字书写能力大大提高，此时主要训练学生谋句成段和谋段成章的能力，以及语段、语篇的写作能力。由于这一阶段学生会大量出现词语搭配不当、连贯或衔接不当、口语体与书面语体混用等问题，因此，应加强语段练习和简单的应用文体写作练习。一般来说，可以先从记叙文和简单的说明文入手。

高级阶段的写作任务主要是文体写作，要求学生既能够撰写一般性文章如读后感、普通应用文、议论文、实习报告、论文等，也要能够写作学位论文或一定专业性工作范围内的有关文章。这就要求学生必须熟悉并能运用有关文体，必须掌握与某类文体相适应的写作方法和语言风格，能够正确运用各种复杂句式、综合运用多种修辞方法，言之有物，富有文采。论述性和研究性的文章则要求观点明确、语篇衔接连贯、层次清楚、逻辑性强。

在初级往往采用模仿写作的方法，随着学生水平的提高，可以更多地采用过程写作、任务写作、自由写作等方法。

3. 对写作教学的建议

写作训练虽然是表达训练，但仍需要大量的输入，多读、精读一些好的范文能为学生提供很多写作的营养。所以，可以把阅读和写作结合起来进行。

写作训练的一个要点是激发学生写的愿望，所以只要学生想写，就鼓励他一直写下去。在这里,"写长法"就强调在大量的书写练习中去锻炼学生的写作能力。[①] 在初级阶段,模仿写作也是必要的。内容上要注意从易到难、从简单到复杂,先从简单的题目、身边的生活写起,然后再过渡到有一定思想性内容的写作。

最后,教师的指导反馈要及时跟上,个别反馈的效果会更好。

◇ 基础知识(理论阐释)

语言教学是师生双方共同参与的有组织、有计划、有目标、有任务的教与学活动。语言教学有法可依,它有明确的哲学、心理学、教育学、语言学、文化学、二语习得等多学科的理论背景,体现了理论与实践相结合的特点。

在不同历史背景下,顺应语言教学的需要,教学界诞生了翻译法、听说法、交际法、任务法等多种教学法流派,都有其不同的教学主张和实际操作方法,以及其合理的内核。以现代的眼光来审视这些语言教学法流派时,应采用客观的评价方法。对外汉语教学70多年的发展历程中诞生的汉语综合法,从汉语特点和实际需要出发,提出了"精讲多练"等教学原则,并合理吸收和融合了各教学法流派的精华,加以发挥光大。

在课堂教学中,学习者是教学的主体,一切教学活动都围绕学习者的需求和能力展开;而教师是主导知识传授和活动组织的关键人物。在以要素教学和技能教学为核心的教学活动中,教师通过精心巧妙的方法来呈现内容、组织开展有效操练,并调动学习者积极参与,增强互动学习效果。

◇ 关键概念解析

1. 任务

关于"任务"有多种定义,广为引用的是 Nunan 的定义:交际性任务是指学习者在课堂上理解、处理、输出目的语或用目的语交流所进行的各种活动。在这些学习活动中,学习者的注意力主要集中在表达意义上,而不是在操练语言形式上。

任务不同于活动。活动贯穿了课堂教学的各个环节与步骤,只有那些需要用语言来完成的活动才是任务。任务往往需要经过思考才能完成,此外,任务也需要得出一定的结论或结果。任务也不同于练习。练习常常指脱离语境的形式操练,可以独立完成,而且结果多具有一致性。而任务往往围绕目标而进行,其注意力集中在解决问题上,其方式和结果具有开放性。

2. 教学模式

教学模式是沟通教育教学理论和教学实践活动的中介和桥梁。它以一定的对外汉语教学理论或学习理论为依托,围绕特定的教学目标,提出一套可复制可推广的设计、组

[①] 宗世海,祝晓宏,刘文辉. "写长法"及其在汉语二语写作教学中的应用 [J]. 世界汉语教学,2012(2):254-265.

织、调控教学活动的标准式样，以解决教学活动的方向、结构、类型、步骤、方式等问题。

教学模式的构成依据不同的层次、不同的角度及关注的因素的差异，既可以比较宏观，也可以比较微观，因而是多层面、多角度、多样化的。任何教学模式都应有其特定的适用条件、适用对象，为特定的教学目标服务，并与教学环境相适宜，有效性和适用性是主要要求，因而不存在一个最佳的、放之四海而皆准的教学模式。

3. 教学原则

教学原则是指从宏观上指导整个教学过程和全部教学活动的基本要求。它具有坚实的理论根基，又有丰厚的实践认识，并经实践证明、对培养学生的汉语能力具有明显的效果，因而成为人们普遍接受的、用于指导和规范教学全过程的理论认识和操作规则。教学原则具有高度的概括性，也有发展完善性。基于不同的理论框架和实践经验，人们先后提出了多种对外汉语教学的教学原则。比如，20世纪六七十年代提出的"学以致用""实践性""精讲多练"等原则；20世纪90年代提出的"以学习者为中心，以教师为主导""结构—情景—文化相结合"等原则。进入21世纪，又有学者提出"以任务为语言教学基本单位""体验学习"等原则，使教学原则体系不断丰富完善。

◇ 本章小结

本章介绍了四种教学法流派的起源、理念、特点和评价，阐释了对不同教学法应持的客观态度。在此基础上，提出了汉语综合法的概念。通过对发展历程的梳理，阐释了综合法产生的基础及其教学主张。之后，详细介绍了有效开展汉语要素教学和技能教学的原则、方法与技巧。

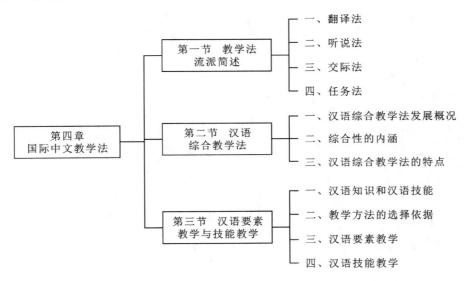

◇ **思考与练习**

1. 翻译法注重母语的解释和翻译，汉语二语教学法长期以来主张有限使用母语，在国际中文教育蓬勃发展的海外，对母语的使用态度也较为宽容。请根据你的认识，阐述一下母语在教学中的作用。

2. 任务法已成为海外二语教学的主流，你认为在汉语教学中是否可以完全借用该方法？为什么？

3. 从汉语教学发展历史看，如何理解张清常先生所说的"不能忽略中国传统语文教学千百年经验的合理成分"？你认为这些"合理成分"包括哪些内容？

4. 查阅《国际中文教育中文水平等级标准》关于汉语技能的要求，选定一个等级，谈谈新标准是如何界定汉语听、说、读、写技能的。

5. 从设课来看，目前单项技能课有听力课、口语课、阅读课和写作课等，请以生词教学为例，谈谈如何在不同的课型中开展有针对性的教学。

◇ **推荐阅读**

刘珣．对外汉语教育学引论［M］．北京：北京语言大学出版社，2000．

翟艳，苏英霞．汉语技能教学［M］．北京：北京语言大学出版社，2022．

章兼中．国外外语教学法主要流派［M］．上海：华东师范大学出版社，1983．

第五章
教材编选与使用

教学导航

学习目标	课程素养目标： 1. 理解教材对于培养中文综合运用能力和跨文化交际能力的重要意义 2. 理解教材对于传播中华文化和促进中外语言文化交流的重要作用 专业知识目标： 1. 掌握关于教材的性质、功能和结构，以及教材编写、评估和选择等方面的基本理论 2. 初步具备在实际教学中选择教材和使用教材的基本能力，以及一定的开发教学资源的能力
重点难点	1. 理解教材的性质和功能 2. 掌握教材编写原则的基本内涵 3. 具备解读教材和开发辅助性教学资源的基本能力

问题导入

在大多数人的心目中，教材就是一本"书"，但它必须是一本书吗？一部教材与一部专著、一部小说、一部词典有什么区别？语言教材与别的教材（如历史教材、数学教材等）相比，又有什么特点？如何判断一部国际中文教材是否"合格"，是否"适用"？教师该如何用好一部教材？

教材是教学理论的具体体现，是连接教学设计和教学实践的纽带。前面几章的主题是教学理论和教学设计，下一章的主题是课堂教学，本章谈谈教材问题。

第一节　教材的性质、功能和结构

本节主要讨论教材的性质、功能和结构。准确、全面地认识教材的性质和功能，是深入理解教材编写、评估的基本原则和恰当选择和使用教材的基础；了解教材基本的结构形态，也有助于在教学中更好地解读和使用教材。

一　教材的性质

教材是教与学的基本依据，是对学科理论和学科基础建设成果的综合运用。教学过程包括课程总体设计、教材编选、课堂教学、教学评价四大环节，教材编选在教学过程中具有重要地位。根据教学需要选择教材并恰当地使用教材，是一名教师应该具备的最基本的能力之一。

（一）狭义的教材和广义的教材

我们可以从狭义和广义两方面来理解教材。

狭义的教材就是教科书，或称作课本，即依据教学大纲编制的系统、规范的教学用书。国际中文教材就是依据国际中文教育的教学大纲，遵循中文作为第二语言的教育教学规律，为国际中文教育提供核心内容，以培养中文综合运用能力和跨文化交际能力为核心目标的系统、规范的教学用书。（详见二维码：教材与教学大纲的关系）

教材与教学大纲的关系

广义的教材指课内外一切用于教与学的材料，这些材料是根据教与学的规律和需要而精心选择、加工、编制的，包括课本、讲义、参考书、练习册、教学课件、教师手册，等等。教学材料不一定是正式出版物，也不限于文字媒介，它可以是纸质材料，也可以是电子材料。

（二）国际中文教材

国际中文教育课程主要包括语言技能类课程和知识类课程。语言技能类课程包括综合技能课和专项技能课，旨在通过语言知识教学和各类语言运用活动培养学习者的听、说、读、写、译各项技能及语言综合运用能力。知识类课程包括语言知识课和文化知识课，旨在通过比较系统的语言知识教学，以及中国文化和国情知识教学，并结合实践应用活动，帮助学生掌握比较全面、系统的中文知识，以及中国文化和国情知识，使其具备一定的语言理论和文化理论素养，帮助学生进一步提高中文综合运用能力和跨文化交际能力。因此，国际中文教材也主要分为两大类。其一，语言技能类教材，一般简称为语言教材，如：综合教材、听说教材、读写教材、听力教材、口语教材、阅读教材、写作教材等。其二，知识类教材，如：现代汉语通论类教材，语音、词汇、语法、汉字教材，中华文化和国情类教材等。

通常所说的中文教材，指的是技能类教材。本章所说的中文教材，如不特别说明，均特指技能类教材。

（三）教材和教学资源

教学资源，是指服务于教与学的各种资源的总和。教学资源主要指各类可直接用于教与学的材料，以及为教学提供指导和参考的各类标准、大纲、数据库，广义的教学资源也包括为教学提供支撑条件的教育政策和人力资本，以及教学环境和教学设施等。

教学材料是教学资源的核心组成部分。通常所说的开发教学资源，除了编写教科书之外，还特指开发补充性、拓展性、辅助性教学材料，也包括开发语料库，以及编写学习词典、语法书、教学课件、测试题等基础性和参考性资料。开发教学资源是一名教师应该具备的基本能力。

二 教材的功能

教材既是教师的教学工具，也是学习者的学习工具，教材的基本功能就是为教与学提供服务。一部好的教材应该围绕明确的教学目标、科学编排的教学内容、精心设计的练习活动，有效激发学习动机，适当提示教学策略和学习策略，高质量地实现教学目标。同时，教材也应该具有一定的灵活性，为教与学提供个性化的拓展空间。

具体来说，中文教材的功能主要有以下几个方面。

第一，提供高质量的学习资源，通过大量的语言输入和必要的知识讲解，促进语言习得。

语言教材的首要功能是为学习者提供高质量的中文输入和使用中文的范例促进中文运用能力的发展。为了保证语言规范性、调节学习难度、凸显教学重点，教材采用的语料一般都是经过加工处理的，初级阶段的输入材料甚至往往是编者自拟的，当然，为了让学习者适应真实的中文交际环境，教材在必要时也会提供具有典型意义的原生态的中文素材。同时，教材也会有针对性地提供关于这些输入材料的语言知识和文化因素的讲解。这种讲解应该是准确、简明、通俗的，讲解重点和方式需根据教学对象特点、水平等级、教学目标而定。

第二，展现中华文化，深化学习者对中国文化和国情的认识，促进多元文化理解和交流。

中文教材同时还承担着深化学习者对中华文化的认识和促进多元文化理解与交流的功能。语言本身蕴含着丰富的文化因素，课文的话题内容也往往与一定的社会现象和文化现象相关，教材提供的语言使用范例也体现着跨文化交际的特点。因此，中文教材中除了讲解中文知识以外，也需要考虑对文化教学点进行适当处理，对相关的文化现象做一定的提示和阐释。

第三，提供科学的练习和活动设计，搭建语言输出平台，提示课堂教学组织方式，培养中文综合运用能力。

教材除了提供语言输入材料以外，还应该设计丰富的、富有层次的练习活动，通过丰富多样的操练和活动设计搭建语言输出平台。练习活动指令应清晰、简明，要求明确，便于操作。

一部好的中文教材应遵循中文学习规律和教学规律，对复杂的语言现象进行科学而艺术化的处理，提炼教学重点，合理编排教学内容和练习活动，并尽量贴近课堂教学实际流程，引导教师和学生有顺序、有步骤地实现教学目标，让教师觉得好教、学生觉得好学。当然，教材对于教学内容和练习活动的安排也不宜规定得太死，应该在教学内容和活动方式上留有一定的自由度和灵活性，让教师使用教材时有个性化发挥和创造性应用的余地，让学生有自主学习的空间。

第四，激发学习动机，培养学习策略，拓展知识面，促进学习能力、思维能力和探究能力的发展。

教材中每一课的教学内容即为教学中要达成的基本目标，但更重要的是，教材应该能够通过其所提供的教学内容和练习活动，以及生动活泼的版面形式，刺激学生的学习兴趣，强化学生的学习动机，培养学习者对中文和中文学习的积极情感，激发学生主动学习中文和运用中文的热情。

除了激发学习动机以外，教材还应注重学习策略的培养，引导学习者积极利用、主动获取多种学习资源，提高自主学习能力。

此外，教材的课文内容会涉及自然与社会的各类知识，应鼓励学生基于教材课文内容开展深层次思考，提升理解、概括、分析、比较、推断、评价、质疑、创造等思维能力，引导其将教材内的资源和教材外的资源有机结合，在教材的基础上利用各类中文资源开展探究性活动，实现思维能力、探究能力与语言能力的相互促进和融合发展。

第五，传播教学新理念，引导教师开展教学反思，探索教学改革和创新。

语言教学理论和教学模式的创新发展需要通过教材来落实、实践和传播，一部优秀的中文教材会体现中文学习和中文教学理论研究发展的新成果和新趋势，中文教材对于拓展中文教师学术视野，传播中文教学的新理念、新方法，帮助教师提高教学技能具有重要意义。教师比较和选择相关教材的过程、对教材进行加工处理的过程、参与教学资源研发的过程、对教材使用效果的反思，以及关于教材使用经验的交流和研讨等，都有助于促进教师自我教学能力的提升。因此，教材在相当程度上也具有促进教师职业发展的功能。（详见二维码：教材与教学理论的关系）

教材与教学理论的关系

三 教材的结构

教材编写是一个系统工程，无论从宏观结构层面、中观结构层面，还是微观结构层面而言，教材都是系统性设计的产物。

从教材的宏观结构层面来看，一部教材一般不只是一本孤立的教科书，而往往是一套纵横衔接配合、主干教材和辅助资源系统配套、多种形态集成组合的立体化资源包。一套教材往往包括初、中、高不同层级，各层级内部还会根据水平等级和教学容量分为若干分册，因此是一个纵向科学衔接的体系。在同一水平层级上，一部教材可能包含综合技能教材和听、说、读、写等专项技能教材，因此是一个各层级内部横向科学配合的体系。一套教材除了课本以外，还可能配有教师手册、教学课件、练习册、字词卡片、挂图、视听材料、补充阅读材料、自测题等，是主干教材和辅助资源系统配套的体系。现在越来越多的教材呈现为由纸质形态、电子形态和网络动态资源相结合的"资源包"形态，是一个多形态集成组合的体系。

从教材的中观结构层面来看，教材可分为单课制和单元制两种，单课制就是一册教材由若干课组成；单元制就是一册教材由若干单元组成，一个单元内可以再分为若干课。

至于教材的微观结构层面，即每课或每个单元的内部结构，则取决于不同的教学对象、教学模式、技能类型、水平等级，以及不同教材的个性特点等因素。例如，面向成人的结构型初级综合教材的内部结构一般包括词语表、课文、语言点、练习，在课文之后可能附有注释，练习之后可能还附有文化知识点。初级综合教材的练习一般应覆盖语音、词汇、语法、汉字学习点，听、说、读、写技能训练点，以及模拟真实交际的综合性语言活动。

从教材微观结构的发展趋势来看，教材结构越来越贴近实际课堂教学过程。比如，以前的综合教材一般是把练习集中安排在每课最后，而现在不少教材则在词语表、课文、语言点等板块中分别穿插练习活动，以体现实际教学中"讲练结合""学学练练"的过程。

第二节　教材编写、评估和选择的基本原则

本节主要讨论教材编写、评估和选择的基本原则。对于大多数教师来说，在教学工作中面临的主要问题是教材选择和使用，而了解教材编写和评估的基本原则，是恰当选择和理解教材并有效使用教材的前提。

一　教材编写的基本原则

教材编写原则是教材编写基本指导思想的体现和概括。不同类型的教材在编写中遵循的具体原则有所不同，这里所说的是各类语言技能类教材所应遵循的基本原则。

教材编写的基本原则主要包括：科学性、针对性、实践性、趣味性。这些原则的具体内涵略有交叉，但不影响其相对独立性。

（一）科学性

科学性是一个宽泛的概念，这里所说的科学性主要指教材编写应遵循语言学习规律、教学规律，以及教材编写规律，主要包括以下几个方面：教材结构系统完备，语言文字使

用规范，话题内容选择恰当，语言知识阐释准确、清晰，教学点及相关练习活动编排合理。

教材编写是一个系统工程。一套教材既要处理好初、中、高逐级提高和不断深化的纵向衔接问题，又要处理好听、说、读、写不同技能分册之间以及主干教材和辅助资源之间的横向配合问题。教材还要处理好语言和文化的关系，语言形式和表达功能的关系，语音、词汇、语法和汉字教学内容之间的照应关系，课文内容、语言教学点和练习活动之间的呼应关系，等等。

语言教材中供学生学习模仿的语言应该具有典范性，不仅要符合国家语言文字规范，而且应该具有语言文字应用的示范意义。教材选用的语言材料有两种，一种是在真实语料基础上加工的，还有一种是编者自拟的，无论是加工还是自拟，其基本原则就是保证语言自然、典范，并适合教学。当然，教材有时也会根据需要特意采用一些取自中文真实应用场景的素材，这类素材强调语言运用的真实性和典型性，往往会包含一些不规范现象，但这类语料在教学功能上不是用于示范，而是训练学习者在真实场景下的理解能力和策略能力。

教材应围绕恰当的话题来组织语言材料。教材中的语言材料主要以课文形式呈现，课文是语言知识和技能教学点的载体，因此课文内容必须较好地与相关教学点相匹配，凸显相关语言现象，起到为语言教学目标服务的作用。同时，教材的语料必然反映一定的社会文化现象、思想观念、情感倾向等，国际中文教材的语料一方面要积极、全面、立体地反映中国社会和文化，特别是时代发展的新面貌、新趋势；另一方面还要考虑到话语内容对于特定文化背景学习者的适切性，避免引起文化冲突。语料内容应尽量有助于加深学习者对中国社会和文化的了解和理解，并有助于促进学习者的多元文化意识和跨文化交际能力的发展。另外，语料的话题内容和表述方式应适应学习者的认知水平和生活经验，有助于激发学习者的学习动机。当然，教材中适当选择一些有争议的观点和现象，以引发学习者的思考和讨论，刺激学习者的语言表达意愿，也是完全合理的、必要的。

教材对语言现象的解释说明，既要充分吸收语言学研究和语言习得研究的成果，又要符合教材的具体定位和教学目标，应准确精当、通俗易懂、切实有效。当教材采用媒介语进行注释说明时，还要注意媒介语表达的准确性和讲解的有效性。另外，练习和活动设计应丰富多样，生动活泼，体现多样性、层次性和针对性，兼顾机械性操练和交际性活动，能切实有效地促进学习者对教学内容的理解、巩固和活用。

教材对语言点的选择和编排应科学、系统，按照教学规律循序渐进，每课的语言教学点数量应合理，难度要适当，并在后续教学中尽量复现，各课的难度和容量应保持基本均衡，并随着学习者水平的提高而逐步提升和拓展。

（二）针对性

针对性是指教材应有比较明确的适用对象和适用条件的定位，并在实际编写中准确体现、充分落实这一定位。教材的针对性主要包括：学习者的针对性、教学环境的针对性、教学类型的针对性、教学目标的针对性等。

关于学习者，需要考虑的因素有学习者年龄特点、母语和文化背景、中文基础、学习时限、学习目标、学习条件等；在教学环境方面，主要看学习者是在本国学习还是在中国学习，是否有中文环境，所在国家的教育制度和外语教学传统，所在学校的课程体系等；不同的教学类型，如学历教育和非学历教育，长期进修和短期培训等，在教学目标和方法上必然存在差异，也会影响教材内容的选择和处理。基于上述种种因素，学界产生了许多不同类型的教材，如：少儿教材和成人教材，初级教材、中级教材和高级教材，短期强化教材、长期进修教材和本科专业教材，各类语别教材、国别教材、区域教材，各类专门用途中文教材，等等。

教材编写的针对性原则意味着在教材编写之前一方面要开展充分的需求调研和分析；另一方面要充分吸收语言对比、文化对比、学习者习得规律研究、国际中文教育的国别和区域研究等方面的成果。在编写本土教材时最好采取中外合作的方式，在编写专门用途教材时最好采取中文教学专家与行业/专业领域专家合作的方式。

教材的针对性原则决定了我们需要丰富多样的教材类型，但我们也应该认识到，学习者的情况千差万别，再多的教材种类也不可能完全满足无限多样的学习需求。同时，各种教学类型有其本质上的共通性，教材的通用性和针对性并不是完全对立的，相对意义上的通用性教材有其存在的合理性和必要性。就具体教材而言，应该在明确基本定位的前提下，在教学内容的选择和编排上具备一定的灵活性，为教与学提供必要的个性化空间。从长远来看，建设面向多元需求的全球中文教学共建共享的教学资源库，为每一个教学项目、每一位教师的特定教学需求提供资源选择，以及组合和加工的开放性、动态化的基础服务，可能是解决教材针对性问题的根本途径。

（三）实践性

实践性原则是指语言教材所提供的输入材料应该体现现实世界中语言的实际运用，并通过大量的练习和活动来培养学习者的语言运用能力。

教材中的语言材料应该是有实在内容的，而不仅仅是语法规则的枯燥示例。语言在现实世界中的功能有多重性，首要功能是充当交际工具，此外，语言还有作为思维工具的功能、审美娱乐功能等。根据针对性原则，不同的教材在体现语言功能方面可有所侧重，但是教材提供的输入材料都应有实在的内容，是语言形式和功能的统一体。

教材不仅需要提供必要的语言知识讲解，更要设计大量的、充分的练习活动，包括机械性练习、半机械性练习、准交际性练习和交际性练习，并将课堂教学延伸到课堂之外，将课内活动与课外活动连接起来，让学习者在形式生动活泼、丰富多样的操练的基础上，开展大量有内容的模拟现实的语言运用活动，从而实现培养语言综合运用能力和跨文化交际能力的目标。

需要说明的是，根据学习者的特点和教学设计需要，教材中的输入材料或输出活动的相关语境并不一定都必须具备现实世界的真实性，相关语境有时也可以是非现实的、想象性的，但这种非现实世界语境下的语言运用所体现的互动本质仍然与现实世界完全一致。

（四）趣味性

趣味性原则是指教材的内容和形式应尽量生动有趣，以激发学习者的学习兴趣，增强学习动机。无论是少儿教材还是成人教材，"有意思"的学习材料总是受人欢迎的，当然，成人教材和少儿教材的趣味性在表现形式上必然有很大差异。

趣味性并不意味着语料必须让人发笑，加强趣味性也不是简单地采用一些笑话或幽默故事，更不是将内容幼稚化甚至庸俗化。

提高教材的趣味性可以有不同的途径。首先是提高课文内容的趣味性。教材中的语料的话题选择和话语内容应对学习者有吸引力。话题的新奇独特、事件的情节性、内容的知识性等都有助于增强话语内容的吸引力。在保证语体适当、表达得体的前提下，课文语言应尽量生动活泼。

其次是提高练习和活动形式的趣味性。教材的练习活动设计应尽量形式多样、层次丰富、生动活泼，在适合学习者认知特点和教学目标的前提下，可适当引入一些游戏和竞争性活动。

再次是提高教学内容呈现形式和版面设计的趣味性。例如，教材可提供多样化的视听材料，利用多种感知途径呈现教学内容；通过字体、字号、色彩的恰当变化，以及图表和照片的恰当配合，使教材版面的呈现形式更加生动活泼、简洁明快，并具有节奏感。利用网络平台和网络资源，促进教学内容及其呈现形式的动态化，增强教学资源与学习者的互动，这也是增强教材趣味性的重要途径。

二 教材评估的基本原则

（一）教材评估的类型

教材评估就是根据一定的标准和程序对教材的编写质量、特色和使用效果等方面进行综合分析和评价。

教材评估有两种类型，一种是从教材本身内容和形式的角度对教材质量进行评估；另一种是从教材使用效果的角度对教材的适用性进行评估。

科学、公平、有效的教材评估可以让我们比较全面地了解教材建设的现状，总结教材编写经验和成就，分析存在的问题和不足，提高教材编写质量，深化教材研究，促进教材创新发展。教材评估也可以让我们了解一部教材是否合格，是否优秀，从而为教材选用提供相关参考信息。结合教材使用效果进行的教材评估还有利于通过教材使用反馈信息进一步认识一部教材的特色、优势和局限，以便及时调整教学策略，并为后续教材的选择提供参考。

（二）对教材质量的评估

一般来说，对教材质量的评估应重点考察教材编写基本原则的落实情况，尽可能覆盖教材的内容和形式各个方面，如教材的纵向衔接和横向配合、立体化教材资源配置、课文主题和内容的选择、语言点的编排和解释、练习活动设计，教材版式等。当然，教材评估也可以根据特定需要，对教材的某个方面进行专项评估，如专门对教材的课文内容进行评估，对教材的练习设计进行评估等。

从教材本身内容和形式的角度对教材质量进行的评估，应遵循以下原则。

第一，教材评估应该根据特定的评估目标来确定评估指标和评估策略。例如，教材评估可以从评估者的教学理念和教材编写理念出发考察某一类教材的编写现状，也可以对照某部教材编者自述的编写理念，考察其实际落实情况。

第二，教材评估应该有明确的评估对象范围。不同类型的教材既有编写原则和方法上的一致性，又有不同的编写要求和特色，因此评估指标的确定与评估对象的范围有直接关系。当评估对象的范围较宽泛时，评估的指标应更加注重通用性，以保证这些指标的覆盖面和适用性；若评估对象的范围较狭窄，评估的指标就应当趋向于具体化、细致化、特定化。

第三，教材评估应该有具体的观测点。例如，我们可以着重从教材结构、课文内容、语言处理、练习编排、版式设计等几个方面来考察一部教材。

（三）对教材使用效果的评估

结合教材使用效果对教材进行的评估，可以在教材使用过程中进行，也可以在完整使用一轮后进行，前者的目的主要是了解使用中的问题，以便及时对教材使用策略进行调整，如增删或调整教材内容，后者的目的主要是为下一轮教学中是否继续使用该教材做出判断。

结合教材使用效果对教材进行的评估，应该特别注意以下三个原则。

第一，评估教材时应充分考虑教材的自身定位。每部教材都有自己的定位，不同的教材有不同的适用条件，一部教材能否取得较好的教学效果，是相对于该教材的适用对象和条件而言的，如果选用教材时本来就不符合其自身定位，那么由此造成的不良效果自然不能归咎于教材本身。

第二，调研对象和评估内容应尽可能全面。教材使用效果包括客观效果和主观评价，客观效果可参考教学中的过程性评价结果和终结性评价结果，对教材的主观评价来自师生两方面，可以采用问卷调查与个别访谈相结合的方式进行，以便既掌握整体反馈情况，又可分析深层次原因。

第三，排除非教材因素的干扰。教材使用效果的好坏与教材质量的高低并不必然一致，学生的学习动机、态度和方法的差异，教师的教学理念、教学态度、教学能力和使用教材的方法等方面的差异，都可能导致教材使用效果的差异，所以，对于调查和访谈中获得的数据要进行综合分析，从而准确判断哪些是教材的问题，哪些是学生和教师的问题。

三、教材选择的基本原则

判断某部教材是否合格和适用，是教材评估问题；从若干教材中找到适用的教材，是教材选择问题。教材评估和教材选择这两个问题虽角度不同，但密切相关。

随着国际中文教材研究和建设的发展，目前已经形成比较完整的国际中文教材体系，各类新教材层出不穷，大部分教材是合格的，质量上乘的教材也为数不少。但合格的教材并不一定是适用的教材。下面是教材选择方面应遵循的基本原则和可采用的一些策略。

首先，当然要选择合格的教材。遵循教材编写基本原则的教材，一般来说就是合格的教材。在合格的教材中，我们当然应该尽量选择比较优秀的教材。上文关于教材评估的原则和方法，可以指导我们对一部教材的编写质量进行初步考察并形成基本判断。

从策略上说，在判断教材质量时，教材已有的影响力是重要的参考因素，如该教材在同类教学项目中的使用情况、编写者的知名度、是否有权威推荐、出版时间和再版次数，等等。

其次，要选择符合课程设计要求的教材。课程设计决定教材选择，对于一个具体教学项目而言，第一，应先进行课程设计，然后再选择教材，要"因课取材"，而不能"因材设课"。考察一部教材是否适用于课程，要先看教材编写理念与课程设计理念的一致性，例如，基于结构大纲的课程设计一般不宜选用一部任务型教材作为主干教材。第二，看教材定位与课程目标的一致性，例如，教材的技能培养目标、教材的容量和难度等应该与课程设计相一致。第三，要谨慎考量教材的系统性，如果选用的是一套系列配套教材，就需要确认这套教材的整体结构体系是否与本校的课程设置基本一致，并且该套教材各分册是否都已完整出版，如果是从不同来源选择不同教材并自行组合，那就要高度重视所选的不同教材在理念、容量、难度、风格等各个方面的协调性。

教师自身的教学理念倾向当然也会影响教材的选择，甚至影响教材的使用效果，但是在选择教材时，首先应服从于课程设计的要求。

从策略上说，先看教材的前言或编写说明、教材目录、总词汇表，再选择教材中一个单元或一课做个案分析，以大致了解教材的理念、特色、容量等总体情况，从而对教材的适用程度做出基本判断，同时，这些考察也有助于进一步判断该教材的质量。

最后，选择适应特定教学对象和教学环境特点的教材。教材对于教学对象的适用性，主要考虑以下几点：教材的话题内容是否符合学习者的兴趣，教材内容和形式是否存在文化禁忌，注释语言是不是学生母语或学生熟悉的媒介语，等等。教材对于教学环境的适用性，应考虑以下几点：第一，要考虑教学环境是中国还是其他国家，教材的内容选择和编排设计是否适用于相应的教学环境；第二，要看学生是在常规课堂环境下学习，还是在网络环境下学习；第三，还要考虑当地的教学条件是否能满足教材的特定要求，如有没有使用数字资源的相关设备等。

这里所说的教材对于教学对象和教学环境的适用性是从狭义上看的，从更广泛的意义上说，教学对象的总体特点和学习需求、教育制度层面对教学内容和目标的要求等，也分别属于教学对象和教学环境因素，但这些因素已经体现在课程总体设计中，因此可看作教材对于特定课程的适用性问题。

此外，教材的价格是否合适、购买是否方便、配套材料是否完备、教材出版商提供的服务质量等，也是选择教材时需要适当考虑的因素。

百分之百适合特定教学需求的教材是没有的，所谓选择的过程，就是对比的过程。一套教材是否"适用"，是相对于其他教材而言的。

第三节 教材使用和资源开发

教师要有正确、恰当使用教材的能力，而且还应具备一定的开发教学资源的能力。教师对教材的使用，包括三个层次：对教材的准确解读，对教材的加工处理，将教材设计转化为课堂教学设计。关于课堂教学设计，可见本书第六章，本节不予讨论。教师开发的教学资源，包括三种类型：配合主干教材的补充性、辅助性教学资源，针对某一类教学项目或某一门课程的系统性教学资源，各类中文学习网站的数字资源。

一、对教材的解读

在选定教材之后，接下来的问题就是如何用好教材。要用好教材，教师首先要全面、深入、准确地解读教材。对教材的解读主要包括：把握教材的教学理念，了解教材的总体设计，熟悉教材的细节处理。

首先，教师应该对教材的编写理念有透彻的理解和把握。一部教材总是在不同程度上体现出教材编写者在教学理念上的倾向性，教师在使用教材时应该尽量遵循教材的教学理念，这样才能充分发挥教材的特色和优势，扬长避短，取得较好的教学效果。

教师当然可以对教材内容进行适当的调整，但前提是对教材的准确理解。如果不仔细研读教材就随意对教材加以改动，既是对教材的不尊重，也是对教学资源的浪费。例如，如果我们选择了一部功能型初级教材，却从结构主义的角度批评它在语法教学设计上不够集中、不够系统，这是不合理的，如果希望严格地以语法结构为纲进行教学，那本来就应该选用结构型教材，而不是选用一部功能型教材然后再对这部教材进行根本性"改造"。

其次，教师要对教材的总体设计有全面的了解，要有"大局观"。一套教材往往是一个纵横配套的体系，其中每一册的教学内容和目标，应该放在整套教材中来理解，准确把握这一册书在横向关系上与其他分册的分工和配合，在纵向关系上与上一册和下一册书的级差和衔接。同样，一册书内部也有其系统性，每个单元/每一课的教学内容和目标，应该放在整册书中来理解其设计用意；每个单元/每一课中的某个板块的教学内容和目标，应该放在整个单元/整课中来理解其设计用意。

不同教材的结构体例也往往各有特色，例如，有的教材把生词表放在课文之前，有的教材把生词表放在课文之后；大多数教材把课文教学、字词教学、练习活动等合为一册，但也有教材配有独立的汉字本和练习册；传统的综合教材是将各类练习集中安排在课文之后，但现在也有不少教材是将练习穿插设置于词语教学、课文教学、语法教学等不同板块中。

最后，在准确理解教材教学理念和把握其总体设计的基础上，教师要仔细分析教材各个板块的细节处理，理解其用意。例如，许多教材都列有"补充词语"，但即便都叫"补充词语",在性质上是各有不同的,有的教材将补充词语附在练习之后,只是对练习里出现的新词语进行解释,不要求学生掌握;有的教材将补充词语附在生词表之后作为可选词语,在后续课文里出现时仍处理为生词;而有的教材将补充词语附在生词表之后作为必学词语,后续再出现时不再作为生词。再如,目前一些综合教材生词表里对离合词的处理就有不同的做法,以"睡觉"一词的拼音和词性标注为例,至少有三种做法:① shuìjiào,V.;② shuì jiào;③ shuì jiào V. O. 。从这三种不同的处理方式可以看出编者把"睡觉"看成词还是短语以及在相应教学策略上的不同倾向。又如,有的高级教材在课文后不设语言点,而是通过练习的方式来提示本课重点语言现象,即采用隐性教学的途径,这种情况下学习者不一定会自觉意识到自己是在学习语法,但教师应该敏锐地看出该练习中隐含的教学目标。

关于教材的教学理念和总体设计,一般可以通过教材的前言或编写说明、使用说明等了解,还可以通过编者或教材使用者发表的相关文章来了解,但编者所说的也不一定是教材中实际上完全做到的,而编者并不一定会明确说明教材中所有的编写细节,更何况,对同一套教材,不同的人可以有不同的解读视角,所以,归根到底教师要通过自己对教材扎扎实实的研读来透彻理解和把握教材设计。

二 对教材的加工处理

学习需求是无限多样的,每个教师面对的学生千差万别,百分之百适合学生的教材是不存在的。何况,培养语言综合运用能力的手段和途径是多样化的,每个教师的教学经验和教学风格也各不相同。教师使用教材的过程,是对教材的创造性加工过程,也是教师职业水平的自我提升发展过程。

教师对教材的加工处理,主要表现为补充、删减、调整,增删和调整的依据是学习者特点、学习需求、教学目标、教学环境等因素,增删和调整的根本目的是增强教学设计的科学性、针对性、实践性和趣味性,保证教学效果,提高教学效率,激发学习动机,更好地培养学习者的中文综合运用能力和跨文化交际能力。

(1) 教师可根据学生语言水平、认知特点和学习能力,结合教学目标、教学环境和课时量等实际情况,对教材内容进行必要的补充或删减。例如,在词语教学中,教师可视具体情况从不同角度适当补充一些词语,比如,从语义场的角度考虑,在学生学习能力允许的情况下,教完生词"医生"后可以补充"护士",教完"家具"后可以补充"餐具"。在组织课堂活动"买水果"时,教师可根据当时当地的情况补充一些水果名称供学生选用。当学生学有余力时,教师还可给学生提供一些难度适当的补充阅读材料。而当课时量不足或学生学习能力有限时,教师可将精读教材里的一部分课文处理为泛读材料,或者将一部分生词划分为暂时不要求掌握的范围,等等。

如果教师选用的是一部通用型教材,那么在面对特定语言文化背景的学习者和处于学生本土教学环境时,需要增删和调整的内容就难免会多一些。例如,在语法教学中,教师可以根据特定学习者母语的语法特点对教材中一些语法点进行调整,有些语法现象在两种语言里完全一致,只要简单提示一下学生母语里的相应说法即可,而有些语法现象虽然在教材中没有被列为语法点，但对于特定的学习者来说恰恰是需要增补的教学点。再如，在初级阶段词语教学中，教师可突破词汇等级的限制，从学习者的角度补充一些与学生熟知的事物和现象相关的词语，如在日本教学时肯定需要优先教学"寿司"，在埃及教学时当然应该早一点教"金字塔"。即便教师使用的是一部本土教材，由于语言文化对比研究以及相关成果应用的局限性，教师仍然需要在针对性方面对教材内容进行必要的增删。

没有一本教材是十全十美的，一部教材难免会在个别地方存在一些疏漏甚至舛误。例如，某部教材里前一课出过生词"再"，释义为again，后一课课文中出现了一句话"今天太忙，明天再去吧"，这时教材没有把这个"再"作为生词处理，但其实这句话里的"再"并不是again的意思，这时教师就需要在词语教学中进行补充说明。

以上是就语言知识教学和活动而言的，在话题内容方面，教师也需要根据具体情况进行适当的增删和调整。例如，教师可根据中国社会发展的最新动态适当补充一些新信息，引导学生就相关的中华文化现象与其本国文化展开对比，对教材中可能引起学生误解或不适的文化内容，教师应根据具体情况采用适当的策略进行解释，或者淡化处理，甚至直接删除。

对教材内容的增删应十分慎重。作为语言教材，特别是初级综合教材，词汇和语法教学内容编排有很强的系统性，而初级学生对于语言点的难度又十分敏感，因此，增补的内容一定不能包含大量的生词和陌生的语法现象，在不得不删除教材中某些内容时，更要注意在后续教学中处理好相关的词语和语法点。

（2）教师需要根据学生特点、教学目标、学习难点、教学环境和课时量等实际情况对教材内容进行主次区分，确定教学重点。例如，初级教材语音教学部分一般都会系统地列出所有的声母和韵母，但在实际教学中我们显然不需要对所有的声母和韵母平均用力。拿i，u，ü这三个韵母来说，i对于所有学习者来说几乎都是"不教也会"的，u对于日语母语者来说有一定难度，ü对于英语母语者来说有难度，教师需要根据学习者的学习难点确定相应的教学重点。再如，对于每课生词表/词语表里的新词语和相应的汉字，同样也不能平均用力，必须分清主次，选择重点词语进行讲练。有的词语要求学生学会运用，有的词语暂时可只要求学生能理解，有的汉字要求学生能手写，有的汉字暂时可只要求学生能识别。

（3）教师需要根据学生特点、教学目标、学习难点、教学环境和课时量等实际情况对教材内容的呈现方式和教学顺序等进行必要的调整。以词语教学为例，假如一部初级综合教材先出词语表，然后安排三段课文，教材词语表中的词语排列顺序一般都是词语在课文里出现的顺序，教师在实际教学的时候，可以先集中教词语，然后再教三段课文，也可以把这些生词按照与课文的对应关系分为三部分，按照"词语（1）—课文（1）—词语（2）—课文（2）—词语（3）—课文（3）"的顺序来组织教学。不管采用上述哪一种方式，在词语教学中一般都不宜完全按照词语表中的顺序，而应该重新调整，例如，可以按照语义关联性将这些词语分成若干组进行教学，这样也便于组织学生围绕某个话题运用这些词语开展一些小对话活动。再如，传统教材一般将练习集中安排在一课的最后，但实际上教师可以把这些练习分插到不同的教学环节中，如将针对词语学习的练习安排在词语教学环节，将针对语法学习的练习安排在语法教学环节。

三 开发教学资源

现有的教材不可能完全满足多种多样、不断变化的教学需求,何况教材本身也需要不断更新和发展。因此,教师和教学单位需要开发各类补充性、辅助性的配套教学资源,各类适应特定教学项目需求的系统性教学资源,各类适应时代发展需求的数字资源。

(一)由教师开发的常规教学资源

由教师开发的教学资源主要包括三种类型。

第一种是配合主干教材的补充性、辅助性教学资源,如:阅读材料、听力材料、自测材料、词汇学习资料、语法学习资料,等等。这些教学资源一般采用数字形式,可以动态更新。

第二种是针对某一类教学项目或某一门课程的教学资源,这些资源有较强的系统性,有的可以采用慕课、微课形式,如:配合校本课程的教材,体现教学理念创新的新教材,针对特定需求自行研发的教材。还有一种情况:根据当地教学理念,本就不提倡使用统一教材(主要是在小学外语教学中),因此每位教师需要根据课程大纲准备个性化的教学材料。

第三种是各类中文学习网站使用的数字资源,这类资源一般具有动态性和开放性特点,其教学资源可以根据社会发展和学员需求动态调整内容和编排方式,使用者可以根据需要灵活选择和组配内容。

教学资源的开发与教材编写一样,应该遵循科学性、针对性、实践性、趣味性原则。目前来看,一些教学资源由于编写队伍在人力、精力上的局限性等,其专业性、系统性有待加强;一些针对特定用户开发的学习软件,在需求分析方面还不够充分、深入;电子资源、网络资源的互动性、实践性方面还有很大的提升空间。

(二)语言素材与教学资源

现实生活中的一切语言素材都是潜在的教学资源。例如:生活中的日常会话、留言、信函;工作场景下的沟通交流和讨论,正式场合和专业领域的发言、讲座、报告;公共场合的各类标牌标识、海报、通告,各种语音通知、播报;网络上的各类文字信息和音视频材料,报纸期刊上的各类信息和文章,电视电台的各类节目;影视剧等各类文化产品等。此外,现实生活中许多非语言素材也是潜在的教学资源,有助于帮助学习者理解中文和中华文化,如一张中国地图、一段熊猫吃竹子的视频、一盘饺子和一碗馄饨的照片、反映春节习俗的图片、仿制的秦始皇陵兵马俑,等等。

尽管现实生活中的一切语言现象都是潜在的教学资源,但这些素材最终是否能作为现实的教学材料,取决于教学对象、课程目标、教学大纲、教学条件等各方面的情况,要有所甄别,不能"捡到篮里都是菜"。

教师应该做一个有心人,平时注意收集、分类、保存具有教学价值的各类素材,逐渐集碎片成系统。教师对所采集的素材应做一定的加工处理：① 改正原材料中可能存在的错误和不规范现象，根据教学目标对内容进行适当改写，在此基础上，对重点教学内容配上注释和讲解等，并设计相关练习活动，要注意对内容的改动不宜过大，应尊重原作者的基本观点，保留其核心内容；② 根据实况中文教学的需要，完全保留原文，对素材中的错误、语言不规范现象、环境干扰音等一概保留原貌，但需指出语料中的内容错误和语言不规范现象，以免误导学生，并对真实环境下的语言交际策略予以指导。

采用语言素材，需要注意几点：内容应积极向上并具有典型性，一般应注明语料来源，涉及国家重要信息的语料应该取自政府权威部门发布的文件资料，如果公开使用他人材料则应获得授权或版权许可，要注意避免暴露个人隐私，避免猎奇、庸俗、片面，避免引起误解或文化冲突。

◇ 基础知识（理论阐释）

教材是教与学的基本依据，是连接教学设计和教学实践的纽带，是对学科理论和学科基础建设成果的综合运用。狭义的教材就是教科书，或称为课本，广义的教材指课内外一切用于教与学的材料。教材编写是一个系统工程。

国际中文教材（指技能类教材）的基本功能有：提供输入资源，搭建输出平台，深化学习者对中文和中华文化的理解和认识，培养学习策略，激发学习动机，促进中文综合运用能力和跨文化交际能力的发展。另外，教材还有规范教师教学理念和提示教学方法的功能。

教材编写的基本原则主要包括科学性、针对性、实践性、趣味性。科学合理的教材评估有助于促进教材研究和教材建设，也可为教材选择提供参考。选择教材不仅要看教材是否合格和优秀，还要看教材是否符合特定课程的设计目标，是否符合特定的教学对象和教学环境特点。教师对教材的使用，包括三个层次：对教材的准确解读，对教材的适度加工，将教材设计转化为课堂教学设计。在必要时，教师还需要参与教学资源的开发。

◇ 关键概念解析

1. 教材

对教材可做狭义或广义的理解。狭义的教材就是教科书，或称为课本，即依据教学大纲编制的系统、规范的教学用书。广义的教材指课内外一切用于教与学的材料，这些材料是根据教与学的规律和需要而精心选择、加工、编制的，包括课本、讲义、参考书、练习册、教学课件、教师手册，等等。教学材料不限于正式出版物，也不限于文字媒介，它可以是纸质材料，也可以是电子材料。

2. 国际中文教材

狭义的国际中文教材，就是依据国际中文教育的教学大纲，遵循中文作为第二语言的教育教学规律，为国际中文教育提供核心内容，以培养中文综合运用能力和跨文化交际能力为核心目标的教学用书。国际中文教材可分为两大类。其一，语言技能类教材，一般简称为语言教材，如：综合教材、听说教材、读写教材、听力教材、口语教材、阅读教材、写作教材等。其二，知识类教材，如：现代汉语通论类教材，语音、词汇、语法、汉字教材，中华文化和国情类教材等。通常所说的国际中文教材或中文教材，指的是中文技能类教材。

3. 教学资源

教学资源是指服务于教与学的各种资源的总和。教学资源主要指各类可直接用于教与学的材料，以及为教学提供指导和参考的各类标准、大纲、数据库，广义的教学资源也包括为教学提供支撑条件的教育政策和人力资本，以及教学环境和教学设施等。教学材料是教学资源的核心组成部分。通常所说的开发教学资源，除了编写教科书之外，还特指开发补充性、辅助性教学材料，以及语料库、学习词典、语法书、教学课件、测试题等基础性、参考性资料。开发教学资源是一名教师应该具备的基本能力。

◇ **本章小结**

本章介绍了教材的性质、功能和结构，以及国际中文教材的不同类型，并简要分析了教材与教学理论、教学大纲、教学资源的关系，在此基础上，概括说明了教材编写、教材评估和教材选择的基本原则，并结合实例详细说明了教师在教学实践中有效使用教材的基本过程和方法，最后简单讨论了辅助性教学资源开发的基本类型和相关策略。

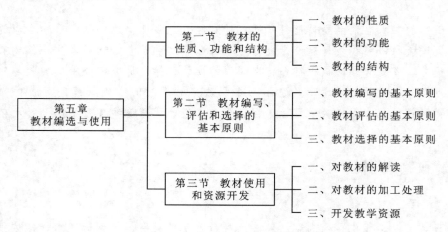

◇ **思考与练习**

1. 教材编写的四个基本原则之间是什么关系？查阅资料，了解一下学界还提到过哪些原则，并简单评价一下这些原则。

2. 国际中文教材可以从不同的角度分类，你能想到哪些类型？跟同学交流一下，看看互相有什么补充？浏览相关出版社网站、教材研究网站、中文教学网站的信息，了解国际中文教材和教学资源建设的现状，看看哪些资源比较丰富，哪些资源还有明显不足。

3. 下面是《对外汉语教学法》（吴勇毅主编、吴中伟副主编，商务印书馆，2012年）一书中的一张评估表，你觉得这张评估表可以适用于对任何一部国际中文教材的评估吗？如果不是，请举例说明。

总体设计	1. 有明确的使用者定位
	2. 有明确的技能训练目标定位
	3. 以培养语言能力和语言交际能力为导向
	4. 相应的教学难度定位合适
	5. 相应的教学容量定位合适
	6. 遵循的编写原则比较科学
	7. 反映出的教学法思路比较明确、完善
	8. 有必要的配套材料
课文内容	1. 内容真实实用
	2. 内容生动有趣
	3. 语言典范精练
	4. 语言自然流畅
	5. 语言难度适当
	6. 语域选择准确
	7. 文化取向恰当
语言处理	1. 教学难度循序渐进
	2. 教学内容针对性强
	3. 语法和词汇复现率高
	4. 语言要素教学的处理方式科学、恰当
	5. 吸收语言教学和语言学习研究的新成果
	6. 兼顾形式与意义，结构与功能
	7. 说明文字准确、清楚、通俗、规范
	8. 翻译准确、流畅
练习编排	1. 与教学内容关系密切
	2. 目标明确，方法科学
	3. 形式多样，数量适当（但以量大为好）
	4. 教学上可操作性强
	5. 难度上有层次
	6. 兼顾机械性操练和交际性活动

续表

外观	1. 开本合适
	2. 版面生动
	3. 印刷精良，明朗醒目
	4. 插图与教学内容配合密切
	5. 字体、字号与教学内容和语言水平相适应

4. 根据设定的教学对象、环境和目标，与同学一起尽力找到一部合适的教材，并对教材的编写理念、总体框架和编写特色做一个比较全面的评析。

5. 根据设定的教学对象、环境和目标，尝试完整编写一课或一个单元的教学设计，并与同学相互交流一下自己在编写设计中考虑了哪些因素，从内容和形式两方面对同学的编写设计提出改进建议。

◇ 推荐阅读

李泉．对外汉语教材通论［M］．北京：商务印书馆，2012．

李晓琪．汉语第二语言教材编写［M］．北京：北京师范大学出版社，2013．

吴中伟．汉语作为第二语言教学的教材研究［M］．北京：商务印书馆，2019．

第六章
课堂教学过程

 教学导航

学习目标	课程素养目标： 1. 通过理论和案例的学习，理解课堂教学过程在传授中文知识、传播中国文化方面的关键作用，增强文化自信和文化自觉 2. 通过理论和案例的学习，理解课堂教学过程在培养合格国际中文教育人才、提升跨文化交际能力和人文素养等方面的重要作用 专业知识目标： 1. 掌握课堂教学过程的定义和互动反馈等方面的基本知识以及国际中文课堂的基本教学过程 2. 基本具备在实际教学中依据教学目标和教学内容选择及运用有效课堂教学过程的能力
重点难点	1. 理解和掌握课堂教学过程的内涵与结构 2. 理解和掌握教师话语、互动反馈等的基本知识 3. 掌握课堂教学过程的基本类型 4. 具备选择和运用有效课堂教学过程的基本能力

问题导入

　　小李老师性格活泼，工作积极热情。她非常热爱国际中文教育工作。为了增加课程的趣味性和吸引力，她特意收集了很多中文歌曲和中国电影的片段。每次上课时，她都会选择一首歌或一个片段展示给学生，帮助学生掌握其中的词汇和语言点等，然后让学生模仿或进行角色扮演。可是，测试时她发现，同学们的语言知识掌握不扎实，语言运用能力的提升也不如预期。她有点儿困惑。
　　请想想，你觉得小李老师的教学过程有什么问题？你有什么改进建议呢？

第一节 课堂教学过程的基本内涵与历史发展

在学校教育中,课堂是实施教育教学任务的主要场所。要提高教学效果,就要提高课堂教学质量。吕必松(1992)论述了课堂教学的重要性:"在第二语言教学的四大环节中(总体设计、教材编写、课堂教学和测试),课堂教学是中心环节。所谓中心环节,就是在全部教学活动中处于中心地位,其他环节都必须为它服务。"[①]

课堂教学是一个过程,具有动态复杂性、生动丰富性、师生交互性等特点,需要运用系统的思想方法对教育教学的各个因素,如教学目标、教学内容、学生、教学策略、教学媒体、教学环境、教学评价等进行分析和设计,使各个要素能够协调,以发挥整体优势。国际中文教育历来重视课堂教学过程的设计和实施。因此,认真研究教学过程,了解和掌握它的基本要素、结构和基本原理是全面实现教学目标及提升学习者语言能力的核心。

一 课堂教学过程的界定

(一)课堂教学过程的定义

教学过程又称"教学程序""教学流程"或"教学活动顺序",是指由教师在一定的时间内对学生进行教学活动的程序。这一程序被设计为具有时间先后顺序和逻辑顺序的一系列阶段、环节、步骤。

课堂教学过程则是指在课堂中,教师对学生进行教学活动的系列程序。在汉语课堂教学中,它既可以指一个课型(如综合课、听力课、阅读课、写作课等)的完整教学过程,也可以指按照一定原则切分出来的时间长短不同的教学阶段。课堂教学过程的目的是通过有意识的教学活动来帮助学生实现学习目标,提高他们的知识水平,促进学生认知能力、语言能力、分析能力、思维能力等个人能力,以及道德品质、情感态度、价值观等个人素养的全面提升。在语言学习过程中,课堂教学过程对于学生的语言习得、跨文化交际能力的培养也起着至关重要的作用。因此,教师理解和掌握有效的课堂教学过程对于促进学生能力的全面发展是必不可少的。

(二)课堂教学过程的基本步骤

一般的课堂教学过程包括以下基本步骤。

(1)引入新课:教师在课堂上通过一定的方式引导学生进入当次课内容,激活学生的相关知识图式,调动其学习兴趣与积极性,为学习新知识做好心理准备。

(2)呈现、讲解知识点:教师通过教材、多模态等方式向学生呈现并讲解当次课的知

[①] 吕必松.对外汉语教学概论(讲义)(续一)[J].世界汉语教学,1992(3):211-216.

识点，解释相关概念和知识。

（3）示范操作或演示：针对某些需要实践操作或演示的知识点，教师可以在课堂上进行相关的操练或演示，以帮助学生更好地理解知识点。

（4）学生练习：教师安排一定的时间让学生进行练习，巩固所学知识和技能。

（5）讲解答案和纠错：教师在学生完成练习后讲解答案，帮助学生及时发现错误并加以纠正。

（6）总结回顾：教师在课堂结束前，会对本次课进行总结回顾，强调重点知识和技能，并提醒学生下次课程的内容和要求。

以上是一般课堂教学过程的基本步骤，不同学科和不同课程可能会有一些差异。

二 课堂教学过程的历史发展

（一）国外课程教学的经典理论

课堂教学作为一种教育形式，有着悠久的历史。在人类社会的早期，教育是由父母或长辈在家中进行的，后来随着社会的发展和社会分工的细化和深化，学校逐渐成为教育的主要场所。

有学者认为，对教学过程的关注始于苏格拉底，他的提问法形成了"讥讽—助产术—归纳—定义"这样的完整的教学过程，是一个由现象出发，经过提问启发对方的认识，再逐步排除事物的个别性和特殊性，揭示事物本质，从而得出事物"定义"的过程。

在教育史上，昆体良被公认为西方教育史上第一位教学理论家和教学法专家。（详见二维码：昆体良）他的《雄辩术原理》是第一部系统阐述教学理论的著作。欧洲文艺复兴以后，课堂教学研究进入一个新的时代。夸美纽斯、赫尔巴特、杜威、加涅等关于课堂教学过程的思想都对当时和后世的教学过程理论产生了深远的影响。其中赫尔巴特的"五段教学"过程、凯洛夫的"五步教学法"和加涅的"教学过程九阶段"模型对我国的课堂教学过程选择和研究产生了直接影响。

昆体良

1. 赫尔巴特学派的"五段教学"

赫尔巴特是19世纪德国著名的教育家，是公认的现代教育心理学创始人。他把教学过程理解为在教师的引导下，学生的观念积极活动的过程。他认为，教学只有在儿童已有经验（详见二维码：统觉团）的基础上，才能得以顺利进行。因此，他把教学活动分为"明了、联系、总结、应用"四个主要阶段，被称为"四步教学法"。他的学生齐勒和来因把"明了"再分为"预备"和"提示"，合称"五段教学"。如表6-1所示。

统觉团

表 6-1 赫尔巴特学派的五段教学过程

序号	阶段	教学过程
1	预备	通过提问，回忆已有相关知识，以引起对新知识的兴趣
2	提示	提出实例，供学生观察和思考
3	联系	对新旧知识进行分析比较，使之建立联系
4	总结	帮助学生得出结论、定义或法则
5	应用	运用得出的概念或法则解答问题或练习

赫尔巴特学派的"五段教学"第一次科学系统地构建了课堂教学过程的模式，简单易学，操作性强。它能使经验不多的教师迅速掌握，并用来按部就班地编制教案和授课，因而成为 19 世纪末到 20 世纪初欧美学校教学的基本模式，至今仍具有广泛影响。其不足之处在于，过分强调教师的作用，忽视了学生的主体作用和实践的价值。

2. 凯洛夫的"五步教学法"

20 世纪 30 年代，苏联教育学家凯洛夫在继承赫尔巴特教学理论的基础上，将"五段教学"演绎为"五步教学法"，即把时长为 45 分钟的课堂教学过程划分为五个步骤：组织教学（1~2 分钟）；检查复习（10 分钟）；讲解新课（25 分钟）；巩固新课（5 分钟）；布置作业（3 分钟）。

这种课堂教学过程理论对我国的教育教学产生了重大影响，时至今日，依然是我国通用的课堂教学过程之一。国际中文教学中，传统综合课的教学过程也是依照"五步教学法"设计的，只是稍有调整。

综合课的基本教学过程如下：组织教学；检查复习；生词教学；语法教学；课文教学；综合性练习；本讲小结；布置作业。

其中，生词教学、语法教学和课文教学三部分就是"五步法"中的"讲解新课"部分，而综合性练习和小结就是巩固的部分。

3. 加涅的"教学过程九阶段"模型

罗伯特·加涅是美国著名的教育心理学家。他认为，教学活动是一种旨在影响学习者内部心理过程的外部刺激，因此教学过程应当与学习活动中学习者的内部心理过程一一对应。据此，加涅对学习活动中学习者的心理活动进行了分解，分为九个信息加工阶段，并根据学习过程设计了教学过程，提出了"教学过程九阶段"模型（见表 6-2）。

表 6-2 教学过程九阶段

学习过程	教学事件
注意：警觉	引起注意
预期	告知学习者目标
提取到工作记忆	刺激回忆先前知识

续表

学习过程	教学事件
选择性知觉	呈现刺激材料
编码：进入长时记忆存储	提供学习指导
反应	引出行为
强化	提供反馈 评价行为
提示提取	促进保持和迁移

"教学过程九阶段"模型按照教学事件的先后顺序，以线性方式构建出一个完整的教学过程。加涅特别指出，按照以上九个教学阶段的顺序实施的教学活动，最合乎逻辑且成功的可能性最大，但也并非一成不变。受行为主义思想的影响，加涅依据信息加工模型提出的"教学过程九阶段"模型，强调的是通过外部刺激来激发学习，因此在实践中，"教学过程九阶段"模型依然偏重"教"。

比较凯洛夫的"五步教学法"和加涅的"教学过程九阶段"模型会发现，前者是一节完整的课堂教学过程，而后者更适宜于一个知识点或能力点的教学过程。在国际中文课堂教学过程中，也是如此。

（二）我国通用的课堂教学过程

我国当代教学过程理论是在继承和发展中国传统、吸收近现代国外理论的基础上形成和发展起来的。目前，我国学校教育中常用的课堂教学过程主要有以下五种。

1. 传递—接受程序

最常用、广为人知的一种教学程序。源于赫尔巴特的"五段教学"，经凯洛夫等苏联教育学家的改造传入我国，主要适用于认知领域的教育目标。其基本过程是：激发学习动机—复习旧课—讲授新课—巩固运用—检查反馈。

2. 引导—发现程序

主要适用于认知领域的教学目标。它以"解决问题"为中心，引导学生发现问题、解决问题，从而获取知识，提升能力，主要是根据杜威、布鲁纳等人倡导的"问题—假设—推理—验证—总结"的过程提出的。具体操作如下：首先，教师提出要解决的问题，创设问题情境，激发学生动机；然后，学生依据教师或教材提供的信息，分析课题，形成假设；最后，教师引导学生辩论总结，最终获得概念或原理。

3. 示范—模仿程序

适用于动作技能领域的教学目标。它能有效地教授学生掌握一些基本行为技能，如读、写、算、艺术及各种运动和技艺，也包括语言教学中的听、说、读、写技能。它的基本过程是：定向—参与性练习—自主练习—迁移。

（1）定向：首先教师向学生说明要掌握的行为技能，解释技能操作的规则、要领、程序等；然后，对学生做形体演示，也就是示范。

（2）参与性练习：教师指导学生从分解动作开始进行模仿，并给予反馈强化。

（3）自主练习：学生基本掌握动作要领，通过大量自主独立练习，提高技能熟练度。

（4）迁移：学生可以自如熟练完成整体动作，并能在新的情境中灵活运用。

4. 情境—陶冶程序

又称暗示教学，主要适用于情感领域的教学目标。它由保加利亚心理学家洛扎诺夫首创，主要通过创设与现实生活类似的情境，让学生在思想高度集中但精神完全放松的情境下进行学习。其基本过程是：创设情境—参与活动—总结转化。

（1）创设情境：教师通过语言描述、实物视频展示、音乐渲染等方式为学生创设一个生动形象的场景，激起学生的兴趣。

（2）参与活动：教师安排学生参与各种游戏、表演、听音乐、谈话等活动，使他们在特定的氛围中积极思考投入，在潜移默化中学习。

（3）总结转化：通过教师启发总结，使学生领悟所学内容主题的情感基调，达到情感与理智的统一，并使这些认识和经验转化为学生指导思想、行为的准则。

5. 自学—辅导程序

其主要目的是培养学生的自学能力和良好的学习习惯，帮助学生构建学习策略。其基本程序为：自学—讨论、交流—启发、指导—练习总结。

上述课堂教学过程虽然都有固定的程序，但"教无定法"，在实际教学实践中，教师可以根据具体教学内容、教学对象、教学目标等因素综合使用。随着社会和经济的快速发展，对教育的需求越来越多样化，课堂教学过程也在不断变化和发展。现代教育更加注重创新、实践和跨学科的综合性，这促使课堂教学过程向更加多元化和个性化的方向发展。

三 课堂教学过程的构成要素

课堂教学过程在结构上可以分为四级单位，即教学单元、教学环节、教学步骤、教学行为。这四级单位有不同层次的构成关系，上一级单位是由下一级单位构成的。

（一）教学单元

教学单元是指在课程设计中，根据一定的教学目标和教学内容，将教学过程划分成一个相对独立、完整的学习单元，以便于在教学分段中，教师能够高效组织教学、学生能够积极参与学习。教学单元通常包括若干个相关的课时或课程活动，教学单元的长度可以根据具体情况而定，可能是一节课、数节课，也可能是整个学期的一部分。

教学单元是课堂教学的基本单位。它是依据教材的教学进程划分的，表现在教材形式上，一个教学单位是教材的"一课书"。一般来说，在国际中文教学的初级阶段，综合课的每一个教学单元所用的时间都比较短，通常是2~4个课时；中、高级阶段，教学单元比较长，常为6~8个课时。教学单元设计应该具有一定的教学逻辑和合理的教学顺序，能够满足学生学习的需要和教学评估的要求。教学单元的划分和设计对于课程教学的有效实施具有重要的作用，可以使教学过程更具有连贯性和针对性。

（二）教学环节

教学环节是教学过程中划分教学步骤、组织教学活动的基本单位，通常包括设定某课的具体教学任务、教学内容和教学方法等要素。一个教学单元可以划分为若干教学环节。教学环节的设计和实施需要遵循一定的原则和方法，不同的教学环节之间应具有一定的联系和衔接，以保证教学过程的连贯性和有效性。在国际中文教学课堂中，教学环节通常是依据教材中"一课书"的语言项目，如生词、课文、语法解释、练习等处理顺序划分的。比如，一节综合课通常可以划分为复习预习、生词讲练、语法点讲练、课文处理、归纳总结等环节。其中生词讲练、语法点讲练、课文处理三个环节是课堂教学过程的主要环节，其余环节是辅助的环节。

（三）教学步骤

每个教学环节都是由一个或若干教学步骤构成的。在国际中文教学课堂中，教学步骤是依据对教学环节所处理的语言项目的内容划分的。比如，"处理语法点"的环节是由展示语法点、解释语法点、练习、归纳、课堂活动等步骤构成的。教学步骤的安排是为完成教学环节所要达到的教学目标服务的。比如，在综合课上，生词处理的教学环节一般包括朗读、讲解、练习等教学步骤；而语法点处理的教学环节基本分为语法点展示、解释、练习、总结等步骤。课文环节可以分为朗读、依据课文内容提问、学生复述、总结课文框架、课堂活动等步骤。但是，有的课型，如技能操练课，听力课、写作课等的教学环节由什么教学步骤构成、是否也有一般性的教学步骤则莫衷一是。较为常见的做法是按照技能的发展阶段进行区分，比如，把一堂听力课划分为听前准备、听时操作（泛听、精听）、听后扩展三个步骤。（图6-1摘自"Listening in the Language Classroom"[①]。）

（四）教学行为

教学步骤由教学行为构成，教学行为是指教师在课堂教学中所表现出来的行为和动作，包括教学实施、教学评价等方面的行为。教学行为是课堂教学过程中最基本的构成单位，课堂教学的过程归根结底是由若干连续的教学行为构成的。

---

① Field J. Listening in the Language Classroom [J]. ELT Journal, 2010, 64 (3): 103-105.

```
预听
    Establish context
    Create motivation for listening
    Pre-teach only critical vocabulary
粗听
    General questions on context and attitude of speakers
精听
    Pre-set questions
    Intensive listening
    Checking answers to questions
听后（可选）
    Functional language in listening passage
    Learners infer the meaning of unknown words from the sentences
        in which they appear
    Final play; learners look at transcript
```

图 6-1 "Listening in the Language Classroom" 的听力课安排

一个教学步骤由一个或若干教学行为构成。比如，生词朗读这一教学步骤，可能由示范领读、齐读、个别朗读等教学行为构成；而生词练习步骤可以包括朗读、扩展、就生词进行问答（师生问答、生生问答）、用生词组句等教学行为。再如，语法点练习步骤可以由引入、语法格式展示、例句朗读、替换练习、师生问答、学生问答、用语法点完成任务等一系列教学行为构成。可以说，教学行为是课堂教学中最活跃、最能展示教师的教学才能、经验和创造力的因素，是教师对学生进行教育和引导的重要方式，它直接影响着学生的学习效果和成长发展。良好的教学行为可以激发学生的学习积极性，帮助学生掌握知识和技能，提高学生的学业成绩和综合素质。因此，优秀的汉语教师应当熟练掌握各种教学行为，在课堂教学中根据教学目标、教学对象、教学内容选择最适宜的教学行为，并进行优化组合。对语言教师来说，有序而高效的教学行为一般都有以下特点：教学行为清晰明确、能提供给学生最多的练习与实践的机会、交际性强；教学行为的编排，要如行云流水，流畅自然；各教学行为之间互相铺垫，紧密衔接，平稳过渡。

四 课堂教学过程的选择依据

课堂教学过程的选择依据有以下几点。

（一）依据教学理念

课堂教学过程的设计首先应该基于教学理念，因为教学理念是教师对教育和教学的基本信仰和价值观，它决定了教师对学生和教学的态度、方法和目标。如果教学过程与教学理念不一致，可能会导致教学效果不佳，甚至产生不良后果。比如，教师抱持"以教师为中心"的教学理念或"以学生为中心"的教学理念对课堂教学过程的选择是完全不同的。

（二）依据教学目标

教学目标是教学任务的核心，它是课堂教学过程的起点和终点，是评价课堂教学效果的基础。只有教学过程与教学目标相一致，才能使学生达到预期的学习成果，从而提升教学效果。

（三）依据教学对象

教学对象是课堂教学的主体。对第二语言教学来说，不同的教学对象具有不同的母语背景、学习需求、语言学习经历、认知水平、兴趣爱好、学习方式等特点，需要采用不同的教学策略和方法来满足教学对象的需求。比如，针对成年人的教学和针对儿童的教学，课堂教学过程的选择显然不同。因此，只有教学过程与教学对象相适应，才能有效实现教学目标，提升教学效果。

（四）依据教学内容

教学内容是实现教学目标的物质形式，是评价教学任务完成度的考察指标。教学内容的选择和呈现方式直接影响到学生的学习效果。比如，教授通用汉语和教授商务汉语，必然要选择不同的课堂教学过程。教学过程与教学内容相一致，才能确保学生学到应学的知识和技能。

（五）依据教学环境

教学环境是教学过程的基础和保障。教学环境的不同决定了教学过程的选择，如教室的大小、布局和设施等，决定了教学方式的灵活度和教学效果。在面对线上教学和面对面授课这两种不同教学环境时，教师需要灵活调整课堂教学过程的设计，使之与教学环境相适应。而环境的变化，如新的教育技术的产生与使用也会促进课堂教学过程的改变。

第二节　国际中文课堂教学过程设计

课堂教学过程是教学任务的实施，以及实现教育教学目标的根本环节。经过几代人的不懈努力与探索，国际中文课堂作为第二语言/外语的教学过程，既吸收了国内外第二语言教学过程的理论和实践的优长，又结合国际中文教学的特点，形成了具有鲜明特色和独特优长的课堂教学过程。

一　基于知识讲解的课堂教学过程

（一）基本概念

基于知识讲解的课堂教学过程是指在教学过程中主要通过教师讲解来传授知识，

学生则通过倾听、记录、理解和记忆等方式来接受和消化所学知识的过程。基于知识讲解的课堂教学过程中所涉及的知识，基本是陈述性知识，在教学中对应语言要素教学，即关于语音、汉字、词汇、语法的知识性内容，达成学生对知识性内容的理解和内化。

基于知识讲解的教学过程是传统的教学方法之一，它体现了"以教师为中心"的教学理念，其优点在于可以帮助学生系统地掌握所学知识，同时也有助于激发学生对知识的兴趣和学习动力。然而，这种教学过程也存在一些缺点，如容易出现信息过载、学生被动接受等问题。因此，在实际教学中，教师需要结合学生的实际情况和教学目标，灵活运用不同的教学方法，以更好地促进学生的学习和发展。

（二）基本教学环节

在第二语言教学领域，基于知识讲解的课堂教学过程既可以指整个教学单元的设计都以知识输入为主的教学形式，如"语法翻译法"，也可以指课堂教学过程中以知识传授和讲解为主的某个教学步骤，如"词汇记忆法"或"语法点讲授法"等教学形式。

基于知识讲解的教学过程由感知、理解、讲解和运用四个基本教学环节构成。整个教学过程由教师主导，以知识讲解为核心。由于语法翻译法是第二语言教学中典型的基于知识讲解教学过程的教学形式，中高级的知识性课程多采用这种方法。我们通过该教法的实施来说明基于知识传授的教学过程。

语法翻译法的基本教学环节包括以下几个方面。

（1）教授新词：教师在黑板上列出本课的所有生词（包括拼音），用学生的本族语逐词解释，并领读，帮助学生获取生词的发音和意义。

（2）译述课文大意：教师用学生的本族语简单叙述课文的作者、写作背景和课文的大意。

（3）讲解语言材料：对课文进行语言分析并逐词、逐句翻译。教师先朗读句子，然后用本族语解释词义和句子意义。遇到语法、惯用法、短语或重要的生词，教师会详细讲解并让学生进行练习。

（4）切合原意的翻译：逐词逐句翻译后，学生对课文内容有了深入的了解。为了使学生能用规范正确的本族语把课文的内容表达出来，要进行契合原意的翻译。这种翻译练习既是教学手段，也是教学目标，即培养学生的翻译技能。

（5）直接阅读和直接理解外语课文。这个环节是指不借助本族语，不用翻译，直接阅读和理解新的二语语言材料。它类似一个评价和检验环节。

（三）课堂教学案例

当前，仍在采用传统的语法翻译法进行课堂教学的机构主要为海外的中文学校等教学机构，数量并不多。但在课堂教学中，基于知识讲解的教学过程在生词和语法等教学环节如何巧妙而有效地进行，下面的案例可以给我们带来启发。

 案例1

1. 教学内容

"V+着"存在句的教学过程，如表 6-3、6-4 所示。（选自《对外汉语综合课优秀教案集》）[①]

表 6-3 "V+着"存在句的引导与展示

步骤	教师引导语言	学生目标语句	教师操作
1	同学们看后边儿，墙上有什么？	墙上有一张地图	板书或展示 PPT 目标语句：墙上有一张地图。
2	这张地图挂着还是贴着？	贴着	教师擦掉板书例句中的"有"，原位书写"贴着"，生成例句；领读例句
3	墙上有一张地图，这张地图贴着，我们可以说……	墙上贴着一张地图	点读、齐读，加深印象
4	桌子上有很多书，摆着还是放着？用一个句子怎么说？	桌子上摆着很多书	教师板书例句2：桌子上摆着很多书
5	今天教室里有很多老师，他们站着还是坐着？	教室里坐着很多老师	教师板书例句3：教室里坐着很多老师

表 6-4 "V+着"存在句的总结与归纳

教师示范：领读例句，开始引导学生归纳		
	教学操作	教学说明
教师引导语	1. 墙上、桌子上、教室里，是地方、人还是东西？你怎么知道？（方位名词） 2. 挂、摆、坐是什么词？动词后边有什么？ 3. 宾语的前边有什么？（数量词：一张、很多）	读完例句后，通过提问引导学生自己归纳和总结"V+着"存在句。
教师总结语	这就是今天我们学的语法：什么地方有什么东西，这个东西……着，我们可以说……地方+V+着+……东西/人	教师板书句型公式进行归纳： ……地方+V+着+……东西/人

[①] 崔希亮. 对外汉语综合课优秀教案集[M]. 北京：北京语言大学出版社，2010.

2. 评价

在案例中，教师对"V+着"存在句的教学遵循了知识讲解的基本过程：感知—理解—讲解—运用，但教师设计巧妙。教师首先化讲解为展示，带领学生对新语法点进行感知、认知和理解，然后以旧带新——以"有"字存在句导入，传递"存在"这一信息，用"挂着还是贴着"这一问题提示存在的方式，点明"V+着"存在句的语义要点——"表达某种特定方式的存在"，最后进行语法归纳和总结，引导学生注意句子成分的位置和词类，使用了方位名词、动词、数量词、宾语等必要的元语言。在这个过程中，教师不是传统意义上的讲解语法，而是通过展示和表演，帮助学生从意义到形式生成语法。

二 基于技能训练的教学过程

（一）基本概念

基于技能训练的教学过程，其重点在于通过反复练习和演示来培养学生的技能和技巧。这种教学过程基于行为主义学习理论、程序教学理论以及结构主义语言学，强调刺激强化的作用，通常适用于需要重复练习和熟练掌握特定技能与技巧的领域，如听、说、读、写的技能训练等。

（二）基本教学环节

基于技能训练的教学过程通常分为三个阶段：示范、练习和反馈。在示范阶段，教师首先向学生展示如何完成一个特定的技能或任务，一般通过演示、模拟、视频展示等方式呈现。在练习阶段，学生需要通过反复练习来熟悉和掌握这些技能和技巧。在这个阶段，教师可以提供指导和支持，以确保学生正确地执行技能。最后，在反馈阶段，教师会提供评估和反馈，帮助学生发现和解决问题，进一步提高他们的技能水平。本章第一节提到的我国通用的示范—模仿程序就是基于技能训练的基本教学形式。

在第二语言教学领域，听说法是基于技能训练的典型形式，下面我们通过介绍该教法来说明基于技能训练的教学过程。

（1）认知：教师向学生展示新语言材料（语法点或句型），借助实物、情境、手势、多媒体技术等使学生感知理解语言材料的意义。

（2）模仿：教师反复示范，学生准确模仿，发现错误并及时纠正反馈。

（3）重复：通过反复练习，比如朗读、判断正误、选择等提高已模仿语言材料的重现频率，帮助学生记忆直至背诵，实现技能的内化。

（4）变换：用替换练习、句型转换、句子扩展等练习，实现技能的活用。

（5）选择：用问答、对话或叙述等方式让学生运用所学的词汇、语法或句型来描述特定情境或事件。

听说法的教学过程就是一个通过机械操练，提高刺激频率以实现技能自动化的过程。

（三）课堂教学案例

案例1

1. 教学内容

语音教学中的听辨音练习（选自韩玉国《启航中文综合教程》，待出版）。

2. 教学过程

（1）教师用 a 音节给出模型示范，学生试读、个别读、齐读。
（2）教师示范一声和各声调的搭配，学生试读、个别读、齐读。
阴平—阴平：fēizhōu africa，kāfēi coffee。
阴平—阳平：zhōngguó China，jiātíng family。
阴平—上声：shāngchǎng mall，jīnglǐ manager。
阴平—去声：jīdàn egg，gāoxìng happy。
（3）试读：根据教师给出的声调搭配范例试读词语或短语。
（4）活用：分四组，每组负责一种搭配，读给全班同学听，接受评价并改正。

3. 评价

　　基于技能训练的教学过程就是一个通过机械操练，提高刺激频率以实现技能自动化的过程。在汉语教学的早期语音教学阶段，基于技能训练的教学过程是经常采用的方法，但一定要注意避免简单重复带来的信息疲劳、缺乏新鲜感和挑战性的弊端，要注意增强教学过程的趣味性和新鲜感。

案例2

1. 教学内容

词汇教学（选自蔡建永北京高校第十二届青年教师教学基本功比赛一等奖教案《树绿了，花开了》）。

2. 教学过程

（1）展示生词词卡，教师进行领读扩展。
穷、很穷、非常穷、特别穷。
贫困、贫困村、贫困家庭、贫困人口。
富裕、很富裕、不富裕、生活非常富裕、家庭不太富裕。

小康村、小康家庭、小康生活。

（2）用图片展示穷困山村面貌，向学生提问。

这个小乡村怎么样？【展示词卡"穷"】（这个小乡村很穷。）

因为有很多什么样的家庭？【展示词卡"贫困"】（因为有很多贫困家庭。）

他们的生活富裕吗？（他们的生活不富裕。）

所以这个小乡村是一个贫困村还是小康村？（这个小乡村是一个贫困村。）

这个小乡村不是……（这个小乡村不是小康村。）

（3）引导学生输出小语段，把词汇连缀成段。

这个小乡村很穷，是一个贫困村。有很多贫困家庭，生活都不太富裕。那个小乡村是一个小康村，村民的生活都很富裕。

3. 评价

这是一个进行词汇技能训练的案例，遵循技能训练注重反复模仿的要义，但巧妙地把词汇置于语义场、主题词群中，通过语义的扩展使词汇技能训练逐步递进，层层深入。

三 基于交际的教学过程

（一）基本概念

基于交际的教学过程产生于 20 世纪 70 年代，以交际理论为理论基础（见第四章），主张学生在真实的交际情境中进行语言学习，注重语言的功能和交际目的，强调调动学习者的积极参与和合作，促进学习者语言交际能力的全面发展。基于交际的教学过程中，教师应根据学生的实际情况和需求，提供适当的语言输入和交际情境，通过真实的对话交流来激发学生的语言学习兴趣和动机，帮助他们积累语言知识，提高他们运用语言知识进行交际的能力。同时，教师也要及时给予学生反馈和指导，帮助他们纠正错误，提高其语言表达的准确性、流利性和丰富性。

（二）基本教学环节

基于交际的教学过程大致可以包括以下教学环节。

1. 创设情境，进行意义交流

在真实或模拟的情境中创设语言使用的场景，如购物、旅游、餐厅等，通过不同形式的活动，如角色扮演、对话、游戏等，让学生通过语言表达意义，建立语言形式与意义的关联。

2. 强化形式交流

教师在学生掌握了一定语言表达的基础上，引导学生通过观察和模仿，了解语言形式，包括语音、语法、词汇等，并通过交流活动加以强化。

3. 交际实践

让学生在真实或模拟的交际环境中应用语言，通过让其参与真实的交际活动，培养学生的交际能力和语言实际运用能力。

4. 反思和评价

引导学生对自己的语言表达进行反思和评价，帮助学生发现自己的问题和不足，并找到改进的方法和策略。

5. 应用

将所学语言运用到更广泛的真实场景中，如书面交流、公务场合等，促进学生语言运用的灵活性和创新性。

（三）课堂教学案例

 案例1

1. 教学内容

词汇"约"。

2. 教学过程

（1）展示一段约朋友一起聚会的小视频，并提问。

他跟朋友说什么？

他怎么说的？

他约了几个人？

他们约好几点见面？

他们约好在哪儿见面？

（2）领读，齐读，个别读。

约：约……

约三个朋友。

约时间。

约见面的地点。

我想约老同学一起聚聚。

（3）跟说两遍视频的对话。

（4）角色扮演。

暑假你想约朋友一起去旅行。

晚上你想约公司的同事一起吃饭。

下周你想约老师讨论毕业论文。

3. 评价

"约"是一个功能性很强的生词，该案例通过视频创设情境，提取了与"约朋友聚会"相关的功能句进行强化，并将其运用到真实的生活和工作情境中，让学生掌握了"约人"的交际功能，是在词汇教学中运用交际法的较好案例。

四 基于任务的教学过程

（一）基本概念

任务教学法是"一种基于任务或以任务为基础的语言教学途径"[1]，它主要通过组织学生在实施任务过程中参与有意义的交流活动来提高语言交际能力。[2] Skehan（1998）提出任务教学旨在通过任务的执行为学习者提供使用语言实现交际目的的机会。他将任务定义为"一种活动，其中意义是主要的，与现实世界有某种关系，任务完成有一定的优先级，任务绩效的评估是根据任务结果"[3]。基于任务教学法的教学过程"是以引导学习者用所学语言完成某些任务为基础而开展语言教学的教学过程形态"[4]，它通过特定的课堂教学程序培养学习者的语言运用能力。任务教学倡导"在做中学"，即学生通过完成教学任务来学习语言，语言学习与交际任务实施过程中的实际体验紧密结合。

（二）基本教学环节

1. 三种课堂教学模型

关于任务教学的基本教学阶段，提法各异。著名任务教学专家 Willis、Skehan 以及埃利斯先后提出了不同的课堂实施程序。

在《基于任务的学习框架》[5] 一书中，Willis 提出在课堂上实施任务教学的三阶段模型，把任务教学分为：任务前（pre-task）、任务环（task cycle）和语言聚焦（language focus）三个部分。任务前是任务的准备阶段，任务环是任务实施阶段，语言聚焦是任务完

---

[1] Willis J. A Framework for Task-Based Learning [M]. London：Longman，1996.
[2] Ellis R, Shintani N. Exploring Language Pedagogy through Second Language Acquisition Research [M]. London，New York：Routledge，2014.
[3] Skehan P. A Cognitive Approach to Language Learning [M]. Oxford：Oxford University Press，1998.
[4] 鲁子问. 小学英语活动设计与教学 [M]. 北京：高等教育出版社，2008.
[5] Willis J. A Framework for Task-Based Learning [M]. London：Longman，1996.

成后对语言形式的学习阶段。〔以下摘自 Willis（2021），*A Framework for Task-based Learning*〕

（1）前任务（pre-Task）——教师引入任务。

（2）任务流程（task-cycle）。

① 任务（task）——学生执行任务。

② 计划（planning）——各组学生准备向全班报告任务完成的情况。

③ 报告（reporting）——学生报告任务完成情况。

（3）语言聚焦（language focus）。

① 分析（analysis）——学生通过录音分析其他各组执行任务的情况。

② 操练（practice）——学生在教师指导下练习语言难点。

Skehan 的任务教学理论框架基于认知互动主义的观点，认为语言学习是一个动态的过程，受到输入、输出、互动、注意、记忆和动机等多种因素的影响。他提出了一个由任务条件（task conditions）、任务过程（task processes）和任务结果（task outcomes）三部分组成的任务教学模型。他认为，不同类型的任务可以从学习者那里引出不同的认知过程和语言结果，这取决于任务的复杂程度、结构和学习者的参与程度。Skehan 的程序充分考虑了学习者的认知过程，如减缓认知负荷、注意力资源掌控等教学目标，但在课堂教学过程中如何实际操作，如何保证学习者心理过程一致以实现教学目标是其面临的困难。

Ellis（2003，2013）提出按时间顺序把任务教学分为任务前（pre-task）、任务中（during-task）和任务后（post-task）三阶段①。任务前阶段的主要目的是明确任务的内容和要求，激活学生与任务相关的内容图式（content schemata），激发学生完成任务的兴趣。任务中阶段主要是学生按照任务要求自主活动的阶段。任务后阶段是一个关注语言形式、聚焦语言结构的阶段，主要目的是提高学习者对语言形式的自觉意识，提高完成任务的语言质量，关注语言的准确性和得体性，促进语言习得。

比较 Willis、Skehan 和 Ellis 等人所提出的模型可知，三种模型各有侧重。Skehan 的模型是基于信息处理理论提出的，Willis（1996）② 的模型源于教学实践，而 Ellis（2003）的三阶段教学模型是对各模型的一种提炼和概括。

2. 教学环节

1）第一种：高中英语教学环节

依据 Ellis 的任务型教学的思路，我国中小学英语课堂从 1996 年开始进行了任务教学实践，下面展示的是新编高中英语教材的基本教学过程，包括如下教学环节③。

（1）热身（warming up）：主要通过问卷调查、看图讨论、情景听说、思考问题等多种形式的活动，激发学生完成任务的兴趣，激活和建构相关内容图式，以便减轻学生的认

---

① Ellis R. Task-Based Language Learning and Teaching［M］. Oxford：Oxford University Press，2003.

② Willis J. A Flexible Framework for Task-Based Learning［A］. In：Willis J，Willis J R，Willis D，editors. Challenge and Change in Language Teaching. Oxford：Heinemann，1996：52-62.

③ 王家芝. 英语课程设计［M］. 武汉：武汉大学出版社，2015.

知负荷，使学生能运用已有的知识和经验思考该单元的中心话题，促进高质量的语言产出。

（2）读前（pre-reading）：这部分通常会提出若干问题。这些问题不仅与任务主题相关，而且与下部分的学习材料内容紧密相连，以启发学生预测课文内容，展开简短讨论，然后通过后期的学习验证自己的推测。讨论问题可鼓励学生独立思考，阐述不同的看法。

（3）阅读（reading）：这部分提供阅读材料。教学时，把阅读课文作为整体来处理，通过上下文教授词汇和语法，通过扫除新的语言障碍理解课文。为此"阅读"和"理解"可结合进行教学。

（4）理解（comprehending）：这部分主要通过多种形式的练习，帮助和促进学生的理解。练习形式丰富多样，如选择、判断、写要点、分析文章主旨、作者态度等，既有对表层信息的理解，如对课文的事实、主要情节、要点等是否清楚，也要求学生通过文本理解作者的观点、态度、意图和文体特征等深层信息。

（5）语言学习（leaning and language）：这部分采用发现和探究的方法，启发学生通过所给的启示（如新词语的英文释义或文中的例句等）自己找出书中的重点语言项目，即课程标准所要求掌握的语言知识及有关规则。该部分还安排了多种形式的词汇和语法练习，以加深理解并培养学生初步运用这些语言的技能。

（6）语言运用（using language）：这部分提供了有关单元主题的语言材料，通过创设情境，既扩充了相关话题的跨文化交际信息，又为学生提供了综合语言运用的空间。这部分的练习，虽也有听或写的单项技能训练，但以听、说、读、写的综合性训练为主。

（7）小结（summing up）：这部分要求学生自己总结各单元学习的内容、生词和惯用语以及语法结构。学生们可以相互讨论合作并完成任务，以加强学生的自主学习意识，促使他们运用适合自己的认知策略。

（8）学习建议（learning tip）：这部分的重点是培养学习策略。根据每个单元的特点向学生提出学习建议，以指导他们改进学习方法，优化学习策略，提高自主学习能力。

2）第二种：Nunan 提出的教学环节

Nunan（2004）[①] 在 *Task-Based Language Teaching* 一书中阐述了任务型教学的一般模式，并列举了具体的教学环节（见表 6-5）。

表 6-5 任务型教学实施步骤示例

步骤	示例
步骤1：设计一些模式构建任务，为任务引入初始词汇、语言和上下文	看看报纸上的租房广告。确定关键词（有些写为缩写），并匹配租房人

---

① David Nunan. Task-Based Language Teaching [M]. London：Cambridge University Press，2004.

续表

步骤	示例
步骤 2：让学习者有控制地练习目标语言的词汇、结构和功能	听一段两个人讨论住宿选择的对话示范，并练习对话。用同样的对话模式，运用第一步的广告信息再练习一次。在最后的练习中，试着不要逐字逐句地遵循对话模式
步骤 3：给学习者真实的听力练习	听几段英语母语者询问住宿的对话，并将对话与报纸上的广告联系起来
步骤 4：让学习者关注语言要素，如语法和词汇	再听一遍对话，并注意语调。使用提示词写出完整的问题和答案，包括比较级和最高级（更便宜、更近、最宽敞等）
步骤 5：提供更多练习	两人一组练习：信息鸿沟角色扮演任务。学生 A 扮演一个潜在的房客。写下可能的需求，然后打电话给租房中介。学生 B 扮演一个租房中介。利用广告为学生 A 提供合适的住宿
步骤 6：教学任务	小组讨论和决策任务。看一组广告，决定租最合适的房子

在已有的基于任务教学的著作中，虽然也有一些教学环节的示例，但这些示例大多穿插在理论论证中，且数量较少，在一线教学中实操性、示范性不强。Nunan 的这个示例清晰明了，因此也一并摘录。

（三）课堂教学案例

1. 教学内容

职业选择[①]。

2. 教学过程（45 分钟）

1）组织教学及导入（约 8 分钟）

（1）依次展示三张图片：一个小偷正在逃跑，警察在追赶，而小偷旁边的律师递给小偷自己的名片。

---

① 崔希亮. 对外汉语听说课优秀教案集［M］. 北京：北京语言大学出版社，2011.

（2）教师提问：图中的三个人是谁？发生了什么事？请根据图片，相互讲讲这个故事。

教师导入：这是一个"找工作"的幽默故事。"找工作"是大家都关心的问题，围绕"找工作"这个主题，我们将学习今天的内容。

2) 集体热身（约 5 分钟）

逐一展示图片，要求学生说出图片上人物的职业，如图 6-2 所示。对于难点，可请学生根据提示猜出来，最后领说一遍，正音正调，强化记忆。

第十一单元　（一）工作职责

第一部分：热身

他们的职业是什么？

记者　摄像师　翻译　外交官　公司经理（老板）　公司职员　导游　花样滑冰运动员　空姐　时装模特　厨师　新闻播音员（主持人）　调酒师　同声传译员　京剧演员　航天员　联合国秘书长　国际维和警察　宇航员　国际公务员

图 6-2　教学展示图

教师导入：有的同学毕业后要做记者，做记者一定要能完成采访任务。今天，我们先来体验一下如何进行采访吧。

3) 学习演练（约 10 分钟）

请学生听一段电话采访录音，共听两遍。要求边听边根据提示问题记录采访录音的要点。最后集体核对答案（可请学生回答，也可师生互动答出）。

（1）任务：你能说出一些职业应该具备的基本条件、主要工作职责及利弊吗？

（2）提示问题：

记者金珍珠采访了谁？被采访人的职业是什么？

金珍珠为什么要进行这次采访？

这个职业的主要工作职责是什么？

这项工作需要具备什么条件？

被采访人工作的乐趣、苦恼是什么？

金珍珠怎么结束自己的采访的？她是怎么说的？

4) 真实交际——模拟角色（27 分钟）

（1）布置任务：约 5 分钟。

① 任务：A、B 两人一组。自定角色：A 为北语电视台记者，负责采访 B；B 为汉语教师、导游和驻华外交官。

② 步骤：全班随机分成三大组，每大组负责完成一个采访任务。采访完毕，要在"北语电视台"选播"采访录像"。

采访时可参考如下主题。

具体工作职责。（如：你/您每天的主要工作是什么？）
该职业应该具备的基本条件。（如：你/您觉得怎样才能做一名合格的……）
这项工作的意义或乐趣。（如：这项工作带给你/您的最大乐趣是什么？）
做这项工作的困难或烦恼。（如：你/您的最大烦恼或困难是什么？）

采访时的要求有：采访开始时 A 简单自我介绍，说明采访目的；采访结束后，A 要表示感谢，并说一句祝愿的话；A 要注意 B 的身份，礼貌提问。

采访时请参考选用如下提示词语（当然，这只是采访者可能需要用的部分词语，其他的要靠学生自己）。

汉语教师：北京语言大学汉语学院刘老师。
提示词：课程、上课、听说读写、发音声调、汉字、批改作业、历史文化。
导游：广西桂林的叶青。
提示词：接待、游客、带领、浏览、参观、名胜古迹、讲解、开阔眼界、辛苦。
驻华外交官：罗马尼亚驻华大使。
提示词：代表、保护、公民、加强、与……合作交流、发展、双边关系、增进、友谊。

（2）采访练习：约 8 分钟。
（3）表演：每个大组抽选一个采访，约 10 分钟。
（4）集体讲评：约 4 分钟。
讲评要点包括以下几个方面。第一，内容：采访任务是否圆满完成？第二，形式：是否流利、准确（语音、词汇、语法），是否得体。

3．评价

这是一个基于任务、按照任务型教学法组织教学的典型案例。虽然限于篇幅，仅摘录了一堂课的内容，还有布置作业等环节没有展示，但整个过程以任务组织教学，教师布置任务—学生完成任务—教师点评，三个教学步骤清晰完整，衔接流畅自然。学生通过参与任务，进行体验、互动、交流与合作，充分展现了任务型教学法在"用中学""做中学"的教学理念。

五 基于"结构—功能—文化相结合"的综合法的教学过程

（一）基本概念

结构—功能—文化相结合的综合法是 20 世纪 50 年代以来数代汉语人以自己的教学实践为基础，积极探索，不断吸取国外第二语言教学理论和实践中的有效成分，逐渐形成的第二语言教学法。它体现了汉语的特点和汉语教学规律，也符合第二语言教学发展的总趋势,"是大多数汉语教师和学者所主张的或实际上在使用的具有中国特色的汉语教学法,得到了国内外汉语教学界广泛认可"①。

刘珣(1997,2014)② 提出,结构—功能—文化相结合的综合法吸取了交际法、任务法、语法翻译法和听说法等各种教学法的优点,强调结构是正确运用语言的基础,掌握功能是习得第二语言的根本目的和方向,文化是得体运用语言的条件。三者既要"结合"又要"兼顾"。教学中需要根据不同的学习者、不同的学习目的和不同的学习阶段,灵活调整三者在教学中的分量。一般说来,初级阶段以结构为主,中级阶段要加强功能并巩固、扩展结构,高级阶段的文化因素教学,特别是目的语的国家文化背景知识教学的分量应逐渐加大。

(二)基本教学环节

综合法吸取诸家之长,根据汉语的特点和规律,提出了下列课堂教学建议。

(1)根据学生的需求,提出明确的学习目标,引起学生对学习的兴趣。

(2)热身,激活学生原有的知识,温故而知新,导入新课。

(3)展示新课内容,包括处理课文、生词及对语言点和文化点的适当讲解。

(4)对新语言点进行操练(不排除机械性操练),达到熟练掌握语言结构的程度。

(5)结合本课功能和话题进行有情境的、有意义的双人或小组活动,并根据因材施教的原则,提供拓展性学习。

(6)综合运用所学知识和所获能力,以小组形式进行接近生活实际的交际性、任务性活动。

(7)自我测评,总结学习收获。

(三)课堂教学案例

1. 教学内容

语气助词"了"。(选自蔡建永北京高校第十二届青年教师教学基本功比赛一等奖教案《树绿了,花开了》)

2. 教学过程

(1)以村庄的四季变化为主题导入并操练句型:主语(行动/描述对象)+动词(+宾语)+了、主语(行动/描述对象)+形容词/名词+了。

---

① 刘珣."结构—功能—文化相结合"的汉语教学理念再思考[J].国际汉语教学研究,2014(2):19-27.

② 刘珣.对外汉语教学概论[M].北京:北京语言文化大学出版社,1997.

(2) 以村庄的历时变化为主题活用目标句型：主语（行动/描述对象）＋动词（＋宾语）＋了、主语（行动/描述对象）＋形容词/名词＋了。

(3) 课堂活动：视听说和课堂活动；角色扮演。

(4) 语法小结。

3. 以上四个教学步骤的具体教学行为和教学说明

1）语法讲练环节步骤一

以村庄的四季变化为主题，导入并操练句型：主语（行动/描述对象）＋动词（＋宾语）＋了、主语（行动/描述对象）＋形容词/名词＋了。

(1) 过渡与衔接。

由复习环节"北京的四季"过渡到中国乡村"小福村"的季节变化，然后借助图片自然导入目标句型1：（主语）＋名词＋了。

(2) 呈现图片并导入目标结构。

教师精讲：这个"了"说的是从夏天到秋天的变化；"了"放在句子最后，表示变化。

(3) 图片引导扩展语境。

整合两个小语段，形成目标语篇：

秋天了，天气凉快了，山上的树叶都红了。苹果也红了，可以去果园摘苹果了。来这儿旅游的人多了。

(4) 教师精讲"了$_2$"的语义和位置要求。

(5) 用图片引导生成目标句。

在乡村季节变化的大主题下进行小主题的语法操练。

① 小主题1：冬天的变化。
② 小主题2：春天的变化。
③ 小主题3：夏天的变化。
④ 小主题4：秋天的变化。

2）语法讲练环节步骤二

以小福村前后的历时变化为主题，导入并操练句型：主语（行动/描述对象）＋动词（＋宾语）＋了、主语（行动/描述对象）＋形容词/名词＋了。

(1) 过渡与衔接。

(2) 用图片引导生成目标句。

孩子们有新学校了，村民有新房子了，大家的生活富裕了。

3）语法讲练环节步骤三

课堂活动一，视听说，活用目标句型：主语（行动/描述对象）＋动词（＋宾语）＋了、主语（行动/描述对象）＋形容词/名词＋了。

(1) 任务主题：小福村的大变化。

(2) 任务形式：全班活动＋单人活动。
(3) 任务要求：边看小福村的视频介绍，边记录关键词，然后回答问题。
(4) 任务步骤。
① 看后回答问题。
② 根据图片、提示词和句子框架回答上述问题并复述两个小语段。
4) 语法讲练环节步骤四
课堂活动二，角色扮演，活用目标句型：主语（行动/描述对象）＋动词（＋宾语）＋了、主语（行动/描述对象）＋形容词/名词＋了。
综合性课堂任务·角色扮演——我来当导游。
(1) 任务形式：三人小组活动。
(2) 任务场景：导游带游客参加美丽乡村两日游。
(3) 任务角色：导游和游客。
(4) 任务要求：根据所给图片和文字介绍，各自完成导游和游客的任务。导游介绍美丽乡村的变化并回答游客的问题。
(5) 任务过程及反馈。
① 教师讲解任务活动内容及要求。
② 学生根据已有材料做准备。
③ 学生分组讨论。
④ 教师在各组巡视，及时掌握活动进展情况。
⑤ 请学生代表汇报，教师及时对任务完成情况进行评价和反馈。
5) 语法讲练环节步骤五：语法小结
(1) 复现语法教学环节出现过的典型句式，请同学们输出目标句和小语段。
(2) 总结本课语法表示变化的语气助词"了"的结构及语义、语用特征。

4. 评价

这个案例以当下中国乡村振兴的伟大实践为背景，将真实、鲜活、有生命力和感染力的国情文化自然融入语言教学中，将目标语言点表示变化的语气助词"了"与小福村四季的自然变化和纵向的历时变化深度融合，通过创设各种典型情境和课堂活动使学生在真实的国情大背景下操练目标语言点，提升语言技能，同时达到认知与理解当代中国社会国情民情的作用，充分展示了"结构—功能—文化"交融的教学张力。

第三节　影响国际中文课堂教学过程的相关因素

课堂教学过程的选择由教学目标、教学内容、教学对象、教学环境、学习需求等诸多因素共同决定，而在进行实际课堂教学时，也有诸多因素影响教学过程的完成和效率，如教师话语、课堂互动、课堂纠错反馈等都是重要的影响因素。

一 教师话语

教师话语在组织课堂教学和语言习得过程中起着重要的作用，因为它不仅是教师成功执行教学计划的工具，也是外语课堂中学习者获得可理解性目标语输入的主要来源①。教师话语的数量和质量会影响甚至决定课堂教学的成败②。

（一）教师话语的定义

在二语课堂教学中，教师话语（teacher talk，TT）是指教师在课堂上为组织和从事教学所使用的语言。在课堂教学过程中，为促进课堂互动和师生交流，教师会将课堂中的语言在形式和功能上进行适当的调整，以适应学习者的水平，增强可理解性。这些被教师调整过的语言就称为教师话语。

《朗文语言教学与应用语言学词典》对教师话语的定义如下：教师话语是教师在教学过程中采用的一种语言，包括以下几种。

（1）课堂用语，即课堂上用于组织课堂教学各个环节的特定用语，往往用固定的句式。

（2）讲授用语，即教师在讲解词汇、句法结构、语篇所用的语言。

（3）师生交流用语，即课堂上师生之间进行的各种交谈、对答和讨论时的语言。

（4）教师反馈用语，即教师指导学生进行课堂操练时对学生的用语做出评价的语言。

（二）教师话语的特点

Chaudron（1988）③ 指出教师话语的特点主要表现在以下几个方面。

（1）教师话语的语速稍慢。
（2）表明说话者思索或构思的停顿更频繁，停顿时间更长。
（3）发音更清晰、明了。
（4）选择的词汇更简单。
（5）从属程度较低（即从属句的使用较少）。
（6）直陈句或陈述句多于疑问句。
（7）教师的自我重复更频繁。

---

① David Nunan. Language Teaching Methodology [M]. New York：Prentice Hall，1991.
② Håkansson Gisela. Quantitative Aspects of Teacher Talk [A]. Learning Teaching & Communication in the Foreign Language Classroom，Aarhus：Aarhus Universitetsforlag，1986.
③ Chaudron C. Second Language Classrooms. Research on Teaching and Learning [M]. New York：Cambridge University Press，1988.

（三）教师话语量

教师话语是学习者在进行语言学习的过程中必不可缺的教学媒介。Walsh（2002）[①]说，教师控制语言使用的能力至少和他们选择合适教学方法的能力同等重要。在国际中文教学领域，钟梫于1957年[②]就明确提出了对外汉语教学的"实践性原则"，强调课堂教学要"精讲多练"。"精讲多练"在教学中实际贯彻的做法是："讲练"课上"练"的时间多于"讲"的时间。"讲"与"练"的比例大体为1比4。这就意味着教师话语数量只应占课堂教学时间的20%～30%。

国内外的二语教学研究都显示，在实际教学过程中，教师话语的数量可能高于预期。Nunan（1990）[③]的调查表明，当教师对自己的课堂录音进行分析后，感到最吃惊的是他们在课堂上讲话的数量。赵晓红（1998）[④]和王银泉（1999）[⑤]对国内英语课堂的调查显示，教师话语占教学时间的65%～90%。教师话语所占的比例似乎与以学生为中心、培养学生语言交际能力的教学目标不相适应。可是课堂学习是学生中文学习最重要的形式之一，教师话语在许多课堂教学中为学生提供了唯一真实的目标语输入。简单地批评教师语言过量，机械地要求教师减少说话时间，这种做法只是把重点放在教师话语的数量而非质量上。

Nunan提出，教师占用70%或80%的课堂话语时间是好是坏取决于一堂课的教学目标。教师话语量的选择取决于教学目标、教学内容、课程性质、学习者的语言水平、学习诉求等诸多因素。技能性的课程需要学生多说多练习，知识性的课程中教师话语不妨多些。因此，简单地界定时间比例是没有意义的。与教师话语量相比，在课堂教学过程中，更需关注的是教师话语的质量，即教师话语是否规范、有效，发音是否清晰准确，词汇和语法使用是否规范正确，内容是否必须有效等。在二语课堂教学过程中，教师常通过调整语言难度、调整用词和语法形式以适应学习者现有语言水平等方式，从而提高话语输入的质量、增强可理解性。只有足够的、高质量的教师话语才是课堂教学成功的保证。

（四）教师提问

在教师话语中，提问具有重要的作用，教师不仅可以通过提问使学生参与交流，还可以通过提问促使学生调整自己的语言，使其更具有可理解性。[⑥]

---

① Walsh S. Construction or Obstruction: Teacher Talk and Learner Involvement in the EFL Classroom [J]. Language Teaching Research, 2002, 6 (1): 3-23.

② 钟梫. 对外汉语教学初探 [M]. 北京：北京语言大学出版社，2006.

③ David Nunan. The Teacher As Researcher [M] //Brumfit C J. Research in the Language Classroom. New York: Modern English Publications in Association with The British Council, 1990: 16-32.

④ 赵晓红. 大学英语阅读课教师话语的调查与分析 [J]. 外语界，1998 (2): 18-23.

⑤ 王银泉. 第33届国际英语教师协会（IATEFL）年会侧记 [J]. 外语界，1999 (2): 54-55.

⑥ Richards J C, Lockhart C. Reflective Teaching in Second Language Classrooms [M]. Cambridge: Cambridge University Press, 1996.

1. 分类

Long & Sato (1983)[1] 将教师提问的问题分为展示性问题和参考性问题。展示性问题（display questions）相当于封闭性问题（closed questions），即只有一个固定答案的问题，主要是测试学生对已有信息的理解和掌握程度，比如"他是中国人吗？"等"吗字类"问题、是否类问题。而参考性问题（referential questions）是一种信息检索的问题，类似于开放性问题（open questions），无确定的答案，学生在回答时可以各抒己见，自由发挥，比如"你有什么爱好？对作者的观点你有什么看法？"等分析型、综合型问题。在课堂教学过程中，展示性问题可以帮助教师更好地检查学生对所学内容的理解和掌握程度，使用频率更高。而参考性问题则有助于激发学生的创造性思维，促进学生的语言产出。

2. 教师提问的规范和要求

在二语教学课堂中，展示性问题常用于复习和语言操练环节，是课堂练习的一种有效问题，特别是在课堂教学伊始，展示性问题既可以帮助学习者回忆已学习过的知识，又能增强他们的自信心，使其尽快进入学习情境，因而常常被采用。参考性问题常用于课堂讨论或课堂活动中。有些学者[2][3]建议课堂应该多提一些参考性问题，少提一些展示性问题，因为参考性提问可以增加学习者在课堂上的语言输出，从而促进语言习得。但至今，展示性问题与参考性问题在课堂上到底各占多少比例没有统一的标准，应该如其他类教师话语一样，依据课堂教学目的和教学内容、学习者水平等具体情况来决定。

（五）母语/目的语的使用

关于二语课堂中教师是否可以使用学习者的母语/一语以及可以多大比例使用一直是国际中文教学领域关注的问题。Phillipson (1992)[4] 提出，教师课堂语言应该完全采用目的语，这样，学生在课堂上才能接收到最大量的语言输入。自19世纪80年代以来，大多数教学法都采用直接法（详见二维码：直接法），避免使用学习者的母语。而强调在课堂上只使用目的语的"单语原则"被认为是20世纪课堂语言教学的独特贡献。

直接法

在早期的国际中文教育实践中，实行全中文教学也是课堂教学的基本要求，尽管实际教学过程中并不能完全实现。但也有学者认为，在课堂教学中不应该完全否定学习者

---

[1] Long M，Sato C J. Classroom Foreigner Talk Discourse：Forms and Functions of Teachers' Questions [A]. In Seliger H W，Long M (Eds)，Classroom Oriented Research In Second Language Acquisition. Rowley，MA：Newbury House，1983：268-285.

[2] Brock C A. The Effects of Referential Questions on ESL Classroom Discourse [J]. TESOL Quarterly，1986，20 (1)：47-59.

[3] 周星，周韵. 大学英语课堂教师话语的调查与分析 [J]. 外语教学与研究，2002 (1)：59-68.

[4] Phillipson R. Linguistic Imperialism [M]. Oxford：Oxford University Press，1992.

的母语使用，而应该合理地将其用作教学工具[1]，在特定教学情境下如简单词汇教学或特定教学内容中使用一语会更高效。另外，依据社会文化理论（详见二维码：社会文化理论），学生在二语课堂上普遍具有焦虑感，教师如果使用学生的母语作为调节工具，可以有效降低学生的焦虑度。

社会文化理论

由于母语或目的语的使用受诸多因素的影响，随着国际中文教育事业的发展，在课堂教学中母语和目的语的使用原则也不应该简单化，而应依据教学实施环境、教学对象、教学内容、学习者需求等综合考虑，并进行调整，特别是针对不同的教学环境和教学对象，比如，对于来华学习者，借助目的语环境、采用汉语进行教学可能是多数教师的选择。而对于海外学习者，如果同一个班级的学生母语单一，教师根据需要适当地引入学习者母语，也是一种很好的选择。因此，应该使用母语还是目的语没有唯一的答案，对教师而言，如何通过对语言使用的正确选择来提高教学效率、促进学习者的二语能力发展才是更需要考虑的问题。

二 课堂互动

（一）定义与分类

课堂互动是指在课堂教学中师生或学生之间围绕课堂教学内容所进行的交互活动，它是师生共同参与的、面对面的人际互动，是一种言语交际活动，对于学生而言是很好的语言学习和实践的机会[2]。课堂互动不仅提供了对已习得的语法规则进行练习的机会，而且互动本身也是一种二语学习和发展的手段，能促进二语语法的发展[3]。

按照互动对象的不同，课堂互动可以分为师生互动和同伴互动。师生互动是早期课堂互动的常见互动形式，而同伴互动直到20世纪90年代后期，才受到广泛关注[4]。

（二）师生互动

1. 定义

师生互动是指教师为实现教学目标与二语学习者所进行的一系列交际活动，是传统课堂教学中常见的互动形式。在语言课堂教学中，教师往往是唯一的目的语熟练者，也是课

---

[1] Meyer H. The Pedagogical Implications of L1 Use in the L2 Classroom [J]. Maebashi Kyoai Gakuen College Ronsyu, 2008 (8): 147-159.

[2] Allwright R L. The Importance of Interaction in Classroom Language Learning [M]. Applied Linguistics, 1984 (5): 156-171.

[3] Gass S M. Input, Interaction, and the Second Language Learner [M]. London: Routledge, 2013.

[4] 徐锦芬. 课堂互动与外语教学 [J]. 中国外语教育, 2015, 8 (4): 18-25, 105.

堂互动的发起者和掌控者，掌握着课堂互动的方向和节奏。整个班级的互动主要是教师主导的，而小组和双人互动通常是同伴互动[1]。在师生互动过程中，教师发挥着主导作用，作为目的语的教授者，教师能够为学习者提供正确的语言输入，精准识别学习者不符合目的语规范的语言错误，为学习者提供及时准确、个性化的纠错反馈，促使学习者注意到自己产出的话语与正确形式的目的语之间的差距，从而促使学习者调整自己的语言输出，在不断的语言练习与实践中促进二语的发展。

2. IRF 互动模式

IRF 互动模式是师生互动过程中最常见的二语课堂互动模式，即教师发起话题（initiation）—学生回应（response）—教师反馈或后续话语（feedback or Followup）。在以教师为中心的课堂上，教师提问—学生回答—教师反馈是师生互动的主要特点[2]，具体例子如下所示：

> 教师：谁能说一下这一段讲了什么？（发起话题）
> 学生：讲的是小王学骑车的过程。　　（学生回应）
> 教师：没错，非常好。　　　　　　　（教师反馈）

IRF 模型是分析模型中用话语分析法分析课堂框架的最具影响力的一种，有研究者称它可以描述教学中 60%～70% 的教学互动过程[3]。Hellermann（2003）[4] 提出，尽管在二语课堂中 IRF 结构普遍存在，但由于时间维度因素，该结构在使用中是可以灵活呈现的。通过将 IRF 结构的原始模型复杂化、增加新维度、明确每一话轮的分类标准，可以使 IRF 框架越来越精确和成熟，从而成为课堂分析的有效工具。

（三）同伴互动

同伴互动是许多以交际为导向的课堂中最常见的互动类型，是指在课堂环境中，语言学习者为了实现学习目的而在一起学习的情境[5]。

同伴互动具有协作性、多方参与性及对称参与结构等特点[6]。与师生互动相比，同伴

---

[1] Loewen S，Sato M. Interaction and Instructed Second Language Acquisition [J]. Language Teaching，2018，51（3）：285-329.

[2] 祖晓梅. 汉语课堂的师生互动模式与第二语言习得 [J]. 语言教学与研究，2009（1）：25-32.

[3] Lyle S. Dialogic Teaching：Discussing Theoretical Contexts and Reviewing Evidence from Classroom Practice [J]. Language and Education，2008，22（3）：222-240.

[4] Hellermann J. The Interactive Work of Prosody in the IRF Exchange：Teacher Repetition in Feedback Moves [J]. Language in Society，2003，32（1）：79-104.

[5] Jenefer Philp，Rebecca Adams，Noriko Iwashita. Peer Interaction and Second Language Learning [M]. New York：Routledge，2014.

[6] 徐锦芬，叶晟杉. 二语/外语课堂中的同伴互动探析 [J]. 当代外语研究，2014（10）：31-36，78.

互动更关注目的语语言形式①；加工时间更长，即输入和输出的加工时间相对较长，学习者可能获得更多的反馈和语言练习的机会②；同伴互动时，互动压力小，焦虑度降低，互动舒适感较强③；不同水平的同伴进行互动时，高水平的二语学习者能够为同伴提供结构丰富的语言输入，产生更多的修正性输出④。因此，在中文课堂教学中，同伴互动受到越来越多的关注。

当然，同伴互动与师生互动相比，缺乏"教学力量"。首先，学习者可能会因为不相信对方的语言能力而有意忽略同伴提供的互动；其次，在同伴互动中，学习者提供的输入不都是准确无误的，学习者有可能就错误的语言形式达成共识⑤。因此，在课堂教学过程中，教师应充分理解师生互动和同伴互动的作用和局限，协调发挥师生互动和同伴互动的各自优势，针对特定的教学内容和教学对象，制定不同的互动方式，以提高课堂教学过程的有效性。

三 课堂纠错反馈

在课堂教学过程中，关注纠错反馈是希望了解纠错反馈如何有助于二语学习，以及哪种纠错反馈方式更有利于学习者的语言学习。虽然纠错反馈的有效性已获得教师的共识，但对是否有错必纠、是否立即纠错以及哪些错误应该及时纠正等问题，教师之间、师生之间的看法都存在差异。国内外研究结果显示⑥⑦，学习者偏好教师立即、外显地纠错，语法、语音纠错以及规则讲解的纠错方式；而教师倾向于提供间接且能引发学生自我纠错的纠错方式。因此，作为二语教师，了解纠错反馈的类型和功能，有助于在课堂教学过程中做出恰当的选择。

（一）纠错反馈的定义

纠错反馈指教师在课堂教学过程中对学习者错误话语或不符合目标语语言形式产出的

---

① Sato M, Ballinger S. Peer Interaction and Second Language Learning: Pedagogical Potential and Research Agenda [M]. Amsterdam: John Benjamins Publishing Company, 2016.

② 徐锦芬，寇金南. 任务类型对大学英语课堂小组互动的影响 [J]. 外语与外语教学, 2018 (1): 29-38, 146-147.

③ Sato M. Beliefs about Peer Interaction and Peer Corrective Feedback: Efficacy of Classroom Intervention [J]. The Modern Language Journal, 2013, 97 (3): 611-633.

④ Sato M, R Lyster. Modified output of Japanese EFL learners: Variable Effects of Interlocutor vs. Feedback Types [J]. In Mackey A (Ed.), Conversational Interaction in Second Language Acquisition: A Collection of Empirical Studies. Publisher: Oxford University Press, 2007: 123-142.

⑤ Pica T, Lincoln-Porter F, Paninos D. Language Learners' Interaction: How Does it Address the Input, Output, and Feedback Needs of L2 Learners? [J]. TESOL Quarterly, 30 (1), 1996: 59-84.

⑥ 祖晓梅，马嘉俪. 汉语教师和学习者对课堂纠错反馈信念和态度的比较 [J]. 汉语学习, 2015 (4): 66-75.

⑦ Roothooft H, Breeze R. A Comparison of EFL Teachers' and Students' Attitudes to Oral Corrective Feedback [J]. Language Awareness, 2016, 25 (4): 318-335.

回应[①][②]，包含口语纠错反馈（oral corrective feedback）和书面纠错反馈（written corrective feedback）两类。反馈提供的正面证据（positive evidence）和负面证据（negative evidence）（详见二维码：正面证据与负面证据）是学习者获得语言输入的重要来源。当学习者领会（uptake）到教师或母语者的纠错意图并修正（repair）其不正确的话语时，一定程度的纠错反馈对学习者的语言发展具有促进作用。

正面证据与负面证据

（二）纠错反馈分类

纠错反馈包含口语纠错反馈和书面纠错反馈两种形式，这两种形式在诸多方面存在差异，如表6-6所示。在课堂教学过程中，教师通常采用口语纠错反馈的形式。

表6-6　口语纠错反馈与书面纠错反馈的区别（引自Li & Vuono, 2019）[③]

		口语纠错反馈	书面纠错反馈
区别	模态	听觉	视觉
	自发性	同步、即时提供	非同步、延时提供
	语境	融合	孤立
	关注焦点	关注语言	关注语言和内容
	显著性	显性、隐性	显性
	分类	输入提供型与输出提示型反馈；显性与隐性反馈	直接与间接反馈；聚焦与非聚焦反馈
	来源	教师	教师或同伴

（三）口语纠错反馈类型

口语纠错反馈的分类方式较多，但最有影响力的是Lyster & Ranta（1997，

[①] Ellis R. Current Issues in the Teaching of Grammar: An SLA Perspective [J]. TESOL Quarterly, 2006, 40 (1): 83-107.

[②] Li S. The Effectiveness of Corrective Feedback in SLA: A Meta-Analysis [J]. Language Learning, 2010, 60 (2): 309-365.

[③] Li S, Vuono A. Twenty-five Years of Research on Oral and Written Corrective Feedback in System [J]. System, 2019 (84): 93-109.

2007)①②，Lyster（1998）③、Sheen 和 Ellis（2011）④ 的分类方法，课堂教学研究者多采用这两种分类方式。

1. Lyster & Ranta 的分类

Lyster & Ranta 对加拿大法语沉浸式课堂中教师的纠错反馈和学习者的理解回应进行了考察，提出了六种纠错反馈类型，分别是重述（recasts）、外显纠错（explicit correction）、元语言提示（metalinguistic clues）、引导（elicitation）、重复（repetition）和澄清请求（clarification requests）。

形式协商与意义协商

Lyster 将这六种纠错反馈类型划分为重述、外显纠错和形式协商（详见二维码：形式协商与意义协商）三类，其中形式协商包括元语言提示、引导、重复和澄清请求四种。Lyster & Ranta 再根据教师的纠错行为是否促进学习者的自我修正，将六种纠错反馈类型又归纳为重构（reformulations）和提示（prompts）两个大类。Lyster & Ranta 对纠错反馈的具体分类及其定义如表 6-7 所示。

表 6-7　Lyster & Ranta 对口语纠错反馈的分类

大类	小类	定义	例子
重构：为学习者的非目标输出提供正确形式，即为学习者提供目的语的正确形式，包括重述和外显纠错两种	重述	教师不直接指出学习者的错误，而是用正确形式重复学生话语，包括部分重述和完全重述两种	学生：上午八点，我吃饭在食堂。 教师：我在食堂吃饭。（部分重述） 教师：上午八点，我在食堂吃饭。（完全重述）
	外显纠错	教师明确指出学生话语的错误，并提供正确形式	学生：上午八点，我吃饭在食堂。 教师：不对，大卫，应该是我在食堂吃饭。

---

① Lyster R，Ranta L. Corrective Feedback and Learner Uptake：Negotiation of Form in Communicative Classrooms［J］. Studies in Second Language Acquisition，1997（19）：37-66.

② Ranta L，Lyster R. Practice in a Second Language：A Cognitive Approach to Improving Immersion Students' Oral Language Abilities：The Awareness-Practice-Feedback Sequence［A］. In DeKeyser R（Ed.），Practice in a Second Language：Perspectives from Applied Linguistics and Cognitive Psychology. New York：Cambridge University Press，2007：141-160.

③ Lyster R. Negotiation of Form，Recasts，and Explicit Correction in Relation to Error Types and Learner Repair in Immersion Classrooms［J］. Language Learning，1998（48）：183-218.

④ Sheen Y，Ellis R. Corrective Feedback in Language Teaching［A］. In Handbook of Research in Second Language Teaching and Learning. New York，US：Routledge，2011：593-610.

续表

大类	小类	定义	例子
提示：不提供目的语的正确形式，旨在促进学习者的自我修正	元语言提示	教师从语言学的角度对学生的回答进行评论或提出问题，但不给出正确的形式，而是让学生分析自己的话语并找出错误	学生：上午八点，我吃饭在食堂。 教师：状语放在动词前面。
提示：不提供目的语的正确形式，旨在促进学习者的自我修正	引导	教师通过策略性停顿、提问以及要求学生重新组织他们的话语。用三种方式来引导学生更正自己的语言错误	学生：上午八点，我吃饭在食堂。 教师：上午八点，我…… 学生：上午八点，我在食堂吃饭。
	重复	教师用升调、重音等重复学生的语言错误，要求学生更正	学生：上午八点，我吃饭在食堂。 教师：吃饭在食堂？（↗）
	澄清请求	教师要求学生澄清自己话语中的语言错误，这种纠正反馈语通常出现在理解问题上	学生：上午八点，我吃饭在食堂。 教师：不好意思，请再说一遍。 学生：上午八点，我在食堂吃饭。

2. Sheen & Ellis 的分类

Sheen & Ellis 提出的口语纠错反馈的分类如表 6-8 所示。

表 6-8　西恩和埃利斯对口语纠错反馈的分类

口语纠错反馈类型	隐性反馈	显性反馈
输入提供型反馈（Input-providing）	会话重述：重新表述学生的话语以解决沟通障碍，这类重述通常采用的是确认检查的形式。举例如下。 学生：吃饭在食堂……我……上午八点。 教师：上午八点，你在食堂吃饭，对吗？ 学生：上午八点，我在食堂吃饭。	教学重述：在没有沟通问题的情况下重新表述学生话语。举例如下。 学生：上午八点，我吃饭在食堂。 教师：在食堂吃饭。 外显纠错：重新表述学生的话语，并明确指出错误。举例如下。 学生：下课后我想和朋友去东西买。 教师：不对，应该是，下课后我想和朋友去买东西。

续表

口语纠错反馈类型	隐性反馈	显性反馈
输入提供型反馈（Input-providing）	会话重述：重新表述学生的话语以解决沟通障碍，这类重述通常采用的是确认检查的形式。举例如下。 学生：吃饭在食堂……我……上午八点。 教师：上午八点，你在食堂吃饭，对吗？ 学生：上午八点，我在食堂吃饭。	外显纠错＋元语言解释：在上面的基础上加上元语言评论。举例如下。 学生：下课后我想和朋友去东西买。 教师：不对，应该是，下课后我想和朋友去买东西。动词"买"应该放在宾语"东西"的前面。
输出提示型反馈（Output-prompting）	重复：学生话语的逐字重复，通常调整语调以突出错误。举例如下。 学生：上午八点，我吃饭在食堂。 教师：吃饭在食堂？（↗） 澄清请求：在学生话语之后使用如"什么""不好意思""请再说一遍"之类的短语来间接表示错误。举例如下。 学生：上午八点，我吃饭在食堂。 教师：请再说一遍。 学生：上午八点，我在食堂吃饭。	元语言提示：旨在引起学生自我纠正的简短元语言陈述。举例如下。 学生：上午八点，我吃饭在食堂。 教师：状语放在动词前面。 引导：通常采用疑问的形式直接引起学生自我纠错。举例如下。 学生：上午八点，我吃饭在食堂。 教师：上午八点，我…… 学生：上午八点，我在食堂吃饭。 非语言提示：尝试运用非语言手段引出正确形式。举例如下。 学生：下星期四是我的生日（rì）。 教师：生日（打降调的手势，引导学生说出正确的音）。

◇ 基础知识（理论阐释）

课堂教学是一个动态复杂的系统，需要协调考虑教育教学的各个因素，如需要对教学目标、教学内容、学生、教学策略、教学媒体、教学环境、教学评价等进行分析和设计，以发挥整体优势。了解和掌握课堂教学过程的基本要素、结构、原理和典型形式是全面实现教学目标，提升学生语言能力，促进学生认知、技能、情感等诸方面全面发展的基石和路径。

课堂教学过程是教师在一定时间内对学生进行教学活动的一系列环节或步骤。课堂教学过程的目的是通过有意识的教学活动来帮助学生实现学习目标，提高他们的知识水平，促进学生个人能力和个人素养的全面提升。在语言学习过程中，课堂教学过程对于学生的语言习得、跨文化交际能力的提高也起着至关重要的作用。课堂教学过程一般由引入新课、讲解知识点、示范、练习、纠错和总结等基本步骤构成，虽然不同学科和不同课程可能存在差异，但流程大致相似。

国际中文教学作为第二语言/外语教学，既吸收了国内外第二语言教学过程的理论和实践的优长，又结合国际中文教学的特点，形成了具有鲜明特色和独特优长的课堂教学过程。其中结构—功能—文化相结合的综合法是20世纪50年代以来数代汉语人以自己的教学实践为基础，积极探索，逐渐形成的第二语言教学法。它体现了汉语的特点和汉语教学规律，也符合第二语言教学发展的总趋势，是大多数汉语教师和学者所主张的或实际上在使用的具有中国特色的汉语教学法，得到了国内外汉语教学界广泛认可。

◇ 关键概念解析

1. 课堂教学过程

课堂教学过程是指在课堂中，教师对学生进行教学活动的一系列程序。在汉语课堂教学中，它既可以指一个课型（如综合课、听力课、阅读课、写作课等）的完整的教学过程，也可以指按照一定原则切分出来的时间长短不同的教学阶段。课堂教学过程在结构上可以分为四级单位，即教学单元、教学环节、教学步骤、教学行为。这四级单位有不同层次的构成关系，上一级单位是由下一级单位构成的。

2. 教学单元、教学环节

教学单元是指在课程设计中，根据一定的教学目标和教学内容，将教学过程划分成一个相对独立、完整的学习单元，以便于教师组织教学和学生进行学习。教学单元通常包括若干个相关的课时或课程活动，教学单元的长度可以根据具体情况而定，可能是一节课、数节课，也可能是整个学期的一部分。

一个教学单元可以划分为若干教学环节。在国际中文教学课堂中，教学环节常是依据教材中"一课书"的语言项目，如生词、课文、语法解释、练习等处理顺序划分的。比如，一节综合课通常可以划分为复习预习、生词讲练、语法点讲练、课文处理、归纳总结等环节。其中生词讲练、语法点讲练、课文处理三个环节是课堂教学过程的主要环节，其余是辅助环节。

3. 教学步骤、教学行为

在国际中文教学课堂中，教学步骤是依据对教学环节所处理的语言项目的内容划分的。比如，"处理语法点"的环节是由展示语法点、解释语法点、练习、归纳、课堂活动等步骤构成的。教学步骤的安排是为完成教学环节所要达到的教学目标服务的。

一个教学步骤由一个或若干教学行为构成。比如，生词朗读这一教学步骤，可能由示范领读、齐读、个别朗读等教学行为构成；而生词练习步骤可以包括朗读、扩展、就生词进行问答（师生问答、生生问答）、用生词组句等教学行为。教学行为是课堂教学中最活跃、最能展示教师的教学才能、经验和创造力的因素，是教师对学生进行教育和引导的重要方式，它直接影响着学生的学习效果和成长发展。

4. 教师话语

教师话语是指教师在课堂上为组织和从事教学所使用的语言。在二语课堂教学中，为促进课堂互动、维持师生交流，教师会将课堂话语在形式和功能上进行适当的调整，以适应学习者的水平。这些被教师调整过的语言就称为教师话语。

《朗文语言教学与应用语言学词典》对教师话语的定义是教师在教学过程中采用的一种语言，包括以下几种。

（1）课堂用语，即课堂上用于组织课堂教学各个环节的特定用语，往往用固定的句式。

（2）讲授用语，即教师在讲解词汇、句法结构、语篇所用的语言。

（3）师生交流用语，即课堂上师生之间进行的各种交谈、对答和讨论时的语言。

（4）教师反馈用语，即教师指导学生进行课堂操练时对学生的用语做出评价的语言。

5. 课堂互动

课堂互动是指在课堂教学中师生或生生之间围绕课堂教学内容所进行的交互活动，它是师生共同参与的、面对面的人际互动，是一种言语交际活动，对于学生来说是很好的语言学习和实践的机会。课堂互动不仅提供了对已习得的语法规则进行练习的机会，而且互动本身也是一种二语学习和发展的手段，能促进二语语法的发展。按照互动对象的不同，课堂互动可以分为师生互动和同伴互动。

◇ 本章小结

本章简要介绍了课堂教学过程的基本内涵与历史发展，概括总结了国际中文课堂教学的五种基本过程与影响课堂教学过程的重要因素。课堂教学过程是教学的实施过程，因此，本章主要采用案例展示的方式直观呈现了国际中文课堂基于知识传授、技能训练、交际、任务和结构—功能—文化相结合的综合法等不同的课堂教学基本过程，并借助案例阐释不同课堂教学过程的特点和适用范畴。最后，本章还简要介绍了教师话语、课堂互动与纠错反馈等影响课堂互动过程的重要因素。

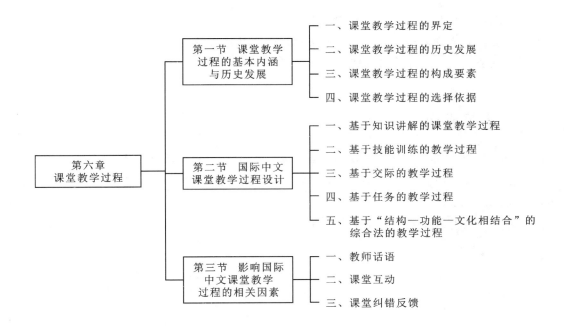

◇ 思考与练习

1. 课堂教学过程的选择依据有哪些？请和同学讨论，为了保证课堂教学过程顺利高效，在设计和选择教学过程时，除了书中提到的依据，还要考虑哪些因素？

2. 学界有研究者把课堂教学过程二分为"以教为中心"的教学过程和"以学为中心"的教学过程两大类。如果按照这种分类方法，文中提到的五种基本课堂教学过程哪些可以归入"以教为中心"的教学过程，哪些可以归入"以学为中心"的教学过程？你是否赞成这种分类方式？请陈述你的看法。

3. 分组活动：3~4人一组，分别按照基于技能训练的课堂教学过程、基于任务的课堂教学过程讨论设计一堂初级水平听力课的教学步骤，并说明设计依据。

4. 教师话语主要包含哪些内容？纠错反馈有哪些类型？请选择一段国际中文教师课堂话语的录音进行分析：录音中的教师话语包含了哪些内容？数量是多少？你觉得话语质量怎么样？教师采用了哪些反馈方式？学生的反应怎么样？录音可以从网上寻找视频资料，也可以实践采集。

5. 请依据以下教学材料，设计一个课堂教学过程，并说明设计依据。

（张丽给她的好朋友马克打电话）

张丽：马克，我已经到你家楼下了。你怎么才接电话？

马克：不好意思，刚才我在跟父母视频聊天，没听见电话。

张丽：不是说好一起去给玛丽买生日礼物的吗？快下来吧！

马克：不是明天吗？对不起，我记错时间了，你先上来等我一下吧。

张丽：我不上去了，旁边有家书店，我进去逛逛，你快点儿！

马克：行！哎，对了，咱们怎么去商场啊！

张丽：现在不堵车，咱们打的去吧，十分钟就到了。

马克：行，下午还有课呢，咱们早去早回！

◇ 推荐阅读

崔永华. 对外汉语教学设计导论［M］. 北京：北京语言大学出版社，2008.

Ellis R. Task-based Language Learning and Teaching［M］. New York：Oxford University Press，2003.

崔希亮. 对外汉语综合课优秀教案集［M］. 北京：北京语言大学出版社，2010.

第七章
测试与评估

学习目标	课程素养目标： 1. 通过对成绩测试命题技术的学习与实践，完善自身知识结构与体系，提升作为国际中文教师的测评素养 2. 通过学习、掌握试卷质量分析的量化方法，拓展统计技术储备，增强人文素养与科学测量精神的融合发展 专业知识目标： 1. 明确成绩测试的特点与用途 2. 掌握成绩测试的命题技术与质量分析方法 3. 结合课堂评估相关知识，具备开展课堂教学评估的能力
重点难点	1. 通过编写试题等实操训练来体会掌握命题技术的要领 2. 理解试卷质量分析统计方法的原理与内在逻辑关系，为实际工作中的数据处理和量化分析打好基础

问题导入

语言测试是语言教学过程中的一个非常重要的环节，有教学就会有测试。在学习了国际中文教学设计、教学法等内容后，本章将重点介绍测试与评估方面的专业知识。

大规模水平测试与日常参加的成绩测试、诊断测试、能力倾向测试等不同类型语言测试之间的差异有哪些？国际中文教师教学过程中最常用的成绩测试方面的相关知识有哪些？设计一套高质量的成绩测试试卷需要注意哪些事项？如何检验一份成绩测试试卷的质量？作为一名国际中文教师，应该如何对课堂教学效果进行评估？

请同学们带着这些问题，来学习第七章的内容吧。

第一节　成绩测试的概念、用途与特点

关于语言测试的基本理论、种类、评价标准等知识，本书的第二章"语言测试理论"中已经做了简要介绍，同学们可以翻阅、回顾这一方面的主要内容。本节主要讨论成绩测试的概念、用途与特点。准确理解成绩测试的定义和用途，是在教学实践中顺利完成成绩测试的设计以及试卷编制工作的重要基础。

一　成绩测试的概念

在教学实践中，成绩测试远比大规模、标准化的水平测试更常见，也更常用。学生使用的期中、期末测试都属于成绩测试，几乎每一个教师都编写和使用过这种测试，每一个学生都多次接受过这种测试。

（一）成绩测试的定义

成绩测试也叫学业成就测试。成绩测试最重要的一个特点就是教什么测什么，学什么测什么，甚至是怎么教就怎么测。它的目的是了解学习者在过去的学习时间里究竟掌握了什么内容，也可以说是学业上取得了什么样的成就。因此，成绩测试是向后看的，测的是先前的学习内容，而且只关心先前的学习内容。成绩测试以所学教材为依据，其内容是教材或教学大纲内容的一个样本[1]。

典型的成绩测试是同学们常用的期中、期末测试，这类测试的内容当然不能超出本学期学过的内容范围。

（二）与成绩测试相关的概念

成绩测试与语言教学紧密相关。成绩测试的基本理论知识，是每一个语言教师都需要掌握的。成绩测试作为一项测量工具，涉及与测量相关的一些概念，比如"测量""语言测试""评估"等。这些概念之间既有联系又有区别，有必要加以澄清。下面将重点介绍几个基本概念。

1. 成绩测试与测量

在日常生活中，人们几乎每天都会接触到测量。比如，你要买1斤水果，卖水果的人就给你称1斤水果，这就是测量。如果有人对你说：你去测量吧。根据这种指令，你能做什么呢？我想你什么也做不了。因为你不知道要测量什么东西，也就是不知道测量的对象

---

[1] 张凯. 语言测验理论与实践[M]. 北京：北京语言大学出版社，2002.

是谁。假如又有人说：你去测量木头吧。这个指令好像具体了一些，但是仍然是什么也做不了，因为你不知道是测量木头的长度、重量，还是密度。只有当他说：你去测量木头的长度或重量时，你才知道如何操作。可见，"长度"或"重量"就是事物的"属性"。如果你测量后，回答：这根木头长度为3。这个回答显然并不完整，我们不知道长度是3米，还是3分米。测量结果不能只有数字，还得有单位，也就是要有数和量。由此，正如学界对测量的界定：测量是给人或事物的某种属性确定数和量的过程。

成绩测试跟尺子、电子秤一样，都是一种测量工具，需要具备测量所需要的某种明确属性，以及给这种属性赋予的数和量。只不过成绩测试的目的是测量学生在一段时间学习后的语言掌握情况，而不是测量长度或重量。

2. 成绩测试与语言测试

1961年美国应用语言学家罗伯特·拉多发表了第一部语言测试专著《语言测试》，标志着语言测试开始成为一门独立的学科。

语言测试的测量对象是人的语言能力、语言知识或语言技能。但是"语言能力""语言交际能力""语言熟练程度"等都是人的心理特性或特质，它们都是不能直接测量的，只能通过语言行为进行推断。语言测试与其他测量形式的区别在于，语言测试要获得一个行为的特定样本。也就是说，语言测试需要满足测量的要求，同时还需要特定的具体的行为样本，以便从中得出某些推论。因此，语言测试要根据一定的评估目的，以抽样方式通过有限的试题来诱导考生的言语行为，然后借助定量描述来推断考生掌握该语言的知识或能力的情况。需要说明的是，对人的言语行为所表现出的知识和能力进行测量，是一个非常复杂的问题，它会受到间接性、片面性、主观性、偶然性等很多因素的影响。

根据本书第二章中对语言测试基本类型的介绍，相信同学们已经基本明确，成绩测试属于语言测试，是语言测试不同类型中的一种。

3. 成绩测试与评估

评估的定义为"以作出决策为目的而去有规则地收集信息"[①]。评估不总是针对学生的。有的学生进步快，有的学生进步慢，难道都是学生的责任吗？不一定。也许是教材的内容对一部分学生来说不适合，也许教师的教学方法不科学，也许教学内容和教学安排不合理。所以，评估也可以针对教材、教学法、教师。同时，评估不一定要量化，也可以根据文字说明来决定某人的提升，如提拔干部就不总是涉及数量关系。评估也不一定非要通过测试来实现，同样，测试自身也不一定就能构成评估。

语言评估和成绩测试在适用范围上有一定的差别。成绩测试一般是通过特定的考试情境获取考生的语言表现样本，并根据样本的特征推断考生的语言能力。语言评估所包含的范围则更为宽泛，任何系统性了解语言学习者语言能力的手段都可以视为一种评估方法。

---

① 王佶旻. 语言测试概论[M]. 北京：北京语言大学出版社，2011.

语言评估既包括量化形式的语言测试，也包括课堂观察、档案袋自我评估、同伴评估等定性的语言评估方式[①]。本章将重点介绍基于语言教学的课堂评估的形式与设计。

二 成绩测试的用途与特点

成绩测试与我们常见的其他语言测试，如水平测试、分班测试、能力倾向测试、诊断测试之间既有相同之处，又有明显的差异。

（一）成绩测试与水平测试

水平测试也叫能力测试，是使用得比较多的一种测试。水平测试有人们普遍承认的特点，它测的是一个人的语言能力，而不管其语言是在什么情况下学的，也不考虑其学校、国籍和母语背景。所以，水平测试不以任何课程、教材或教学大纲的内容为基础，没有十分明确的内容范围，它只看考生的语言水平如何。这是水平测试最大的特点，也是它区别于其他测试的最明显特征。

水平测试是教学过程以外的测试，往往用来选拔人才。通常用水平测试对众多的应试者（报考大学的考生、求职者等）进行尽可能细致的测量，然后从中挑选出能力最强的那部分人。托福考试（TOEFL）、中国汉语水平考试（HSK）就属于水平测试。水平测试往往是标准化测试，由考试机构统一研发编制。

（二）成绩测试与分班测试

分班测试也叫安置测试，属于教学前测试。分班测试的对象是已经学过一门语言的人。例如，刚刚升入大学的学生已经学过外语，进入大学后，高校往往希望在学生原有的基础上有针对性地进行教学。基础好的学生可以进入高级班，基础差的学生可以进入中级或初级班。这样做既有利于学生，也有利于组织教学。为了达到分班安置的目的，可以先用分班测试了解一下新生的水平，根据测试结果，把他们分配到适当的班里去。

在测试内容上，分班测试和成绩测试有共同之处，所测内容是学生学过的东西。在测试目的上，分班测试又和水平测试有共同之处，分班测试实际上也是选拔，把水平高的学生选拔到水平高的班里。

（三）成绩测试与能力倾向测试

能力倾向测试是教学前的测试，在我国还相对少见。它不是以考生学过的内容为测试内容，也不是测量考生已有的能力。语言能力倾向测试的目的，是在考生开始学习一门语言之前，了解他是否具有学习语言的潜在能力，也就是他是否能够学好一门语言。

[①] 廖建玲. 语言测试与评估原理——汉语测评案例与问题 [M]. 北京：外语教学与研究出版社，2020.

具体而言，语言的能力倾向测试要了解的是这些：学习者听辨语音的能力如何？模仿语音的能力如何？辨认和利用语法形式的能力如何？记忆力如何？等等。根据这些能力，可以在一定程度上看出，这个人是否适合学第二语言，是否能比另一些人学得更快、更好。因此，能力倾向测试的用途是预测考生学习语言的能力。

（四）成绩测试与诊断测试

诊断测试是教学中的测试。经过一段时间的教学，教师可以用测试的方式对教学作出诊断，教学包括教与学、教材、教学法等全部因素。诊断测试的目的是在教学过程中及时发现问题，及时改进，以求得最佳效果。

在测试内容上，诊断测试和成绩测试基本相同，都是学生学过的内容。和成绩测试不同的是，诊断测试的目的不是评价学生的成绩，而是揭示学生、教师、教材、教学大纲等有待改进的问题。

总之，成绩测试与其他四种语言测试的差异对比见表7-1。

表7-1　成绩测试与其他四种语言测试的差异对比

	依据	所测能力	信息指向	用途	研发机构	规模	标准化程度
成绩测试	教学内容	掌握情况	过去	评价、诊断	教师等非考试机构、专业机构	可以很大	可以较高
水平测试	语言理论	一般语言水平	现在-将来	选拔、诊断	专业考试机构	最大	最高
分班测试	教学内容	现有水平	将来	选拔	教师等非考试机构	不大	不高
能力倾向测试	认知理论	学习潜能	将来	预测	教师等非考试机构	可以很大	可以较高
诊断测试	教学内容	现有水平	过去-将来	诊断	教师等非考试机构	小	低

第二节　成绩测试的设计

一　成绩测试的设计过程

开发一个语言测试，一般要遵循一定的步骤。下面将介绍开发成绩测试的原则和过程。

（一）确定考生群体

确定考生群体，即明确所设计的成绩测试用于哪些人。对于不同的考生群体，测试的内容、方式也要有所区别。第一，需要考虑考生的个人特征，包括考生的汉语水平、母语背景等信息。第二，考虑考生的知识结构。语言是成绩测试的重要材料，语言总是负载着某种知识。在开发成绩测试时，要考虑语言材料中所含的知识是否会影响考生的语言表现。如果材料中的知识过于专业，考生可能会感到困难。考生觉得困难的不是语言本身，而是语言材料所传达的知识。第三，重视考生对测试的熟悉程度。考生对测试的内容和形式是否熟悉，会对考生的表现有一定影响。如果测试是考生不太熟悉的，就要尽可能详细地进行说明和指导。

（二）确定测试目的

在开发成绩测试之初，要根据教学的实际需要，确认本次测试的目的。比如，在日常教学中，教师需要了解学生的阶段性进步情况，了解学生学了一个学期或一年之后，学习效果怎么样，他们的知识和能力增长了多少，这是成绩测试的主要目的。

（三）确定测试内容

测试目的确定后，就要着手确定测试内容了。包括汉语国际教育在内的第二语言教学的根本目的是培养学生运用语言进行交际的能力。成绩测试应当与这一教学目的相一致，应紧密配合教学计划和大纲，按所教的内容确定测试内容。也就是说，成绩测试的内容是与教学内容相关的。

以单元测试为例，在一个教学单元里会有特定的教学内容，学生在这段时间里学的就是这些内容。成绩测试的目的是了解学生是否掌握了这些内容。因此，就应该只把这个单元的内容作为测试内容，以前学过的内容，如果不是掌握这个单元内容所必需的，可以不测；还没有学过的东西，一定不能放到测试中去。如果你是一个教师，一般会认为自己对所教的内容十分熟悉。即便如此，教师也应该在测试前对所教和所测内容做一个详尽的分析，具体可以参考教学大纲或考试大纲的相关内容。

（四）确定测试方式和卷面构成

1. 题型

一般来说，以听和读等接受性技能为主要测试内容时，可以使用客观性试题；如果想要了解综合运用语言的能力（如口头或书面表达），就应该考虑使用主观或半主观试题。

2. 题量

确定测试的题量时主要考虑两个因素，一个是信度（可靠性），一个是时间限制。使用客观性测试，要保证测试有一定的信度，信度的高低和题目的多少有一定的关系。题量越大,可靠性往往越高。因此,要使成绩测试有较高的可靠性,题量就要比较大。另一个问题是,题量大了,测试用的时间就会拉长。所以,试卷设计者要在信度和测试长度之间进行权衡,既要保证一定的信度又不能让测试的用时太长。表 7-2 为模拟的某单元成绩测试题型和题量的分布。

表 7-2 模拟的某单元成绩测试题型和题量的分布

某单元测试的题型和题量					
客观部分(多项选择题)					主观题
语法	词汇	听力	阅读		作文
题型一	20	20	20	20	
题型二	20		20	20	
题型三					1
总数	40	20	40	40	1

3. 确定试卷顺序

试卷的题型有很多种,依据什么标准排序是编排试卷要解决的问题之一。通常是简单容易的题型在前,困难、复杂的题型在后;是非题、选择题一般放在前面,其后为填空题、简答题,最后为综合题。这样先易后难的顺序排列,可以增加考生的信心,避免考生浪费时间在前面较难的题型上。试题应明确标号,尤其是将答案写在另一张纸上时,标号要简单、清楚,避免层次太多的编号。版面安排要便于后期评分和计算成绩,避免造成计分困难。

4. 确定评分方式

当题型确定下来之后,就该考虑评分的问题了。客观题采用客观评分,一般是一题 1 分,有时根据所测内容的重要程度,也可以给不同的题目赋予不同的权重,比如有的题目规定一题 2 分。

主观题的评分可以分为两种,一种是直接给出一个整体分数,另一种是先评出分项分,再把分项分加起来得到总分。无论是整体评分还是分项评分,事先都要制定一个评分标准,评分员根据评分标准给考生的作答打分。

5. 实施测试、试卷质量分析

测试的规划设计工作完成后,测试的开发就进入到操作和实施阶段了。随着教育技术的日新月异,成绩测试的实施手段也呈现出多样化的态势,纸笔测试、计算机辅助测试、网络化智能测试等将满足不同的学习环境和测试需求。无论以何种方式开展成绩测试,测试顺利实施后,都将统计得到考生的分数。这时,对试卷题目的分析非常重要,一般在题目分析中,会主要考虑题目的难度水平、是否具有教学敏感性、是否具有良好的区分能力。这些具体的分析方法,将在本章的第三节中详细介绍。

二 成绩测试的命题原则

一个测试质量的好坏,在很大程度上取决于命题技术。这里说的命题技术就是编写试卷题目的方法和技术。语言测试的命题原则大致相同,不同用途的测试根据测试目的的不同,会有差异。本节将介绍如何编写好成绩测试的试题,确保成绩测试的有效性。

(一)命题材料的选择和处理

在命题过程中,命题人要始终考虑所编写的题目是否考查了想要考查的东西。选择语言材料是命题过程的第一步,从这一步开始,我们要遵循以下几个原则。

1. 题材广泛

成绩测试的最终目的是要测查学生对先前所学语言知识和技能的掌握情况,以及在社会生活、工作和学习中运用语言的能力,因此语料的选择首先要保证在不超出所学范围的基础上,题材尽量具备广泛性,所涉及的领域可以包括经济、历史、地理、家庭、文学、科技、教育、艺术、体育等社会和个人生活的方方面面。这一原则也体现了测试的公平性要求。由于考生的专业背景和兴趣爱好各不相同,如果语料的题材过于狭窄,必然会影响到测试内容的覆盖面。这样,熟悉某一领域的考生就会获益,从而对其他考生不公平。

因此,应当选择一般性语料,以及没有特定的受众范围,具有较高的流行度的语言记录,比如,报纸、通俗(非专业)杂志、电视、广播、广告等大众传媒上刊登的语料。

2. 良好的内容倾向

良好的内容倾向是指语料所涉及的内容、观点是积极的,或者是中性的,没有消极的、反面的观点,不出现政治、宗教信仰等方面的内容。

3. 语言规范

规范性包括语料的正确性、得体性和通用性。

正确性是指语料应当是规范的现代汉语,不能出现语法、用词、文字书写和标点符号上的错误。同时,语料所使用的语言(包括在语音、词汇、语法以及各种表达等方面)应该是标准的汉语普通话,而不是任何一种汉语方言。

得体性是指语料在语言使用上的合理性和可接收性。

通用性指的是语料的体裁和语言风格应该是一般性的、通用性的。除非特殊需要,一般的成绩测试都要避免采用作者个人风格明显的文学作品(如诗歌、戏剧等),而专业性的论文、报告,或者科学论著等也不适合选为成绩测试语料。

4. 力求公平

测试要追求公平性,在选择语料时就要充分考虑公平性因素,具体需要注意以下几点；语言材料尽量避免使用只有某个特定民族或文化背景的人所熟悉的场所、人物或事件；避免试题语言材料直接表示或暗示对任何一种文化或民族习惯的评价；尽力保证语言材料和试题内容对各种文化背景下的两种性别都不存在偏见；避免介绍只有特定人群才有的知识；避免过于专业化的情境和内容。

5. 信息量丰富

好的语料应该是信息量大、层次丰富的。在命题实践中会发现，许多语料字数虽然不少但出题很困难，原因之一就是语料的内容层次不丰富，信息量小。命题人要选取信息量丰富的语料，可以多层次、多角度进行挖掘，这样比较容易出题、出好题；对考生来说，这样的题目可以考查学生在不同层次上的理解能力。

6. 语料真实

真实性是指从真实自然的语言材料中选取语料，而不是由命题人自己编写语言材料。语料的真实性是有效测试的基础。成绩测试虽然主要考查学生阶段性的学习成效，同时也希望考查学生在真实的语言环境中的语言交际能力，真实的语料是真实的语言环境的组成部分，因此在测试设计中让考生接触真实的语料有利于提高测试的有效性，增加测试分数的可靠性。

7. 针对性

除了以上原则，针对不同测试题型，命题材料的选择也要体现针对性，满足考查技能的需求。

（1）听力理解试题材料的针对性。

听力试题使用的应该是口语材料。材料可以从广播、教材、剧本中选择。既然是听力测试，所用的材料一定得朗朗上口。

（2）阅读理解试题材料的针对性。

阅读理解测试的材料可以从教材、教材辅助读物中选取。为了保证题目的真实性，也可以从公开发表的报纸、杂志中选。阅读材料不能太长，根据考生水平的不同，材料一般以 200～400 字为宜。

（3）语法试题材料的针对性。

设计语法试题，要注意两个问题：第一，充分考虑汉语语法的特点。汉语和英语等印欧语言不同，汉语缺乏形态变化，汉语语法的特点是语序和虚词，还有一些特殊句式，可以把这些内容大致列一个表作为参考，针对学过的语法知识编写相应的语法试题。第二，要充分考虑学习者的特点。学习者在第二语言上出的错，往往是母语干扰的结果，即他可能是用母语习惯来表达第二语言。例如，说英语的人可能用汉语说出"都我们不来"这样的句子，这是因为，英语里表示"都"这个意思的词可以放在句子的最前边。因此，设计语法试题，应该以第一语言和第二语言的对比为依据。

（4）词汇试题材料的针对性。

词汇测试首先要解决的问题是测哪些词。在成绩测试中，考生使用的是同一个教学大纲或同一种教材，所测的词汇当然就从大纲或教材中选。在教学测试中，有时也可以专门测学生容易出错的词。词汇测试中实际选用的词，应该是该测的词中有代表性的样本。

按照上述原则选取了合适的语言材料后，需要对语料做一些必要的处理，这些处理包括修改语法、词汇、文字和标点符号使用上的错误。在进行语料处理时要注意，为了保证测试的真实性，所选语料原则上应保持原貌，尽量不作内容上的添加、删改和编辑，更不能随意编写语料。

以上是有关命题材料的选取与处理原则。随着人工智能技术的不断发展，人工智能生成内容技术等也将助力语言测试的题目命制，但是语言材料的选取原则、题目编写的技术要点，是使用任何命题方式时都需要遵循的。接下来向同学们介绍具体题型的试题编写技术，主要从客观性试题、半主观性试题、主观性试题三个类型展开讲解。

（二）客观性试题的编写

客观性试题是指可以用客观程序评分的试题。应用最广泛的客观性试题是选择题，其他类型的客观性试题还有是非题、配伍题等。

1. 选择题

多项选择题由两部分组成，前一部分叫"题干"，后一部分叫"选项"。题干是选择题的问题部分，选项则是题目的备选答案部分。选项一般有三到五个不等，除了正确答案，另外的几个叫干扰项或迷惑项。干扰项的作用是烦扰那些水平不高的考生。选择题可以有单个或多个正确答案。

（1）基本原则

编写选择题应遵循的基本原则有五条。

第一，在语言测试中，只有单个正确答案的选择题更为常见。因此，编写题目过程中每一道选择题只能有一个正确答案，不能有两个以上正确答案，也不能没有正确答案。这一条看起来简单，但是真正做到，也不是那么容易。下题就有三个正确答案（A、B、D）：

例1：目前还没有发现这类问题。
  A. 现在   B. 最近
  C. 看来   D. 当前

第二，一个题只测一个语言要素。这是分立式测试的一个标准做法。这样做不会给考生造成混乱，在教学中也能突出重点。一般来说，不要在同一题目里既测语法又测词汇。

例2：他们都认为，这是个好主意。
  A. 意思   B. 办法
  C. 态度   D. 建设

例2的问题显然是一个题目里包含了太多的东西。这是一个词汇题，题目要求考生从四个选项中找出和题干中画线词语意思相近的词，本题正确答案是B。这道题的不足是，三个不正确的选项超出了词汇题的范围。A、C 两个选项不正确,不仅因为意思不同,还因为不搭配,这是语法问题。选项 D 看上去有点儿奇怪,其实,命题人的意思是,"建设"和"建议"相近,考生如果把"建设"和"建议"的字形搞混了,就会受到迷惑,但这已经不是词汇问题,而是汉字或正字法的问题了。

因此,这个题目的选项可以修改为:

  A. 东西   B. 办法
  C. 消息   D. 现象

第三,除了测试特殊语法点的题目外,其他题目的选项放到题干里都要合语法,也就是说,每一个选项在语法上都应该是可替换的。下面的例子就有不可替换的问题:

  例 3:不要再买点心了,再买妈妈又该<u>说</u>我们了。
  A. 解释   B. 劝告
  C. 责备   D. 表扬

例 3 中的"解释"不能替换题干中的"说",改为"提醒"则更好。

第四,选择题所用的文本不能太难,要适合考生的水平。在语法题中,不要出现比要测的点更难的语法点;在词汇测试中,不要出现比要测的词的语义问题更难的词。题目越单纯越好。

第五,选择题越简洁、越清楚越好。

(2)题干的编写。

题干的作用是把问题简明扼要地提出来,考生可以从题干中获得如何答题的全部信息。题干里不要包括与题目无关的东西,以免分散考生的注意力。

题干的形式可以有以下几种。

第一,一个有待补充的陈述:

  例 1:他是班里最小的,学习_____是班里最好的。
  A. 而   B. 却
  C. 并   D. 更

第二,一个完整的陈述:

  例 2:她<u>爱人</u>带着这孩子去南方了。
  A. 丈夫   B. 哥哥
  C. 父亲   D. 朋友

第三,一个完整的问句,尤其是听力试题的设计,题干问题一定要用简洁的完整句子呈现。

  例 3:你比原来更漂亮了。
  问:说话人在干什么?

  A. 称赞别人   B. 批评别人
  C. 讽刺别人   D. 咒骂别人

  (3) 选项的编写。

  正确答案一定是唯一的。为保证这一点，命题人写好题目后，最好标出正确答案，然后请其他人看一下有没有问题。这样命题员可以发现自己的盲点。

  干扰项每一个都要起到干扰作用，也就是每一个干扰项都能够迷惑一部分水平不高的考生。每一个干扰项都要似是而非，考生如果水平不高的话，就会被迷惑。如果一个干扰项没有人选，它就是个无效选项，四选一的题目如果有一个无效选项，猜对这个题的概率就变成33％了。干扰项的难度一般不要比正确选项大，因为干扰项的难度大于正确选项，就可能把水平高的考生也迷惑了，导致这道题目的区分度降低。

  选项越短、越简单越好。选项的长度应尽量相同，不要有的长、有的短。长短不齐的选项可能会给考生造成暗示。和外语相比，使选项长度相等，在汉语里是最容易做到的，只要每个选项的字数相同就可以了。比较常用的做法是：先写出代表正确答案的选项，并使它尽可能短，然后，以它的字数为准编写另外几个不正确的选项。

  2. 配伍题

  配伍题一般由两栏组成，栏中的内容可以是词、词组，也可以是短语或句子。考生要把两栏中有联系的一对用线连起来，如：

  例1：左边的词都能和右边的某个词构成词组，请用连线表示。

  开展   领导
  请示   矛盾
  埋没   工作
  揭示   人才

  编写配伍题要注意，第一，同一栏内的项目必须是同类的，如例1中左边都是动词，右边都是名词。第二，答案应该是唯一的。一般配伍题是一对一的，有时为了增加难度，可以让两栏的项目数量不等。第三，栏内的字数不宜过多，应该以一行以内为限。配伍题的缺点是，如果前几个都答对了，最后一个也就自动对了，克服这个问题的办法是使其中的一列比另一列长一些，如将上例的右边变成5行。

  3. 是非题

  是非题即让考生判断一个句子的对错。是非题的缺点是猜对的概率太大。是非题容易编写，评分也简单。在听力和阅读理解中可以使用是非题来考查考生是否理解主题或细节，也可以用是非题测语法结构。如：

  例1：判断下列句子的正误。
  我把饺子吃在饭馆了。
  A. 正确   B. 错误

（三）半主观性试题的编写

半客观性试题是指题目的答案虽然是唯一的，但是答案的正误不能由机器来判断，而需要人工来先行判断，有些题目根据语境，可能会有多个正确答案，这都需要人工判定。常见的试题及其编写原则如下。

1. 填空题

填空题重点考查考生对句子、句群、段落、篇章结构等的理解能力和分析判断能力，它是利用人们的补全心理来完成对上述内容的加工。填空题就是提出一个陈述，其中缺少一个或几个关键词语，要求考生将其补充上去。填空题的形式多样，可以是单句填空，也可以是短文填空；可以是单列式填空，也可以是综合性填空。

例1：感谢《读者》杂志社的全体工作人员，为中国广_____（大/阔）的文化市场_____（创/营）造出一份好的精_____（神）食粮，你们立于巅峰，却能做_____（到）虚怀若谷，相_____（信）你们会做得更好。

2. 听写题

听写是一种综合性测试，不仅考查考生的听力和书写汉字的能力，而且检查考生在词汇、语法等基础知识方面掌握的情况和反应的敏捷性。听写分为单词听写、句子听写和篇章听写。可以让考生听后写出单词，听后写句子或者补全句子，也可以是听后完成短文。

（四）主观性试题的编写

1. 常用的口语考试题型

（1）朗读。

正确的语音、语调是口语的基础，所以，口试中常常有朗读这一项。朗读的材料一般是成段的文章，但对初学者，也可以使用单词和单句。朗读材料应该选择容易上口的，句子不能太长，不要有冷僻的字、词。

（2）复述。

提前给考生准备一段材料，可以录成视频或音频文件播放，让考生看和听，也可以印成书面材料的形式，让考生读。考生听完或读完后，立即复述材料中的内容。复述的材料不要太长，也不要太难，一般应选择有情节线索的故事，这样考生记忆的负担不会太重。

（3）问答。

问答就是考官提问，考生回答。这是口试中最常用的题型。问答题的设计要注意以下几点。第一，问题涉及的话题应该是考生熟悉、有话可说的，如日常生活、工作、学习、爱好等。既不要问一些专业性强的问题，也不要问考生可能不愿意回答的问题。第二，一个问答题是由一组问题构成，这组问题应该以一个话题为中心，围绕这个中心提出几个问题。第三，问题的广度和难度应该逐步展开，前边几个问题要简单，考生容易回答，这样有利于消除紧张气氛。后面的问题逐渐深入，如果考生的能力强，他就有可能说出更多的话来，充分地表达自己的想法。

（4）看图说话。

看图说话就是让考生叙述图画上的内容，图画就是题干。口试所用的图画可以是单幅的，也可以是连环画。单幅图画一般是描绘一个场景，其中有环境、有人物，考生要做的是用口头的形式把这个场景叙述出来。连环画一般描绘的是一个事件，有事件的起因、发展、结果，考生要描述这个事件。选用的连环画通常以 4 幅左右为宜。

（5）讲述。

讲述按内容可归为两类，一类是介绍某种情况或某件事情，另一类可称为讲解。

第一类题目跟讲故事差不多，可以让考生介绍一下家庭、学校、所在城市等，也可以讲一件经历过的事情。

第二类是讲解，可以让考生看一段广告或说明书等，然后介绍看到的内容。

（6）角色扮演。

这种题型是给考生提供一个交际场景，让考生在其中扮演一个角色，根据场景的要求，考生要用符合身份的表达方式达到交际目的。

（7）讨论。

对于水平较高的考生，可以使用讨论题进行考查，讨论题涉及的内容可以比较广泛，给考生留出充分发挥的余地。讨论题应该成组地出现，比如，每组三到四个题目，如果只给考生一个题目，而他正好对这个题目不感兴趣，就无话可说了。一组题中尽可能涉及不同的内容，考生从中选择一个他认为最能表现自己能力的题目。在发表自己的意见前，考生可以准备一两分钟，写一个简单的提纲。考试时，考生可以看自己写的提纲。考生的发言长度以两三分钟为宜。

  例 1：请你从下面三个题目中选一个，谈谈你的看法。
  ① 男女平等问题。
  ② 吸烟有害健康。
  ③ 大城市应该发展公共交通，还是应该鼓励私人汽车？

2. 写作考试题型

在语言教学中，写作一向被认为是很重要的，因为它是语言能力的综合表现。在教学中写作是不可忽视的，是学习者应该具备的一种能力。

写作题可以分成三种类型：单句写作、成段写作、成篇写作。前两种评分较为客观，这两种题型基本上只适用于初级或中级的学习者。第三种题型对作文的限制条件较多，属于主观性试题。

（1）单句写作。

单句写作包括组句、完成句子和改写句子，这三种题型适用于初级水平考生。写出语法正确、结构完整的单句，是写作的基础。从形式上看，这类题经常出现在语言教材的练习中,很像语法题。但是它和语言测试中的语法题还是有区别的。语法题一个题一般只测一个语法点,而单句写作的每一个题都是若干语法点和词汇的综合运用。另外,语法题往往采用多项选择,存在猜测的因素。下面简要介绍三种单句写作的常用题型。

第一,组句。组句是让考生把一组顺序混乱的词组合成一个合乎语法的句子。命题时,我们可以选取一些句子,然后按词(不是按字)打乱顺序,考生要做的就是重新安排这些词汇的顺序,使之成为一个句子。

例1:用下列词语组成一个简单句。(注意:每个词只能使用一次,每句只能在末尾使用一个恰当的标点符号)

校园 他 中 在 着 走 地 步 快

参考答案:他在校园中快步地走着。

第二,改写句子。改写句子是教材中常用的练习方式,也可以用作测试题。同一个意思,可以用不同的句式来表达,掌握不同的表达方式,是写作能力的一个表现。

例2:用指定结构改写下列句子。

一阵风吹来,墙上的画掉了下来。

一阵风_____。(用"把……"结构)

第三,完成句子。完成句子有各种各样的形式,常用的是给出一句话的前半句(或后半句),让考生补出后半句(或前半句)。

例3:用括号中的词语完成句子。

我喜欢吃中国菜_____。(尤其)

(2)限制性作文。

对于水平较高的考生,可以使用限制性命题作文进行考查。限制性作文的方式很多,例如,限制题材和体裁。再如,可以写出文章的第一段,规定好人物、时间、地点、事件,让考生续写后面的部分。作文的体裁应以记叙文和应用文为主,应用文包括书信、申请书、说明文等。作为一种交际方式,记叙文和应用文是用得最多的,也是学生首先要掌握的。

这里介绍一种限制性比较强的作文。从命题角度来看,这种题包括三个部分。第一,一定要给考生设置一个情境,所设置的情境应该是考生很可能接触到的,是他学习和生活中所熟悉的。第二,对文中必须写到的几项内容做出明确规定。第三,明确规定作文的格式和字数。

例1:根据下列指导语的提示和要求写一封短信。

1. 指导语

假设你现在正在高中学习,马上就要放寒假了,你想在寒假期间补习汉语。你得知某学校寒假期间要开办短期汉语进修班。现在你给负责报名的李老师写一封信,向她了解有关情况。

2. 你的信必须包括下列内容
① 你是怎么知道汉语进修班的事情的。
② 你为什么要参加这个班。
③ 有关你自己的一些必要的信息,比如:年龄、性别、民族、汉语学习的经验和目前的水平。
④ 向对方询问有关进修班的一些情况,比如:开课时间、人数、学费、报名地点、教材和教师等。
⑤ 其他你认为应该包括的内容。
3. 格式要求
书信格式;字数300字以上。

第三节 成绩测试试卷的质量分析

成绩测试用来直接测试考生在一组试题上的作答表现。成绩测试内容的有效性可以由经验丰富的专家或教师通过主观评价来判定,但是质量分析在成绩测试的开发中也是必不可少的。

一 题目分析

在成绩测试的题目质量分析过程中,我们要重点考虑以下问题。
第一,试卷题目的难度水平如何?
第二,题目是否具有教学敏感性?也就是说,试卷题目对学生语言水平的区分程度如何?

(一)题目难易度

难易度也叫难度,在0/1评分的情况下,难度就是答对率,因此难度实际上是"易度"。第i个题的难度一般用P_i表示,计算公式是:

$$P_i = \frac{答对此题的人数}{总人数}$$

难度的取值范围是0到1。一个题,如果没有人答对,它的难度就是0;如果所有的人都答对了,它的难度就是1;假定某个题,答对它的有50人,而参加测试的总人数是100人,那么这个题的难度就是0.5。

当测试对象是同一个样本时,可以认为题目难度的单位是相等的。因此,同一份试卷的不同题目,在同一个考生样本中,题目的难度都是可以相互比较的。例如,在同一份试卷中,题目A的难度是0.5,题目B的难度是0.2,那么A比B容易,B比A难。由于在同一个样本中题目难度的单位是相等的,我们可以根据每一个题目的难度计算出全卷的难度，计算方法是：把所有题目的难度加在一起，再除以总题数。全卷平均难度的计算公式是：

$$\overline{P} = \frac{\sum P_i}{k}$$

$\overline{P}$ 是全卷的平均难度，$\sum$ 是连加符号，P_i 是第 i 个题的难度，$\sum P_i$ 则是所有题目难度连加的总和，k 是题数。在一般情况下，教学中的成绩测试都要求有较高的答对率或通过率。

（二）区分度和教学敏感性

区分度是题目最重要的一个性质，一个题目是好还是不好，主要看的就是区分度；区分度高的是好题，区分度低的就是不理想的题目。

所谓区分度，就是题目对考生的区分能力，反过来说，就是水平不同的考生对题目的反应是否有差异，这种差异表现为区分度。区分度的基本概念是：对一个区分度高的题目来说，考生水平越高，答对这道题的可能性就越大；反之，考生水平越低，答对这道题的可能性应该越低。在一个区分度高的题目上，高水平考生的答对率高，低水平的考生答对率低。如果高水平考生和低水平考生在一个题目上的答对率相同，这个题目就不能区分水平不同的考生，因此区分度就低。如果一个题目，高水平考生的答对率低，而低水平考生的答对率高，这个题就更有问题了。

题目的区分度用区分度指数来表示。在一般情况下，教学中的成绩测试都要求有较高的答对率或通过率。但是，当测试答对率高到一定程度时，如 70%～90%，题目的区分度就会大幅度下降。

为了解决这个问题，有人提出用"教学敏感性"来代替区分度，用于成绩测试。教学敏感性的假设是：教学前，考生答对某题的可能性小，而教学后答对这道题的可能性就会变大。这很容易理解，教学前，学生没有学，当然很可能答不出来。通过学习，学生就能答出来了。教学敏感性用教学前测试和教学后测试来检验，考生为同一批学生，其公式为：

$$D = P_{post} - P_{pre}$$

其中 P_{post} 是教学后测试的题目答对率，P_{pre} 是教学前测试的题目答对率，D 值在 -1 和 $+1$ 之间，D 值越接近 $+1$，题目的教学敏感性越高。这个公式也可以用一个变通的做法，即考生不必是同一组，可以是两组无关样本，一组学过测试内容，而另一组没有学过。

二 成绩测试的信度分析

在一个学期的学习后，教师根据特定目的编制了成绩测试，并对相应年级的学生进行测试，希望测试能准确地检验学生的语言能力现状，就是说，我们希望测试是有效的；如果让考生重新再考一遍，我们希望得到同样的结果，即我们希望测试的分数是稳定的、可靠的。总之，信度和效度是测试质量评估的最重要的两条标准。

(一)信度的基本概念

信度,也叫可靠性,就是测量结果的稳定性和一致性程度。一个高质量的成绩测试,对同样一组考生反复多次测量,所得结果应该保持不变。也就是说,信度指在不同的时间或不同的测试条件下,使用同一测试对同一组考生实施多次测试所得结果的一致性或稳定性程度。

任何一种测量都存在误差,我们用同一个测试对同一组考生测量多次,每一次得到的结果可能不完全一样,例如,同一个考生,第一次得到80分,第二次得到90分,第三次得到70分。假定这个考生的水平没有变化,那么究竟哪一次的结果反映了他的真实水平呢?我们无法确定,因为任何一次测量的结果既包含了能够反映他真实水平的分数即真分数(true score),又包含了种种原因造成的误差分数(error score),如考生的情绪状态和身体状况、测试环境或其他条件都可能影响其正常发挥。观察分数(observed score)、真分数、误差分数之间的关系可以表示为:

$$X_{(观察分数)} = T_{(真分数)} + E_{(误差分数)}$$

实际上,考生的真分数是得不到的,我们得到的只是考生的卷面分数,即观察分数。可以想象,一个观察分数包含的误差分数越小,这个观察分数就越接近真实分数,这个测试就越可靠。

理解测量信度概念的关键是要理解任何测量所得到的分数变异中都包含了误差变异。考生、测试本身、测试条件或环境以及阅卷评分等方面都可能是误差变异的来源。

在测量学定义方面,信度是指测量结果所反映出的系统变异的程度,意思是指一组测量分数的真变异数与总变异数的比率。由于测量误差的来源不同,估计信度系数的方法也不尽相同。其中,适合用于成绩测试信度估计的主要是内部一致性信度估计中的克龙巴赫系数 α。

信度的基本概念

关于信度的测量学表达式、信度估计计算公式及其解释,需要结合信度在测量学方面的定义及其估计方法来了解和学习(详见二维码:信度的基本概念)。

(二)影响测试信度的一些因素

影响测试信度的因素是多方面的,除了考生状况和测试环境,还包括以下几个方面。

1. 测试的长度即题目数量

一般来讲,测试题目数量越多,信度越高。但题目数量也不可以无限制地增加,题目数量过多时,考生会产生疲劳或厌倦,信度反而会降低。

2. 测试题目的同质性

测试题目的同质性主要靠题目的区分度来保证,如果一个测试的所有题目都有较好的区分性,那么内部一致性程度便会比较高。

3. 题目难易度分布

测试题目的难易度虽然与信度没有直接的关系，但是如果题目难易度分布不好，就会造成分数范围缩小，分数的变异程度降低，因而降低信度系数。另外，过于难的题目会增加猜测的可能，也会使信度降低。

4. 考生样本的异质程度

考生的水平差距越大，也就是考生异质程度越高，分数的变异范围就越大，信度系数就会越高。显然，对于不同的考生样本，由于考生异质程度不同，所计算出的信度系数也就不会完全相同。

5. 评分的客观性

这是影响信度的另一个重要因素。要不断改进评分方法，特别是主观性试题的评分要尽可能客观化。

三 成绩测试的效度分析

（一）效度的基本概念

效度又称有效性，指测试的有效程度，即测试的内容和方法是否能测出预定要测量的东西。一个测试能在多大程度上测出它要测量的东西，或者说该测试在多大程度上达到预期的测试目的，这就是效度问题。在谈效度时，需要回答这样的问题："这个测试是不是测到了它要测的东西？如果测到了它要测的东西，那么测得有多准？"因此，效度是针对特定的测量目的而言的，任何一个测试，说它有效，只是说它对于完成其特定的测量目的而言是有效的，一个测试不可能适用于完成任何测量目的。对于成绩测试而言，是否准确测到了它计划要测的语言知识和技能，就是成绩测试的有效性检验。

（二）效度的类别

结合成绩测试的效度分析实际，我们将简要介绍表面效度、内容效度、效标关联效度和构想效度。

1. 表面效度

表面效度（face validity）指某个测试或考试从表面看来是否测了它旨在测量的东西，有没有缺漏的部分，有没有偏题、怪题。这是观察者靠主观评价得来的效度。比如，初级汉语测试中出现了方言土语，就不合适。这种对效度的主观评价能在一定程度上反映测试的质量。

2. 内容效度

内容效度（content validity）指测试的内容是否是应该考查的，是否反映了这项测试的要求，或者说试题所包含的内容的代表性、准确度和覆盖面如何。在成绩测试中更需要注意是否包含了教学的主要内容。比如，语法测试没有包含典型的句型结构，这个测试的内容效度则不高。评价内容效度主要也是采用逻辑方法进行定性分析，通常由专家审定。

3. 效标关联效度

效标关联效度（criterion-related validity）是指先确定一种能反映测试效度的参照标准，然后考察某一测试与该标准之间的相关程度。这种效度标准通常是其他效度高的测试，尤其是大规模标准化考试，也可能是考生的平时成绩或能力表现，甚至是教师所做的等级评定等。重要的是这些标准本身要有效。效标关联效度又分为共时效度和预测效度。成绩测试效度研究更多地会关注共时效度的分析。共时效度指这次测试与时隔不久的作为标准的另一次测试相比较，看两者的相关程度。比如，某校的成绩测试与汉语水平考试的相关系数很高，那么一个学生如果在学校的成绩测试得分高，就可以预计他的汉语水平考试的成绩也会很高。

4. 构想效度

构想效度（construct validity）又称理论效度，指测试的结果在多大程度上符合我们根据某种理论做出的预测，并能够通过该理论来解释测试的成绩。通过测试也可以证明一种理论的正确性。构想效度研究是效度理论研究的核心问题。

（三）影响效度的一些因素

事实上，前面提到的影响测试信度的因素也会在不同程度上影响测试效度。简单地说，一切妨碍测试完成既定的测量目的的因素都会降低测试的效度。主要有以下几点。

1. 样本的异质程度

考生之间的水平会影响测试分数的变异程度，水平差距越大，分数变异越大，所求得的相关系数即效度系数就会比较大；相反，考生过于同质，分数变异小，效度系数也会相对降低。

2. 效度标准的质量

效度标准选取是否恰当、是否与所测内容有真正的相关性以及效度标准本身的可靠性都会影响效度标准的质量。

3. 测试本身的质量

测试的内容、题目难度、难度分布、题目区分度等特性会影响测试效度，例如，测试过难或过于简单都会使分数分布过于集中，从而造成分数变异减小，影响效度系数。

（四）信度和效度的关系

信度和效度是测试质量评价的两个最重要的方面，尤其是高效度更是测试编制者共同追寻的目标。测试的信度和效度之间是相互关联的，二者的关系体现在两个方面。

第一，测试信度是测试效度的必要前提，效度受到信度的制约。一个缺乏信度的测试是不可靠和不稳定的，根本谈不上准确程度，失去可靠性，有效性也就不复存在了。例如，两个评分者给同一名考生的作文评分，一个给最高的分数，一个给最低的分数，即代表评分者间信度很低，那么我们就无从得出这个考生写作水平高低的结论。

第二，信度高的测试不一定效度高。在语言测试及其他很多教育测试中，常常会有这样的情况，虽然多次考试的结果非常稳定，但却不能达到测试所要达到的测量目的。一个可靠的语法知识测试，不一定能检验出考生的理解能力。再比如，在作文评分中，一个评分员使用的评分标准是看考生观点是否与他自己的观点一致，与他观点一致他就给高分，不一致就给低分，而且评分者始终掌握这一标准，评分很稳定，评分者内信度很高，但他所评出的分数并不能反映考生在写作能力方面的差异。

第四节　基于语言教学的课堂评估

本章第一节介绍了评估的定义以及成绩测试与语言评估的异同，可以明确的是，相比测试，评估的范围更为宽泛。本节将主要讨论基于语言教学的课堂评估的主要构成及评估手段。国际中文教师不仅要掌握课堂评估的基础知识，还应具备一定的课堂评估实践能力。

一　教学评估

评估通常指对事物进行价值高低的判断，包括质和量两个方面。按照教学评估的目的、作用、时间，教学评估主要分为诊断性评估、形成性评估和终结性评估（见表7-3）[①]。

（一）诊断性评估

诊断性评估主要是对学生原有学习基础和学习能力水平的评估，一般在新学期或新课程开始之前进行。通常分考试和面试两种。

国际中文教育的学生有两种情况：一种是在本国没有学习过汉语的学生，这部分学生我们称为零起点学生，他们一般不需要参加诊断性评估；还有一种是在本国学习过汉语的学生，这部分学生的情况比较复杂，因为每个国家、学校开设汉语课的课时不同，学生学习年限也不同，因此要经过分班测试来检验学生的已有水平，以便把相同水平的学生分在一个班进行教学，相当于让学生参加分班测试。

---

① 姜丽萍．汉语作为第二语言课堂教学［M］．北京：北京大学出版社，2011.

（二）形成性评估

形成性评估是在教学过程中进行的评估，目的是帮助教师了解学生在学习过程中的知识和技能的掌握情况。从形成性评估中采集到的信息主要用来为分组、制订单元教学计划和每课教学计划、选择教学策略等提供参考依据。

（三）终结性评估

终结性评估是在一系列教学活动结束后，对学生学习效果进行的评估，它的目的是总结学生的学习结果，或者总结教师教学目标的完成情况。终结性评估是为判断学生的学业成就而设计的。教师从终结性评估中获取信息来判定等级，并向学生及其父母做出解释。

表 7-3　诊断性评估、形成性评估、终结性评估

评估类型	评估时间	评估内容	评估结果
诊断性评估	教学前	学生已有知识和水平	分班
形成性评估	教学中	教学过程中的有关知识	帮助教师做出决定
终结性评估	教学结束后	与学生表现和教师表现有关的信息	有助于对学生的学习成就或教师的教学成就做出判断

二　课堂教学评估

把评估引入课堂教学中，便是课堂教学评估。课堂教学评估主要包括对教师教学质量的评估和对学生学习活动效果的评估两个方面。

（一）对教师的评估

1. 对教师评估的内容

课堂教学的评估，对教师和学生、对同行和教学管理者都十分重要。教师不仅可以通过教学评估总结经验教训，还能通过学生的反馈来改进教学。学生可以通过评估反映自己的意见和要求，与教师进一步沟通。同行和教学管理者可以通过教学观摩，对课堂教学展开研讨，实现教学最优化。

课堂教学评估应当从学生的实际情况出发，按教学大纲所规定的目的任务，以基本教学原则为依据，分析教师和学生在课堂教学过程中的全部活动，特别是教师所使用的教学方法和技巧，并结合学生的习得效果作出全面的评价。其中应着重评估以下几个方面。

（1）课堂教学的目的要求是否明确具体，是否适合学生的水平。

（2）教学内容是否做到重点突出、难点分散。

（3）教学环节是否安排得合理、清晰、紧凑、自然，能否处理好新课知识的感知、理解、巩固、运用和旧课知识的重现、复习之间的关系。

（4）教学时间的安排是否得当，是否体现了精讲多练的原则。

（5）是否体现了启发式教学的原则，教学方法是否灵活多样而且有效。

（6）是否体现了成熟的教学技巧，包括教师驾驭课堂的能力、教师的提问和语言、教师的板书技巧、教师对教学辅助手段的利用、教师的教态和课堂气氛等。

（7）教学任务是否完成，教学效果如何——学生的语言交际能力是否有所提高。

2．对教师评估的方式

（1）督导、领导评估。

这是教学专家和领导集体对教师的评估，这种评估具有一定的权威性。可采取听课、检查教师教案、召开师生座谈会、检查学生作业、试卷等形式了解教师的教学质量，做出评估。

（2）同行评估。

由学院、系、教研室其他教师对该教师的教学进行评定，由于同行间工作性质相关性高，对教学内容比较了解，他们更能评估出教师的真实水平。同行评估的内容有：教师对本门学科的掌握程度，能否与本门学科的最新研究成果保持接触，是否承担课堂教学的责任。具体来说，还包括教师能否很好地掌握时间，能否提出能引起学生讨论和争论的问题，解决问题时使用实例和图解的情况等。

（3）自我评估。

一般采用自我分析或自我反思的方法，教师通过教学日志记录教学的进程，并对得失进行总结、评价，即在行动中进行研究。

（4）学生评估。

通过学生对教师的评估，可以反映教师在学生中的威信、受欢迎程度以及师生之间的关系等。比如，评估教师备课是否认真、讲解是否清楚、方法是否灵活、内容是否充分、板书是否规范、解答是否有耐心、是否对学生一视同仁、讲解是否吸引学生等，最后给教师一个综合评估，并指出需要改进的地方。

（二）对学生的评估

对学生的课堂教学评估，可以采用不同的方法，从不同角度了解学生的学习情况。依据评估的实施主体，可以分为教师主导的评估和学生主导的评估两种。由教师作为执行主体的课堂教学评估主要由教师收集学生的学习信息，主要目的是了解课程设置、教学方法和内容能否满足学生的学习需求以及有哪些方面需要改进。以学生作为执行主体的课堂教学评估，能够引导学生更加自觉、深入地了解自身语言能力的特征和强弱项，有利于促进学生加强对于语言学习的元认知。

1．由教师主导的课堂教学评估

由教师主导的课堂教学评估可以采用课堂小测试、课堂观察、问卷调查、学生访谈、作业分析等多种方式。

(1) 课堂小测试。

课堂小测试是考查特定语言知识的理解或运用能力的一种随堂小考，比如，检查语音、语法、词汇、汉字、文化等方面的知识的理解或运用能力，时长一般在 10～15 分钟左右。课堂小测试的目的是检查学生的预习或复习情况，以及对特定知识的掌握情况。

(2) 课堂观察。

课堂观察一般是指对自然课堂的教学环境进行观察，了解教学的实施情况以及学生对课堂教学的反应和适应情况。课堂观察法的优势在于能够获得真实、立体的信息，第一时间了解教学情况。从评价学生的角度出发，语言课堂的观察内容一般包括学生对各项课堂活动的接受情况、对教师话语的反映情况、对目的语的理解和运用情况、在课堂中的参与方式与程度、师生互动情况、生生互动情况、课堂文化与整体氛围以及学生的学习态度和情绪等方面。在实施课堂观察以前应当制订具体的观察计划，比如，观察课堂的哪些方面以及记录哪些信息。（详见二维码：课堂观察法）

课堂观察法

(3) 问卷调查。

问卷调查法是指邀请学生填写问卷调查表，了解他们的学习情况，采集他们对课程的看法。在制作问卷调查表前，应首先明确需要了解哪些方面的信息，以及通过什么样的题目来获取这些信息。问卷既可以采用选择题等提供选项的题型，也可以采用适量的简答题等开放式题型。

(4) 学生访谈。

学生访谈可以采用面对面的形式进行，在条件不允许的情况下，也可以采用电话、音频或视频访谈的形式。访谈的目的是获得学生的学习情况的一手信息以及他们对课程的看法。与学生访谈之前应先确立访谈重点，并拟定访谈提纲。

(5) 作业分析。

作业分析则主要通过观察学生的作业完成情况，了解学生是否掌握了教学内容，以及课后的学习情况。一般来说，语言课程中作业布置的频率较高，而且往往含有针对词汇、语法、阅读、写作、听力、口语等不同语言知识或技能的作业。教师可以根据课程教学目标确定主要观察点，然后分语言要素或语言技能记录、整理和归纳分析结果。

2. 由学生主导的课堂教学评估

由学生主导的课堂教学评估，主要包括档案袋评估、学生自我评估以及同伴互评等方式。

(1) 档案袋评估。

档案袋评估是一种关注学习过程的评价方式。在档案袋评估中，学生可以自主地收录各个阶段的学习成果。档案袋评估的方式在一定程度上能提高学生在评估过程中的参与程度，增强学生对自身语言能力发展的自省意识。

(2) 学生自我评估。

学生自我评估是指学生通过一定的标准对自己的语言能力进行评估。自我评估方式有利于促进学生为自己的语言学习承担更多的责任，提高学生的自我监管和自我反省能力。

（3）同伴互评。

同伴互评是指学生之间互相给予评价和反馈。与自我评估一样，同伴互评也可以贯穿语言学习的整个过程。同伴互评不仅能促进学生间的合作互助意识，还能提高学生对语言能力的认知水平。

详细内容及示例，可以继续阅读数字资源（详见二维码：由学生主导的课堂教学评估）。

由学生主导的
课堂教学评估

◇ 基础知识（理论阐释）

成绩测试也叫学业成就测试。它的目的是了解学习者在过去的学习时间里究竟掌握了什么内容，也可以说是学业上取得了什么样的成就。成绩测试以所学教材为依据，其内容是教材或教学大纲内容的一个样本。典型的成绩测试是同学们常用的期中、期末测试。设计成绩测试，需要遵循一定的步骤和掌握相应的命题原则。在成绩测试的题目质量分析中，通常使用难度系数体现试题的难易程度，用教学敏感性来体现题目对学生语言水平的区分程度。信度和效度是测试质量评估的最重要的两条标准。信度指测量结果的可靠性、一致性和稳定性程度。一个高质量的成绩测试，对同样一组考生反复多次测量，所得结果应该保持不变。效度指测量的有效性或准确性，即对所要测的东西进行准确测量的程度。相比测试，评估的范围更为宽泛。评估通常指对事物进行价值高低的判断，包括质和量两个方面。把评估引入课堂教学中，便是课堂教学评估。课堂教学评估主要包括对教师教学质量的评估和对学生学习活动效果的评估两个方面。

◇ 关键概念解析

1. 课堂教学评估

基于语言教学的课堂评估是指通过对学生在课堂教学中的语言表现和表述能力进行定期、系统、科学的评估，来反映学生的语言水平和语言学习效果，并为教师提供改进教学策略和提高教学效果的参考和支持。例如，一位小学语文教师为学生进行语言表述能力的评估，采用了口头问答和作文两种评估方式。口头问答主要评估学生的口语表达能力，作文主要评估学生的书写和表述能力。通过评估，教师如果发现学生的口语表达能力和书写能力都有所欠缺，就可以调整教学策略和方法，增加口语练习和写作训练的时间和机会，并加强对学生书写规范和语言表述技巧的指导，从而取得显著的教学效果。

2. 效度

效度又叫有效性。测试的效度一般定义为：测试在何种程度上测出了它宣称要测的东西。我们用一个工具测量了某个属性，先要知道这个工具是不是测到了那个属性，如果测到了,有效程度如何。假如有人给了你一件测量工具,你以前从没见过。拿到这个工具时,你第一个要问的问题很可能是:它是测量什么的?这就是效度问题。面对一个语言测试,我们一般会同时考虑两个问题:这个测试所测的是语言能力吗?它能可靠地测出这种能力吗?这两个问题合在一起,就是语言测试的效度问题。

3. 信度

信度也叫可靠性,就是测试分数的稳定性和一致性程度。当我们用一个测试,对同一组考生进行反复测量时,我们希望所得到的分数都是一样的;当用同一个测试的不同版本(等效试卷)对同一组考生实施测量时,我们也希望考生在各份试卷上的得分都一样。如果测试分数表现出很高的稳定性,我们就说这个测试的信度很高,反之,测试的信度就不高。理解信度的概念,关键是要理解任何语言测试都会含有不稳定因素,也就是测量误差。考生、测试本身、测试环境,以及评分方法等都可能是测量误差的来源。

4. 语言测试

1961年美国应用语言学家罗伯特·拉多发表了第一部语言测试专著《语言测试》,标志着语言测试开始成为一门独立的学科。

语言测试是根据一定的评估目的,以抽样方式通过有限的试题来诱导出考生的言语行为,然后借助定量描述来推断考生掌握的该语言的知识和能力的情况。截至目前,人的语言能力究竟是由哪些东西构成,还没有人能完全说清楚,对人的言语行为所表现出的知识和能力进行测量,是一个非常复杂的问题,它受到间接性、片面性、主观性、偶然性等因素的影响。因此,语言测试的研发不仅涉及相关的理论问题,还有实际操作的问题。对语言测试的研究,正是为了从理论和实践上提高测试的科学化程度,使语言测试发挥客观、有效、可靠的测量作用。

◇ 本章小结

国际中文教学过程中,成绩测试的设计与实施,以及对课堂教学的评估,都具有很强的理论和实践性,是理论和实践相结合的领域。本章带领同学们明确了成绩测试的概念及特征,梳理了成绩测试设计开发中所要遵循的步骤,归纳了试题编写中需要掌握的命题原则,介绍了在成绩测试的题目质量分析中,常用的难度系数和教学敏感性的逻辑思路,并强调信度和效度是测试质量评估的最重要的两条标准,以此呈现成绩测试的设计开发要点。相比测试,评估的范围更为宽泛,评估通常包括质和量两个方面。课堂教学评估主要包括对学生学习活动效果的评估和对教师教学质量的评估两个方面。教师可以通过一系列评估方法和手段,对学生在课堂教学中的语言表现和表述能力进行定期、系统、科学的评估,来反映学生的语言水平和语言学习效果,并为教师自身提供改进教学和提高教学效果的参考和支持。

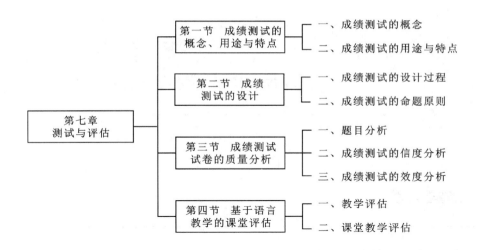

◇ 思考与练习

1. 成绩测试设计的步骤和环节有哪些？假设你是一名国际中文教育专业本科二年级的授课教师，负责设计一套期末汉语综合成绩测试试卷，请结合本章内容及相关资料，列出这份成绩测试的设计框架。

2. 在题目分析中常用的分析指标有哪些？这些指标各有什么作用？

3. 阅读理解试题是最常用的试题题型，请你查阅 HSK 考试任意等级的考试样卷，仿照该等级考试的阅读理解试题，尝试从网络、报刊等媒介自行选取两段阅读理解语料，并依据两段语料进行试题编写、设计题干和选项、形成两套完整的阅读理解试题。

4. 课堂教学评估的构成及评估环节有哪些？在对教师教学质量的评估方面，请你查阅相关资料，详细了解一下教师教学质量评估不同类型的具体实施方式，并简要梳理这些方式的特征与作用。

◇ 推荐阅读

姜丽萍. 汉语作为第二语言课堂教学 [M]. 北京：北京大学出版社，2011.

廖建玲. 语言测试与评估原理——汉语测评案例与问题 [M]. 北京：外语教学与研究出版社，2020.

刘珣. 对外汉语教育学引论 [M]. 北京：北京语言大学出版社，2019.

王佶旻. 语言测试概论 [M]. 1 版. 北京：北京语言大学出版社，2011.

张凯. 语言测验理论与实践 [M]. 北京：北京语言大学出版社，2002.

赵金铭. 对外汉语教学概论 [M]. 北京：商务印书馆，2004.

第八章
国际中文数字化教学

学习目标	课程素养目标： 1. 促进数字技术与传统教育融合发展，推动汉语学习者的全面发展。以数字教育促进公平教育 2. 发展教师的技术素养，推动教师人才的发展 3. 建立有中国特色、中文特点的数据库和资源平台，汇聚共享国际中文教育优质资源 专业知识目标： 1. 了解国际中文教育中不同的教育技术手段、数字化形态 2. 了解现代教育技术、数字化转型如何促进国际中文教育 3. 将教育技术与中文教学过程深度融合
重点难点	1. 国际中文教育中常用的教育技术手段、数字化资源 2. 在当前的智慧教育发展阶段，教育技术应用的最终目标 3. 如何根据教学需求、学习者特点选择适配的技术手段

问题导入

作为一名学生，从儿时到现在，你在学习第二语言时，都使用过哪些数字化资源和技术手段？它们对你的学习有哪些促进作用？

作为一名国际中文教师，你在教学中目前最常用的资源和技术有哪些？我们可以借助哪些数字化手段帮助学生更好地习得语言，同时促进学生的整体发展？

国际中文教育正在经历数字化转型，以下列举的课堂教学设计将慢慢成为常态。课前，学生在学习平台完成预习任务，并获得自动反馈，教师通过平台掌握每位学生的预习情况，并针对集中的难点进一步备课；课中，教师通过多媒体课件和板书展示内容，并随时从网络调用丰富的教学资源；课后，学生们随时随地在学习系统提交作业，遇到问题可以借助不同技术手段寻找答案。在以上的教学流程中，教师都使用了哪些技术手段？国际中文的数字化发展曾经历了哪些技术变迁？教育技术如何与中文教学深度融合？我们一起来看一看。

教育技术的发展主要经历了传统教育技术、视听媒体教育技术、信息化教育技术三个发展阶段[1][2]（见表8-1），国际中文教育领域的教育技术发展也遵循这三个阶段。黑板、粉笔是传统教育技术的代表，唱片、录音、录像、广播、电视、幻灯、投影是常用的视听媒体教育技术，计算机辅助、多媒体、互联网、大数据、人工智能是信息化教育技术的代表。在电子技术的发展中，视听媒体教育技术普遍采用模拟技术，信息化教育技术使用数字技术，数字技术使信息的存储、传递、获取、处理更为便捷和精准。（详见二维码：《教育技术学导论》（第2版）简介）

《教育技术学导论》（第2版）简介

表8-1　国际中文教育技术发展主要阶段

发展阶段	代表性技术	代表性应用
传统教育技术 （手工技术时代）	黑板、粉笔 印刷材料、实物	利用课本、板书、实体教具辅助汉语教学
视听媒体教育技术 （机电技术时代）	唱片、录音、录像 广播、电视 幻灯、投影	汉语听说教学 汉语视听说教学
信息化教育技术 （信息技术时代）	计算机辅助	计算机辅助教学软件 计算机辅助教材编写软件 计算机辅助考试 中介语语料库
	多媒体	多媒体资源 多媒体课件
	互联网	网络教学/学习资源
	人工智能 智慧教育	智慧教学平台/系统

---

[1] 何克抗，李文光．教育技术学［M］．北京：北京师范大学出版社，2009．
[2] 黄荣怀，庄榕霞，王运武，等．教育技术学导论［M］．北京：高等教育出版社，2022．

第一节　视听媒体技术与中文教学

视听媒体技术在中文教学中被广泛使用，并催生了视听及视听说的教学方法。视觉和听觉是人们感知世界、认识世界的主要途径，也是获得语言输入、学习语言的主要方式。视听技术的引入让教学内容更为形象、具体、生动，更有利于信息的传递，提升学习效果。

汉语教学早期主要采用唱片、录音、广播、电视、幻灯片等模拟技术，在教育技术的辅助下，汉语的听说教学及视听说教学逐渐发展起来。在数字化进程中，音频和视频的存储介质发生了变化，模拟技术也转变为数字技术，但利用音频和视频辅助教学的方法一直沿用至今，同时也引发我们思考如何借用技术从听觉和视觉角度提升语言输入的量与质，并将语言的输入与输出相结合，展开听说和视听说教学。

一　唱片和录音

1926 年出版的《言语声片》是迄今世界上最早的汉语留声机唱片教材，该教材是老舍先生在伦敦东方学院中文部教授汉语时与英国同事一起编写的。《言语声片》包括课本和唱片两部分，老舍负责中文部分的编写工作，并用标准的北京官话灌制了生词和课文的唱片，20 世纪 20 年代到 50 年代中期，这套教材在英国广泛使用。《言语声片》听说优先，读写结合。老舍先生在这本教材的学习指导中提出，教材的学习顺序为"听力—单词—语法注释—听练习—读课文—看译文"。除老舍灌制的官话唱片外，20 世纪 40 年代赵元任在哈佛大学开设粤语课程期间，也为学生灌制了粤语唱片，训练学生的粤语听说能力。唱片的录制促进了听说教学的发展。

20 世纪 50 年代后，录音技术取代唱片，并广泛应用于汉语教学。新中国的对外汉语教学始于清华大学东欧交换生中国语文专修班，在 1951 年的《清华大学东欧交换生中国语文专修班两年教学计划（草案）》中写有：

> 每课灌有录音片，供学生自修，每月为学生灌音一次，以检查速度。灌音中所发现的缺点及错误，在单授时间内由教师详为解释与指正。

在 1952 年的《清华大学东欧交换生中国语文专修班工作总结》中邓懿先生有如下记录：

> 每周二十三小时：读本六小时，口语练习六小时，习字五小时，听录音机六小时（因同学感觉单调，逐渐改为口语课练习。在该时间内有时听录音机，以免教员过分疲劳）。

录音机的利用——过去对用录音机未能很好地掌握：时而用得过多，时而不用。如果适当地利用它，对学生的发音一定有益的。它一方面帮助学习，一方面检查学习。在第一学期内，教师仍应如以前办法把每课课文灌出，给学生作模范。学生灌音应特别照顾发音困难的，常常给他灌音、常常给他纠正，他不但可以听出自己的缺点，也可以听出自己的进步来。

从邓懿先生早年的总结中，我们可以看到录音在教学中的作用以及相关教学策略。第一，通过录音为学习者在课上、课下提供标准的语音输入；第二，定期记录学习者的语言输出，发现并纠正学习者的语音偏误，展现学习者语音的发展过程；第三，录音技术的使用需要和教师的亲身教学相配合。

录音的普遍使用一直延续到 21 世纪初，计算机技术普及后逐渐被数字媒体所取代，但早年通过音频对学习者进行的听力训练及利用录音机的教学策略同样适用于当今的中文教学。

二 电台广播

1962 年，中国国际广播电台分别在英语和日语广播节目中开办"学中国话"和"汉语讲座"节目，20 世纪 80 年代后期至 90 年代中期，中国国际广播电台出版了英、日、俄、法等 17 种语言的汉语讲座课文。2005 年，中国国际广播电台已在 29 种语言节目中设有汉语广播教学节目，目前有更多的汉语节目面向海外播放，这依然是中文教学的途径之一。

除中国制作的面向海外的广播节目外，日本东京 NSB（日本短波广播电台）还主办了"实用中国语讲座"，俄罗斯、越南、泰国、韩国等国家的电台也都开办了中文教学节目。

三 电视、录像

20 世纪 80 年代，我国开始拍摄用于中文教学的电视片、录像片。1981 年，我国第一部对外汉语教学电视录像片《中国话》由原北京语言学院摄制完成。该片以《初级汉语课本》为蓝本拍摄了 80 个录像，为课文理解和交际活动提供了真实、形象、生动、有趣的语言资料。1984 年，我国拍摄了第一部汉字教学片《汉字》，该教学片是最早将音像技术引入汉字教学中的，通过多种模态呈现了汉字的源流、造字法、汉字书写，并应用于各高校的汉字教学[①]。90 年代，更多的电视教学片陆续诞生，如《您好，北京》（1990）、《旅游汉语》（1992）、《汉语四百句》（1997）、《国际商务汉语》（1997）等。

随着电视录像的普及，海外电视台也开始播出汉语节目。1967 年，日本 NHK 电视和广播开设了"中国语讲座"节目，并成为固定节目一直持续到现在。1997 年，中国黄河

---

① 沈红丹，蔡建永. 北语数字化和多媒体汉语教学建设成果 [J]. 国际汉语教学研究，2022（3）：45-52.

电视台开始在美国播放中文教学节目，全天 24 小时滚动播出，并编写了适合美国学习者汉语学习的系列电视教材。

四 视听媒体技术在教学中的应用

视听技术从语言输入上丰富了听和看的途径，在教学中教师们进一步将语言的输入和输出相结合，发展为汉语的听说和视听说教学。

（一）多通道提供大量优质的语言输入

语言教学需要大量优质的语言输入。从感官输入的途径看，唱片、录音、电台广播属于听觉输入，电视录像属于视听输入。根据美国教育学家戴尔提出的视听教学理论，视听媒体较单纯的语言和视觉符号，能为学习者提供更具体和易于理解的输入。

视听技术的引入改变了输入的来源、内容、时空。此前的语言输入主要是课堂上的教师话语，视听技术让语言输入的来源更加多样化。在输入内容上，教师话语常常是围绕教材的，而且常带有调整，如使用简单的词句、放慢语速等，视听技术让学生可以听到更为丰富、真实、自然的语言。此外，视听技术也让学生在课内和课外都可以听和看，而且可以根据自己的兴趣和问题反复听和看，打破了以往语言学习的时空限制。

技术在变革，但语言教学的目标和途径没有变，如都需要大量优质的语言输入，需要调用视觉、听觉等不同的信息通道促进语言的加工。虽然早期技术手段不如现在丰富和便捷，但已经从输入上为语言的教与学提供了更多的可能。

（二）听说与视听说教学

语言学习需要将输入和输出相结合。中文教学将听、看、说相结合，形成了听说和视听说教学的方法，并出版了相应的教材，开设了听力口语课程和视听说课程。

《你好，北京》是 1990 年中央电视台制作的第一套大型对外汉语教学电视片，也是一套视听教材，它以电视录像为主，配有教材和录音带，教学对象是汉语水平为零的汉语学习者。教材注重语言交际功能，教材编写采用"功能—结构"教学法，电视录像也按照语言的交际功能把教学内容分为 26 个项目，着重培养初级水平学生的听说能力。

听力口语课、视听说课是目前中文教学的课型之一，图 8-1 为一位优秀教师的听力口语课教学流程。

在以上的听力口语课教学设计中，教师将输入的听力与输出的口语紧密结合，通过泛听和精听训练为口语产出提供背景知识、词汇和素材的积累、语段表达的范本，同时进行听力练习中的单句回答、语篇复述等口语练习，为最后的口语表达做层层铺垫，实现了单句—小语段复述—小语段表达—篇章表达的产出目标。

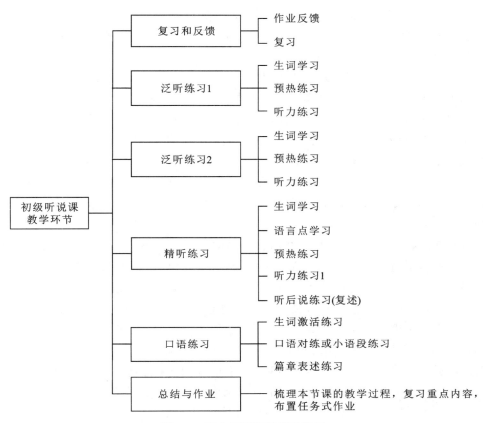

图 8-1 听力口语课教学流程图

第二节 计算机辅助及多媒体教学

20世纪80年代至90年代，信息技术从广播、电视等模拟信息向数字技术转变。目前，教师利用计算机编写教材，使用PPT课件展示教学内容，计算机辅助和多媒体技术广泛应用于教学。

一 计算机辅助

计算机辅助包括辅助教学、辅助测试、辅助教学管理等。计算机辅助教学活动是指以计算机为媒体帮助教师执行教学功能的活动。计算机辅助测试是用计算机编制的或在计算机上进行的客观测验，包括测试生成、实施以及评卷分析等环节。计算机辅助管理教学是利用计算机来帮助教师完成教学管理任务，对学生的学习过程进行记录、对教学效果进行测量和评估等。

1988年，第一个计算机辅助的对外汉语教学软件《电脑辅助速成对外汉语教学系统》由北京语言大学研发成功。该系统适用于以英语为媒介语的汉语初学者。教材以常见的场景和句型为线索,结合最常用的词汇和相关的文化知识展开教学,能快速提高学生的听、说、读、写能力。学生可随时与计算机进行交互活动,可选择学习内容进行反复练习和自我测试[1]。

在语言测试上,计算机被用于大规模标准化题库的建立、试题的生成、自动阅卷、考试结果的分析等,保证了语言测试的科学性。同时,计算机也被用于大规模的汉语水平考试(HSK)中。汉语水平考试是国内首个为测试非汉语母语者而设立的标准化汉语水平考试。1985年开展了第一套汉语水平考试试卷的设计和测试。早期的汉语水平考试为纸笔测试。在计算机辅助技术的发展下,2010年4月,中国国家汉办/孔子学院总部推出了HSK新的考试形式——新汉语水平考试(HSK)网考(简称:HSK网考)。目前,汉语水平考试的纸笔测试、现场机考、网考并存,学习者可以根据自己的情况进行选择。

计算机辅助教学的另一成果是中介语语料库的建立。1995年北语成功研发汉语中介语语料库,这是国内对外汉语教学界第一个大规模中介语语料库。语料库系统对其中不同层次的字、词、句、篇等进行了加工和标注,也对学习者的偏误进行了标注和修正。使用者可以按照国别、第一语言、语料类别等字段进行检索。"中介语之父"Selinker曾评价它为当时世界上规模最大的中介语语料库。此后,国内外研发的汉语中介语语料库,如HSK动态作文语料库、全球汉语中介语语料库等大都借鉴其内容、结构、技术、规范。在中介语语料库的辅助下,教师开始根据学习者的典型偏误指导教学,实现了早期的数据驱动教学,研究人员也基于语料库开展了一系列语言习得及教学研究。

计算机技术始终是教学的助手,同时也为教材编写提供了便利。储诚志在21世纪初研发了"中文助教",它具有自动分词、课文加注拼音、词表字表注释、词语随文注音翻译、新旧词关联、汉字繁简对照等功能。以词表字表为例,"中文助教"可以批量为字词添加拼音、词性、英文释义、繁体、常用度等。此外,"中文助教"还可以生成字词分布索引、统计文本的字词频率、生词密度和重现率等。"中文助教"帮助教材编写者完成了简单烦琐的重复性工作,而且为教材编写的科学性提供了支持。

二 多媒体教学

多媒体教学指的是通过文本、图片、动画、音频、视频等多种媒体进行的教学。多媒体技术在教学中的应用,主要表现为多媒体教室的建设,多媒体软件、多媒体教材、多媒体课件的开发、利用。

多媒体技术通过多媒体的表现语言作用于人的视觉和听觉来传递信息。其中包含了视觉元素和听觉元素。视觉元素包括文字、图形、图像、动画、影像等,听觉元素包括朗读、解说、音响、配乐等形式[2]。早期录音录像等技术使听觉和视觉在教学中的使用成

---

[1] 郑艳群. 汉语计算机辅助教学系统可实现题型的分类与设计[C]//世界汉语教学学会. 第三届国际汉语教学讨论会论文选. 北京:北京语言学院出版社,1990:12.

[2] 郑艳群. 汉语多媒体教学课件设计[M]. 北京:北京语言大学出版社,2009.

为可能，但内容和形式单一，而且，教室设备的限制使得教学中听多看少。多媒体技术的融入丰富了视觉和听觉元素，多媒体教室的建设也使多媒体资源在教学中得到充分的利用。

（一）多媒体资源

多媒体资源是融文、图、声、像于一体的教学和学习资源，如多媒体词典、多媒体教材。

1999年，第一部多媒体汉语字典《多媒体汉字字典》由北京语言大学出版社出版。这部字典采用声音、图形、动画等多媒体方式，将字词的音、形、义、用等内容组织在一张光盘之内。《多媒体汉字字典》实现了人机交互，学习者可以听到字词的标准读音，看到汉字的历史演变和书写过程，并可以查找相同部件的汉字等。符合学习者汉字习得的认知过程。这部字典也作为教材被用在汉字课上，因此也是一部多媒体教材。

多媒体技术运用于教材编写后，学界出版了大批全方位、立体化的多媒体教材。多媒体教材容量大，编排方式灵活，表现方式多样，使用方便，是纸介教材无法比拟的，多媒体教材可以存储在光盘上、附在纸介质的书中，也可以放置在网络平台上。图8-2展示了北京语言大学出版社出版的多媒体教材的主要功能。

学生在学习该课课文时，可以点击本课生词获取字词卡片，看到本课生词的拼音、笔顺、释义和大量例句。通过字词卡片，学生可以反复描红、临摹汉字，学习生词音、形、义、用法。非本课生词通过取词也能获取字词卡片。此外，学生可以点击课文音频听到标准的发音，同时，文字会跟随语音自动标红。如果课文较难，学生还可以通过注音辅助和多语种翻译掌握课文大意。听后学生可以逐句朗读，将自己的发音和课文音频进行对比，强化操练口语。

（二）多媒体课件

课堂教学中最常用的辅助教学工具是多媒体课件。教师们经常使用集文、图、声、像等媒体于一体的课件，辅助课堂教学。多媒体课件使口耳相传的语言教学变得更为直观形象，使言语交际、中文教学情境化。

多媒体教学实现了声、图、文、像并用，顺应了语言教学的发展需求，符合人类的认知特点。然而，媒体运用的成功与否，还要看设计是否能有效运用教学理论，并准确地发挥媒体的特性。优秀的课件应融教育性、科学性、艺术性、技术性于一体，才能最大限度地发挥学习者的潜能，强化教学效果，提高教学质量。

我们需要思考多媒体课件的制作方法以及在课堂上如何运用，以更好地发挥其优势。

1. 多媒体课件制作

PowerPoint（PPT）、希沃白板、Focusky Viewer、Canva等是当前常用的多媒体制作软件，其中PPT的使用最为普遍。

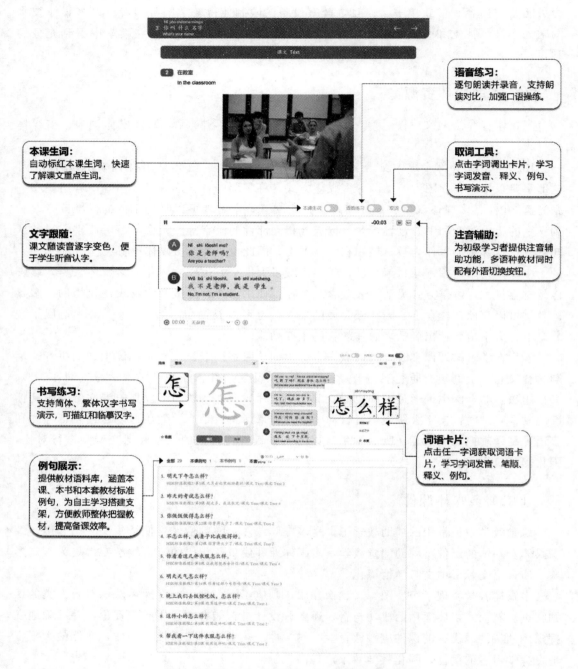

图 8-2 北京语言大学出版社出版的多媒体教材

崔永华等 28 位教授 2014 年为教案和课件订立了《汉语教学资源评审标准》（见表 8-2）。其中针对课件本身的要求包括：切合教学、利于互动、媒体恰当、制作精致、便于操作。如何切合教学又与教学理念、教学设计、教学内容、教学活动等相关？作为重要的课堂教学呈现方式，多媒体课件的制作需要与其他指标相结合。

表 8-2 《汉语教学资源评审标准》

一级指标（分值）	二级指标（权重）	二级指标描述（评分依据）
教学理念（10分）	培养能力（40%）	以培养语言综合运用能力（包括语言知识、语言技能、态度、策略、跨文化交际能力）为目标
	以学为主（60%）	以学生为中心，师生活动比例恰当
教学设计（10分）	目标明确（30%）	教学目标明确、具体，表述准确、规范
	针对性强（30%）	符合学生年龄、认知水平和语言能力水平
	思路清晰（40%）	符合课型特点，教学环节与步骤安排合理、衔接自然，时间分配合理
教学内容（20分）	内容恰当（30%）	涵盖本课的教学任务和要求，注重联系实际，体现多元文化
	科学规范（30%）	内容准确，无知识性错误，释义、举例恰当
	重点突出（30%）	重点、难点明确，讲练充分
	积极向上（10%）	选材积极向上，有利于客观理解中国，避免文化冲突和误解
教学活动（20分）	活动恰当（30%）	活动目的明确，方法得当、有效，难度适当，数量（题量）适度
	操作性强（30%）	指令明确，易于操作，学生参与度高
	提升兴趣（30%）	有利于激发学生学习兴趣，调动学生参与的积极性
	注意评价（10%）	有形成性学习效果评价
教案编写（15分）	要素齐备（33%）	包括目标、对象、内容、难点、重点、过程、方法、板书、手段、反思等
	说明规范（33%）	各项要素说明正确、规范、简明，条理清楚
	材料充分（33%）	问题、用例、练习、媒体等材料充分，实用性强
课件编制（25分）	切合教学（20%）	有利于呈现教学内容，有助于学生理解
	利于互动（20%）	有利于诱发师生、生生互动
	媒体恰当（20%）	媒体运用适度、有效
	制作精致（20%）	布局合理，界面美观，吸引力强
	便于操作（20%）	操作方便，导航清晰，运行稳定
加项：创新性（10分）		在教学理念、教学方法（活动）、教学手段或教学媒体等方面中的某一方面有所创新
总体印象（100分）		对整个作品的综合满意程度

郑艳群曾就多媒体课件中媒体素材的有限性提出：媒体素材在语言教学中起到了积极作用，但在教学中的媒体素材并非越多越好。媒体素材的有效性具体包括以下几点。

(1) 素材运用恰当，不可滥用，以免喧宾夺主。
(2) 运用素材的目的要明确，不能有二义性。
(3) 素材的质量要符合教学要求，字体、音质、画质、录像要有一定的清晰度。
(4) 文章解释要采取有效措施，尽可能做到简洁易懂（如对比的手法、表格的形式），对初学者可以考虑使用母语进行解释。
(5) 图标要直观，含义要明确，最好能提供在线帮助。
(6) PPT 的动画效果符合学习者的语言认知规律。
(7) 色彩和布局有助于突出教学内容。

我们可以从以下方面对 PPT 进行评价：内容的规范性与正确性、体现辅助性和真实性、处理重点和难点内容的有效性、版面设计的科学性、人机交互界面的简易性[①]。

此外，我们还需注意，PPT 内容需符合基本的信息伦理，包括保护知识产权、尊重他人信息、重视信息安全等。

2. 多媒体课件与课堂教学的深度融合

多媒体课件是教师最常使用的课堂教学工具之一，甚至成为教师授课的一种依赖。多媒体课件在教学中的使用需要适时适度，为促进多媒体课件与教学的深度融合，我们需要注意以下几点。

(1) 多媒体课件与板书配合使用。多媒体课件不能完全代替教师的板书，如汉字的书写，学生在课中产出的内容等，教师现场板书更有益于引导学习者认知。
(2) 根据学习者的特点与需求及时更换多媒体课件内容。备课更重要的是了解学生，课件内容需要根据学习者的特点更换，为学习者提供有利于他们理解的语言环境，如使用本班学生的照片和视频创设语言环境，使语言环境源于学生、用于学生。
(3) 课件的使用时间不宜过长。打开课件后，学习者的注意力常常在课件上，长时间使用不利于学习者对教学主体——教师的关注，也会使学生的思路一直跟着课件而忽视自己的创造性思维。
(4) 课件内容及呈现方式符合学习者语言认知的规律。课件中的内容不宜过多，最重要的功能是创造适合学习者的语言场景，而非大段的总结，为学习者的思考留出空间。动画的呈现方式要跟随学习者的认知顺序，起到引导思考的作用。

第三节 网络资源与线上教学

21 世纪前 20 年，互联网技术迅猛发展，教育资源通过网络汇聚，实现优质资源的普及和共享，同时也使线上教学成为可能。

---

① 郑艳群. 计算机技术与世界汉语教学 [M]. 北京：外语教学与研究出版社，2008.

一 网络资源及使用

（一）国际中文教育领域主要网络资源

网络数字资源已经成为国际中文教育的重要基础性条件，学生可以广泛地使用数字学习资源进行学习。数字学习资源是以数字形式记录的，以多媒体形式表达的，以分布形式存储于互联网上的各类资源，既包括短视频、直播课程、大规模开放在线课程（MOOC）、虚拟仿真实验教学资源、学习类应用程序（App），也包括联机数据库、电子图书、期刊、软件及游戏[①]。《国际中文教育教学资源发展报告》（2021、2022）[②][③]对用于国际中文教学的主要网络数字资源进行了总结，我们在发展报告的基础上进行了如下总结（见表 8-3）。

表 8-3　用于国际中文教学的主要网络数字资源类型及举例

网络数字资源类型	资源举例
数据库	HSK 动态作文语料库、全球汉语中介语语料库、BCC 语料库、CCL 语料库
中文教学平台	中文联盟、智慧平台、唐风汉语、庞帝智能
中文学习网站	梧桐中文、汉语语音点查询系统、汉语圈
慕课平台	学堂在线、中国大学 MOOC、中文联盟、Coursera、edX
语言学习 App	Duolingo、Quizlet、HelloTalk
中文在线教学平台	TutorMing、Outschool、PPtor、悟空中文、Lingo Bus、
在线教学平台	Zoom、腾讯会议、钉钉、Google Meet、Google Classroom、学习通、雨课堂、ClassIn、Skype
协同文档	腾讯文档、石墨文档
通信软件	微信、WhatsApp
其他网站	Kahoot、Padlet

这些网络资源让中文学习内容更加丰富、多元，学习方式更加快捷、方便，增加了师生互动、生生互动，调动了学习者的积极性，扩充了学习的内容，提高了学习的效率。

（二）网络资源在教学中的使用

网络资源推动了中文教学内容和教学方法的变革。在教学内容上，教师在课前备课、

---

① 黄荣怀，张慕华，沈阳，等. 超大规模互联网教育组织的核心要素研究——在线教育有效支撑"停课不停学"案例分析［J］. 电化教育研究，2022（3）：10-19.

② 教育部中外语言交流合作中心. 国际中文教育教学资源发展报告（2021）［M］. 北京：北京语言大学出版社，2021.

③ 教育部中外语言交流合作中心. 国际中文教育教学资源发展报告（2022）［M］. 北京：北京语言大学出版社，2022.

课中授课、课后作业布置时都可以调用网络资源。在教学方法上，教师利用资源，引导学生在课前完成预习任务、对内容预先进行探究，在课上集中进行高阶的语言练习，实现了翻转课堂。表 8-4 为一堂初级汉语综合课的主要教学流程及教学过程中对网络资源的利用。我们可以看到，教师调用了多种资源类型，如语言学习 App、协同文档、微课、通信软件、在线教学平台等，共同服务教学。

表 8-4　课程中网络资源的利用[①]

	任务	具体内容	资源利用
课前阶段	语音	在学习系统中朗读、自动评判、自我纠正，结果反馈至平台	利用智能语音系统 SAIT 汉语 App 进行操练和反馈
	词汇	预习音、形、义、简单用法，并提出问题	问题通过协同文档或者微信反馈
	语法	观看教师录制的语法视频，完成简单的测试	观看《初级汉语语法点微课 62 讲》中有关内容
	汉字	预习生词的字形，并利用书写系统进行自我矫正	汉字智能书写系统
	文化	查找长城、故宫、颐和园、天坛资源，了解北京的名胜古迹	学生利用网站查找
	语言表达	世界采访：采访不同国家的人选择工作时什么最重要	采访内容在 Padlet 或协同文档分享
课中阶段	组织教学	点名、热身	学生在学习通签到
	复习	通过学生拍摄的视频复习之前内容	在 Padlet 或协同文档一起观看
	语音	就预习中存在偏误的语音进行操练	通过汉语语音点查询系统查找操练内容，如 HSK 四级中二声搭配三声的词汇
	词汇	听写生词、纠正笔顺	
		生词认读	
		生词讲练	典型搭配在 BCC 语料库中查找
	语法	语法引入	从北语慕课中的视频段落截取，借鉴北语慕课中的语法操练形式
		语法格式总结	
		基于语法的简单操练	
		基于语法的扩展性交际互动	

[①] 根据闻亭、全军、唐翠菊、李艳华北京市创新大赛三等奖教学设计改编。

续表

阶段	任务	具体内容	资源利用
课中阶段	课文	课文内容头脑风暴预设	
		线上线下分角色朗读	
		课文内容概括	
	课后练习	课后练习，并根据习得情况补充	根据 HSK 动态作文语料库、全球汉语中介语语料库中学习者常见偏误编制练习
	交际活动	联系学生生活情境进行分组交际	腾讯分组
	测评反思	输入含有生词语法的句子	在协同文档中输入自己的句子，同学们一起阅读好句子，改正存在偏误的句子
	结课	总结课程、布置作业	
课后阶段	个性巩固	根据学习系统记录的学习行为查缺补漏、及时与教师互动	根据学习通的记录在微信上进行反馈
	语言技能	完成配套练习册、口语表达	用学习通上传练习、记录表达
	综合表达	与中国学生在课下共同学习：分析采访内容，交流、分析各国同学观点上的相同与不同之处；准备课堂报告	同学在腾讯会议和中国学生进行线上互动
	中外融通		

二 线上教学与翻转课堂

（一）线上教学

按照学习者学习的空间，教学可以分为线下教学、线上教学、线上线下混合教学三种方式，线上教学是外语教学的重要方式之一。2019 年后，国际中文的线上教学大规模展开。

线上教学的优势在于，可以打破时空的限制，实现人人可学、处处可学、时时可学。同时，与教室中面对面的教学相比，也需要关注以下的问题，比如：网络不稳定，缺乏真实的语言环境，教师对学生学习情况了解不足，课中学生参与度低、注意力不集中，互动不足、形式单一。

面对单纯的线上教学，教师需要在学生、教学资源、教学方法上做好充足准备。在学生方面，教师需要通过多种方法了解学生的情况，如网络状况、学习目标、学习特点等，建立师生之间的信任，激发和维持学生的学习动力，同时为学习者提供个性化的教学。在教学资源方面，教师要做充足的准备，为学生提供更为丰富的多模态的语言材料，如用于课前预习和课后巩固的文字、音频、视频等资料，以便学习者获得更多的语言输入，弥补语言环境的缺失。在教学方法上，教师需要思考激发学习者互动的方法，鼓励学习者尽量多使用中文进行交流。

线上教学中，学习者的时间、网络等都存在个体差异，因此线上教学分为即时直播和非即时录播两种。即时直播和非即时录播在传播渠道、交互频次、传播人数、信息提取、传播者投入、传播利用率、投入产出比等方面都存在着差异，主要表现为以下内容（见表 8-5）。

表 8-5　即时直播与非即时录播的比较

	即时直播	非即时录播
传播渠道	直接	间接
交互频次	交互更多	交互较少
传播人数	人数有限	人数更多
信息提取	当时、完整	随时、碎片化
传播者投入	多为教师个体	可以团队合作
传播利用率	一次性	资源库
投入产出比	持续平行投入	前期录制＋后期维护

教师可以根据学习者的时区、学习特点、网络条件等，采用不同的线上教学方式，如儿童注意力容易分散，宜采用直播的方式，并加强互动。对于存在时差、学习工作较为紧张的学习者，可以采用录播的方式，利用碎片化的时间学习。我们也可以将两种线上教学方式相结合，如直播的同时录屏，放到资源库中，供不能在线的学生观看，这同时也是参与直播学习同学的学习资源。

录播课程缺乏直播教学的面对面互动，所以需要做更加周全的准备，课前、课中、课后要注意以下方面。

1. 课前阶段

(1) 教师制定详细的整体教学体系、每周教学中对学生的具体要求。
(2) 教师制作课件、精心思考录制脚本。
(3) 教师录制、剪辑、上传课程视频。

2. 课中阶段

(1) 学生学习主体课程。
(2) 师生进行全班或分组的互动。
(3) 学生完成作业。

3. 课后阶段

(1) 面向全班或师生一对一进行反馈。

(2) 学生根据情况再次观看录播课，查缺补漏。

（二）翻转课堂

线上教学是外语学习的重要方式之一，无论是在历史上还是常态下，网络学习资源、线上学习都与翻转课堂教学模式密切相关，赋能教育并改变学生的学习方式。

翻转课堂在 2007 年左右出现，源于两位美国化学老师希望解决学生因为生病或上学路上耗时太长、造成缺课和跟不上进度的问题。两位老师使用录屏软件和 PPT，录制讲解视频并传到网上供学生学习，在此过程中两位老师发现，学生课前提前看视频听讲解，可以腾出课上时间，解决同学学习中的困难，促进了知识的获得。这种方式翻转了传统的教学模式，从教师课中先讲解、学生课后做作业，转变为学生课前先自学、教师课中后指导。

翻转课堂的教学模式得到肯定，但制作教学视频需要大量的时间。可汗学院和慕课（Massive Open Online Courses，简称 MOOCs）解决了这一问题。可汗学院由孟加拉裔美国人萨尔曼·可汗于 2004 年创立，萨尔曼·可汗起初是为了远程辅导亲戚家孩子数学，录制了视频并放到了网上供需要的人学习。之后，可汗建立了非营利网站，除视频外又增加了在线练习、自我评测、学习跟踪等功能，成为一个带有互动性的学习平台。慕课是大规模开放在线课程的意思，慕课的特点是不仅有开放课程，而且更加突出互动与反馈。慕课通过建立在线学习社区，让学生有沉浸感，能调动学生参与学习的积极性。

翻转课堂的教学模式与大规模开放课程相结合扩充了学习资源，从几位教师的录屏课程，变为世界范围内大规模的优质课程，而学习平台、学习社区的创立也增加了学习的互动性。同时，翻转课堂也改变了学生学习的方式，以及师生的角色定位，学生从知识的被动接受者成为主动探索者，教师从知识传授者转变为学生自主建构知识体系过程中的协助者。

翻转课堂的教师模式十分适合语言的学习。学生在课前完成可以独立进行的低阶预习任务，比如，听生词读音，跟随录音朗读生词和包含生词的句子，了解生词的基本词汇；跟随规范笔顺书写汉字、朗读课文等。这些低阶任务较为简单但费时。如果学生预习得好，课中机械练习的时间就会减少，可以更充分地开展互动，进行高阶的语言互动和实践活动。

第四节　人工智能与智慧教育

智慧教育是教育数字化转型的重要目标，是未来的教育发展方向。对于智慧教育的概念，杨现民[①]、黄荣怀[②]、祝智庭[③]、余胜泉[④]等学者从不同角度进行了定义。目前学界对于智慧教育较为一致的看法是，以往教育技术较为关注技术本身，智慧教育则注重人工智能与

---

① 杨现民．信息时代智慧教育的内涵与特征［J］．中国电化教育，2014（1）：29-34．
② 黄荣怀．智慧教育的三重境界：从环境、模式到体制［J］．现代远程教育研究，2014（6）：3-11．
③ 祝智庭，彭红超．技术赋能智慧教育之实践路径［J］．中国教育学刊，2020（10）：1-8．
④ 余胜泉，陈璠．智慧教育服务生态体系构建［J］．电化教育研究，2021（6）：5-13，19．

教育教学的深度融合、教育技术与人的发展的融合。智慧教育为每个学习者提供适合的教育，为社会发展提供系统性人才支撑。智慧教育通过教育环境数字化、课程教学个性化、教育治理精准化，构建面向人人、适合人人、更加开放的高质量教育体系，培养更具价值理念、数字素养、创新能力、终身学习能力的时代新人[①]。（中国教育科学研究院，2003：5）

一 人工智能

2017年，国务院印发的《新一代人工智能发展规划》提到，到2025年人工智能基础理论实现重大突破，部分技术与应用达到世界领先水平；到2030年人工智能理论、技术与应用总体达到世界领先水平。国际中文教育技术也正在向人工智能的方向发展，并将人工智能与教育深度融合，发展国际中文智慧教育。

在软件资源方面，北京语言大学2017年开发了汉语智能语音教学App软件系统——SAIT汉语。这是一个基于移动互联网平台的汉语智能语音教学App软件系统，专门用于对外汉语语音教学。这套语音系统可以实时报告声母、韵母、声调的偏误，并以颜色、文字、声音、动画多模态形式给予正音反馈指导。系统能够根据老师布置的教学要点，帮助学生自主完成发音学习、评测，给学生提供个性化训练，及时提供偏误反馈，跟踪记录学习经历并对感知范畴进行检验。

2021年，国际中文智慧教室正式挂牌。在智慧教室中，教师可以通过智慧屏提供实时、异地、双向互动的国际中文智慧教学。中文智慧教室将互联网、大数据、云计算、物联网、人工智能、虚拟现实技术等应用于国际中文教学，通过精选课程、资源平台与智慧大屏的有机结合，提供一种适用于互联网时代的全新中文教学解决方案。

2022年北语面向全球正式发布了"国际中文智慧教育工程"核心成果"国际中文智慧教学平台系统"，这是我国首个面向全球中文学习者的智慧教学系统。该系统针对汉语国际教育的特点开发了一系列智慧化功能，如大规模优质资源的积累与分享、实时评测、自动诊断、智能反馈、多模态练习、自动出题、学情全程记录、生成统计报告等，实现了对教育教学多维度的资源支撑和技术赋能。（详见二维码：基于智慧教学平台的国际中文教学改革与模式创新）

基于智慧教学平台的国际中文教学改革与模式创新

2023年，ChatGPT等生成性人工智能横空出世，为教育带来更大的机遇，同时也带来了挑战。目前，在教学中，生成性人工智能可以为教师和学生提供多种便利。生成式人工智能是教师的助教，为教师提供基础的教学设计方案，帮助教师编写教案草稿，提供多模态的教学资料，还能生成大量练习、批改作业。生成式人工智能是学生的私教，为学生提供符合他们水平的文字或语音输入，与学生展开多轮互动，测评学生的输出，纠正学生的偏误，随时随地为学生提供个性化帮助。

如果你是新手教师，想看一看"把"字句如何教学，可以向人工智能发出指令："请

---

① 中国教育科学研究院. 中国智慧教育蓝皮书（2022）[M]. 北京：教育科学出版社，2023.

提供一个'把'字句的教学设计,教学对象为初级水平汉语学习者"。ChatGPT4 可以生成图 8-3 中的内容,从教学目标、教学内容、教学步骤、教学评价四个方面提供了"把"字句教学设计雏形。虽然比较笼统,在精准度上有待提升,但是可以作为参考,当然也对使用者提出了更高的要求,需要我们能够判别信息的准确性和适用性。

图 8-3　ChatGPT4 生成的"把"字句教学设计

生成性人工技术是人类的创造,为教与学提供了更大的便利,但教师的创造力和情感表现力等特质是人工智能目前无法代替的。面对大量自动生成的资源,教师和学生都需要有足够的辨识力,去伪存真,有选择地利用资源。

二、智慧教育①②

国际中文智慧教育是指全面系统地使用智慧化手段开展中文作为第二语言的教育,包括实现学习智慧化、教学智慧化两个方面。学习智慧化的目标是实现泛在学习和个性化学习。泛在学习指打破时空的界限,时时可学、处处可学、人人可学。个性化指教学符合学生的学习特点,能够满足不同学生的需求。教学智慧化的目标是因材施教、解放教师。通

---

① 刘利,刘晓海. 关于国际中文智慧教育的几点思考[J]. 语言教学与研究,2022(5):1-9.
② 闻亭,刘晓海. 国际中文智慧教育视域下的教学设计[J]. 语言教学与研究,2023(4):24-33.

过信息化、智能化手段，将教师从简单、重复性劳动中解放出来，专注于教育创新、人文关怀等机器无法替代的活动。

（一）国际中文智慧教育的核心样态

在国际中文智慧教育的实施过程中，我们可以从以下方面入手。

第一，精准构建学习者画像。全程动态记录学习者的学习动机、兴趣爱好、个体特点以及语言背景、语言水平、语言能力等信息。

第二，智能定制学习方案和教学资源。根据不同国别、不同水平、不同需求的中文学习者特点，自动生成个性化的学习计划、课程资源、学习资源等，并为学习者匹配最合适的师资。

第三，精准开展教学活动。教师根据中文学习者普遍存在的重点难点问题进行精讲指导，使教学更具科学性和针对性。

第四，全面提供智能化支撑。使用信息技术、智能工具、自动化手段，搭建虚拟现实等仿真学习场景，让教学与学习活动具有交互性与沉浸性。

第五，科学实施学习评价。通过过程性评价和终结性评价相结合、人工评价和计算机评价相结合的评价方式，全面记录学习过程、学习结果和学习者反馈，自动生成学习档案，精准提供后续学习建议。

（二）国际中文智慧教育对"三教"的改变

在智慧教育视域下，教师、教材、教法，即"三教"也发生了变化。

教师的团队化。在传统教学模式下，一个班级的一门课程通常由一位教师全面负责，而智慧教学模式下，教师需要团队合作，团队可由主讲教师、助教人员、助学人员、技术人员组成，以发挥各类人员的作用，共同建设资源、实施教学、管理班级。

教材的资源化与融媒化。近年来，教材与各类数字化的课程、评测、素材等资源的界限逐渐模糊化，教材的形态从以纸质为主向数字化、融媒化转变。传统教学中教材以课本为主，如今逐渐扩展为数量大、内容广、模态多的教学资源。此外，教材的使用由"教师主导"转变为"学生主导"。

教法的标准化与多元化。标准化指教学有规范的流程，不同的阶段彼此衔接，形成全流程教学闭环；同时注意存储、获取、加工、开发、利用教与学的标准化数据，实现数据驱动，提升教学效率和学习质量。"教学有法、教无定法、贵在得法"，多元化指在智慧教育技术和资源的支撑下，教师可以更加灵活地设计和实施教学法，根据学生学情更加科学地进行"精讲多练"，以实现学生的个性化学习和教师的因材施教。

智慧教育为教学法带来一些变化，同时也有一些事不会改变。第二语言教学法的基础是第二语言，必须坚持以第二语言为本位、从培养低阶思维向培养高阶思维迈进的根本目标不变、以学习者为中心的指导思想不变[①]。

---

① 丁安琪，张杨. 智慧教育理念下第二语言教学法的变与不变[J]. 国际汉语教学研究，2022(3)：72-80.

（三）国际中文智慧教育教学设计

教学是一个系统工程，各教学阶段环环相扣。以往教学过程重视课前、课中、课后三个阶段。从教学的完整性、学生接受教育的质量、教师对教学全流程的准备、智能化手段的赋能看，智慧教学设计可以划分为学前、课前、课中、课后、学后五个阶段。在国际中文智慧教育模式下，基于多样的信息化、智能化技术和工具的支撑，教师能够更加全面地把控上述五个阶段的教学设计，使得五个阶段彼此形成联结的闭环（见图8-4）。（详见二维码：一节智慧教学模式下的初级汉语综合课）

一节智慧教学模式下的初级汉语综合课

1. 学前阶段

（1）形成学习者初步画像。

图8-4 国际中文智慧教学设计

智慧教学的重要特征之一是从学习者的需求和特征出发，形成学习者初步画像，根据画像制定教学目标、匹配教学资源、提供个性化的教学。学习者初步画像的内容可以分为学习需求和学习者特征。学习需求包括语言学习目标，以及将来运用语言的形式、领域、场合。学习者特征包括语言水平、语言背景、语言学习经历、学习态度、学习动机、学习策略等。

（2）梳理建构教学资源。

智慧教育为资源的汇聚与调用提供了技术支持。语言教学资源体系分为语言知识资源、语言学习素材资源、语言课程和评测资源、语言技术资源[①]。教学平台可以将资源一体化，实现资源的承载、标注、关联、检索。

---

① 李宇明，施春宏，刘晓海，等．"语言资源学理论与学科建设"大家谈[J]．语言教学与研究，2022（2）：1-16．

(3) 组建"1＋N"教师团队。

传统模式下，一个老师一学期可能要面对数十位学生，工作量大。我们可以组建"1＋N"的多师制教学团队，由"一对多"变为多位老师对应多位学生的"多对多"模式。这里的"1"指课程主讲教师，"N"指主讲教师以外的助教教师、助学教师，共同组成各司其职的教学团队。

2. 课前阶段

课前阶段主要包括学生预习、教师备课两个方面。在此阶段，教师布置预习任务激活教学内容，学生个性化自主预习、测试、获得反馈，教师根据反馈了解学情，高效备课，为后续课中阶段打好基础，使课中教学更为精准。

(1) 学生自主预习、测试、反馈。

此环节主要包括以下步骤。第一，教师从资源库提取已有资料，根据学生需求整理、发放预习任务。第二，学生进行预习、完成测试，根据机器的实时反馈进行操练，直到自我满意。第三，教师在后台观察学生预习的情况，为学生提供主观的评价和指导。学生主动预习、教师全面了解学生预习状态，不仅能提升教学质量，也能提高学习者的自主性。同时学生预习任务的完成也起到了节省课中时间、为课中互动铺路的作用。

(2) 教师根据学情精准备课。

智慧设计通过学生的预习—测试—反馈实时掌握学情，教师可以据此了解全班同学以及每位学生预习情况，判断全班同学共同的难点，也可以看到每位同学的弱项，确定全班授课时的教学重点、个别指导的方向，实现科学的精准备课。

3. 课中阶段

"精讲多练"是课中阶段重要的教学模式。在智慧教学模式下，基于课前阶段的学情数据，教师可以更好地实现"精讲"，并通过创新互动对象、互动内容、互动形式，促使学生高质量地"多练"。

(1) 扩展多元化的互动对象。

语言教学需要增加互动，智慧教学应从人人互动、人机互动两方面为学生提供了更为多元化的互动对象。在传统的课堂面授中，学生的互动对象主要是主讲教师和同学。而智慧教学中，互动对象可以扩展为教师（主讲教师、助学教师）、同学、资源、媒介。

(2) 提供契合学生需求的互动内容。

互动是促进语言习得的重要途径，但前提是互动的内容能够引起学习者的注意。教学内容如果符合学生的兴趣和需要，就可以延长学生的注意时间。学前阶段的学习者分析让教师对学生更为了解，设计教学内容时要贴近学生的兴趣，激发学生交流的愿望。课前阶段的预习数据，让老师能够更精准地把握学生学习的难点，授课内容更能满足学习者的需要。在学前、课前的基础上，课中阶段互动内容更丰富、科学、精准，能吸引学生更多地参与到互动中。

(3) 创新激励学生交流的互动形式。

单个点名提问难以顾及全班同学，面对全班提问又会忽视对学生个体的关注，课堂互动需要兼顾学生全体与个体。依托智慧教学平台、教学辅助软件等媒介,可以在互动形式在传统师生互动、生生互动的基础上,增加教师—媒介—学生、学生—媒介—学生的互动方式,教师通过媒介在同一时间向所有同学发放练习,并通过媒介观察每位学生的具体作答情况,随时指导。通过媒介,师生互动由一对一的顺序互动,转变为一对多的平行互动,教师既能把握全班情况,也能督促和了解每位学生的学习状况。

4. 课后阶段

课后阶段是课程在课堂之外的延伸,是学生的自我异步学习。通过技术手段及时向学生进行学习反馈,并为其搭建利用汉语全向交互的环境,巩固课中内容,增加语言互动,促进学生从被动到主动,实现个性化的自主学习。

(1) 人机结合反馈激励。

智慧教学中的人工智能可以帮助教师提醒学生完成作业,自动诊断客观题目,自动出题,记录并汇聚偏误形成错题本,协助教师追踪全体及个体学生的作业完成情况,并对完成程度、准确率、次数、所需时间等进行统计。教师主要是批改主观题目,观察学生完成情况,给予学生反馈,激发学生学习的热情。

(2) 创设自主学习环境。

个性化的自主学习是智慧教学的目标之一。智慧教育为学生提供不同程度的学习支架,供学生自主选择。训练听的技能时,学生可以选择不同的播放速度,以及是否呈现听力文本;训练口语或书面表达时,智慧教育可以提示框架和词汇有多少差异;阅读训练时,智慧教育可以提示文本相同的情况下,翻译和注释的数量有所不同;训练汉字书写时,智慧教育可以提供描红、跟写(有笔顺)、抄写(无比顺)、默写等模块供选择。灵活的完成方式,实现了教育公平和差异化教学,学生可以根据自己的情况自主选择,这提高了他们对作业的兴趣,也能激励他们不断挑战自我。

(3) 建立练习与测试题库。

智慧教育可以汇聚练习资源,形成题库。题库中题型丰富,符合汉语学习的特点,同时题目的模态多样化,有手写、打字、语音、图片、视频等多种模态的输入输出方式。教师可以查询、引用、修改、自创题目。

(4) 构建中外师生学习共同体。

学习是在共同体中通过协商进行知识构建。学习共同体是由学习者及其助学者共同构成的学习团体,在学习过程中共同体成员间经常进行沟通、交流,分享学习资源,共同完成学习任务,成员之间相互影响、相互促进。共同体成员可以线下面对面地交流,也可以在线上的学习者社区交流。针对学生课下阶段缺乏沟通和指导的问题,可以建立由教师团队、外国学生、中国学生共同组成的中外师生学习共同体,课上同堂学习,课下共同完成语言任务。

5. 学后阶段

学后阶段是课程全部结束后的总结阶段,需要对学生学情和教学档案进行最后归总,并与学生下一轮教学过程衔接贯通。

(1) 完善学情档案。

学前、课前、课中、课后、学后是一个完整的教学循环，需要进一步完善学习者的学情档案，形成完整的学情报告。学情报告内容包括学生情况记录、语言发展评估、学生自我评估及反思等。

(2) 汇总教学档案。

教学档案是教师教学资料与思考的集合，智慧教育将支持教学档案的汇总与提取，教学档案可以包括教学资料、学生对教学的评估、教师教学反思等。智慧教学中，通过对数据挖掘和学习分析技术的利用，已经实现了利用教学视频、日常反思日志、学生学习过程数据，为教师提供反思的科学路径。

数字化技术越来越多地应用于教育，为了促进教育的数字化转型，教育部先后发布了《教育信息化 2.0 行动计划》《中国教育现代化 2035》等文件。国际中文教育也正经历着数字化转型，数字技术与国际中文教育深度融合。《国际中文教师专业能力标准》对教师的教育技术能力也提出了更高的要求，数字教学素养是国际中文教师的重要素养。

数字化转型不是对传统教育技术的抛弃，新技术被运用于教学和学习的同时，以往的技术依然被使用，比如，传统的黑板、粉笔在教学中必不可少，广播、电视等视听媒体技术仍是中文教学的重要手段。教育的技术会不断地更新，技术的迭代会为教育的发展带来新的思考，同时也会让教学经历一段时间的动荡，然后达到一个稳定、平衡的状态，技术的翻新是实时的，技术本身不是第一位的。在教学中，多种教育技术并存，共同支持着中文的教与学，教师需要根据不同的教学条件、教学目标、教学内容、学习者特点，选取适配的技术手段，思考如何将技术更好地用于教学与学习，促进学习者的发展。

◇ 基础知识（理论阐释）

国际中文教育领域的教育技术发展经历了传统教育技术、视听媒体教育技术、信息化教育技术三个发展阶段。

传统教育技术阶段的技术代表是黑板和粉笔；视听媒体教育技术阶段，最常用的技术有唱片、录音、录像、广播、电视、幻灯、投影等，并催生了汉语视听教学和视听说教学。

20 世纪 80 年代至 90 年代，随着模拟技术信息向数字技术转变，信息教育技术时代来临，国际中文教育利用计算机辅助、多媒体、互联网、大数据、人工智能等服务教与学。国际中文教育领域开发了计算机辅助教学软件、辅助教材编写软件，计算机也被用于大规模的汉语水平测试，以及中介语语料库的建设。多媒体技术的运用主要体现在资源和课件的利用上，多媒体资源是融文、图、声、像于一体的教学和学习资源，多媒体课件使口耳相传的语言教学变得更为直观形象。进入 21 世纪，互联网技术迅猛发展，教育资源通过网络汇聚，实现了优质资源的共享，线上教学打破时空的限制，实现人人可学、处处可学、时时可学。目前，我们处在人工智能和智慧教育的时代，资源与技术全面赋能中文教学，协助教师更加科学、精准地因材施教，形成了教育技术与人的发展的融合。

◇ 关键概念解析

1. 计算机辅助

计算机辅助包括辅助教学、测试、教学管理等。计算机辅助教学是指以计算机为媒体帮助教师执行教学功能的活动。计算机辅助测试是用计算机编制的或在计算机上进行的客观测验，包括测试生成、实施以及评卷分析等环节。计算机辅助管理教学是利用计算机来帮助教师完成教学管理任务，对学生的学习过程进行记录、对教学效果进行测量和评估等。

2. 多媒体教学

多媒体教学指的是通过文本、图片、动画、音频、视频等多种媒体进行的教学。多媒体技术在教学中的应用，主要表现为多媒体教室的建设，多媒体软件、多媒体教材、多媒体课件的开发、利用。

3. 国际中文智慧教育

国际中文智慧教育是指全面系统地使用智慧化手段开展中文作为第二语言的教育，包括实现学习智慧化、教学智慧化两个方面。学习智慧化的目标是实现泛在学习和个性化学习。泛在学习指打破时空的界限，实现时时可学、处处可学、人人可学。个性化学习指教学符合学生的学习特点，能够满足不同学生的需求。

◇ 本章小结

本章探讨了国际中文教育技术从传统教育技术到视听媒体教育技术，再到信息化教育技术的发展历程。在视听媒体教育阶段，唱片、录音、电台广播、电视、录像等被运用于中文教学，虽然这些技术逐渐被新技术代替，但该阶段的理念至今仍在指导着中文教学，即运用视听媒体技术为学习者提供大量优质的语言输入，以及输入输出相结合的方式发展听说和视听说教学。在信息化教育阶段，计算机辅助、多媒体教学、网络资源、线上教学、人工智能、智慧教学相继出现，中文教学进入资源与技术共同服务教与学的时代。同时，我们也意识到，技术的发展日新月异，重要的是要将教育技术与教育教学深度融合，让技术协助教师实现因材施教，帮助学习者实现泛在学习和个性化学习，促进人的发展。

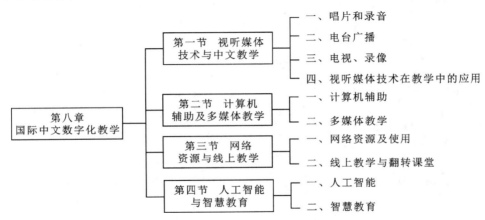

◇ **思考与练习**

1. 国际中文教育的数字化发展主要经历了哪几个阶段？这几个阶段的代表性技术有哪些？
2. 在选择数字化手段时，应该注意哪些方面，才能更好地与教学相融合？
3. 网络资源都包括哪些类型？你都使用过哪些网络资源，谈一谈如何在教学中更好地利用。
4. 评判课件的标准主要有哪些？请制作一个语言点的课件，并和同伴一起分析该课件的优点及问题。
5. 观察一节完整的汉语课，记录教师使用的数字化手段，并谈一谈使用的具体方法及效果。
6. 教育的数字化转型是否意味着对传统教育技术的抛弃？谈一谈你的看法。

◇ **推荐阅读**

黄荣怀，庄榕霞，王运武，等．教育技术学导论［M］．北京：高等教育出版社，2022．

教育部中外语言交流合作中心．国际中文教育教学资源发展报告（2022）［M］．北京：北京语言大学出版社，2022．

郑艳群，等．语言教育技术研究［M］．北京：北京语言大学出版社，2022．

第九章
国际中文教师素养与专业发展

教学导航

学习目标	课程素养目标： 明确作为一名国际中文教师的社会责任和使命，能够以积极的态度和正确的价值观开展中文教学工作 专业知识目标： 1. 熟练掌握国际中文教师素养内容 2. 深入了解专业发展的内涵、模式、阶段与路径 3. 能够在教学实践中进行教学反思与行动研究
重点难点	1. 能力素养与知识素养的内容 2. 国际中文教师专业发展路径 3. 教学反思的方法 4. 行动研究的过程

问题导入

国际中文教师指全球范围内所有从事中文作为第二语言教学的教师。为了提高国际中文教育的质量和效果，培养更多的优秀中文教师，必须加强国际中文教师素养与专业发展。教师素养和专业发展不仅对实现课堂教学目标至关重要，同时也是提高教师自身职业素质和竞争力的必要条件。

国际中文教师素养涉及多个方面的知识、技能和能力。你知道要成为一名国际中文教师，需要具备哪些方面的素养吗？

国际中文教师专业发展是国际中文教师的专业成长或教师内在专业结构不断更新、演进和丰富的过程。你知道国际中文教师专业发展有哪些发展阶段和发展路径吗？你知道什么是教学反思和行动研究，以及如何进行教学反思与行动研究吗？

本章将介绍国际中文教师素养与专业发展的相关知识和技能，旨在帮助大家了解国际中文教师素养与专业发展的重要性，掌握相关的知识和技能，从而促进自身的全面发展。

第一节　国际中文教师素养

教师素养是教师具有的素质和修养。它是知识、能力、态度、价值观等多层次的统一体，是教师工作必须具备的条件。[①] 国际中文教师素养是其在国际中文教育、教学活动中表现出来的，能够决定其教育、教学效果，对中文作为第二语言的学习者身心发展有直接且显著影响的品质的总和。国际中文教师素养的高低直接影响着国际中文教学的质量，更影响着教师所培养出的人才的质量。

国际中文教师素养主要可以划分为四个方面：基础性素养、道德信念素养、能力素养和知识素养。基础性素养是国际中文教师应该具备的基本素质和能力，包括良好的性格禀赋、职业情感和职业认知等，是国际中文教师从事教师工作的基础。道德信念素养是指国际中文教师应该具备的职业道德观念、行为准则和专业信念等，是中文教师进行教学和管理工作的基本要求。能力素养是指国际中文教师应该具备的语言、教学、跨文化、学科及数字能力等，是中文教师进行教学和管理工作的重要保障。知识素养是国际中文教师应该具备的学科基本理论知识、学科应用理论知识和实践性知识，是中文教师进行教学和管理工作的基础。

一　基础性素养

基础性素养是国际中文教师的基本品质，是从事教师工作的基础条件。它包括教师作为公民的基本品质、文化底蕴、个人的价值取向等多方面的素养，但对于国际中文教育领域和国际中文教学的入行门槛来说，性格禀赋、职业情感和职业认知是国际中文教师基础性素养的核心，是国际中文教师入行的基本要求，它能确保不具备教师素养的人才不入错行。[②]

（一）性格禀赋

性格禀赋指性格是否开朗乐观、亲和友善，是否善于沟通，语言表达是否清晰，口齿是否流利以及普通话是否达标等。开朗乐观的性格能够帮助教师积极面对工作中的挑战和困难，保持心态平衡，增强工作热情和活力。亲和友善的性格特质能够帮助教师与学习者

[①] 郭少英，朱成科．"教师素养"与"教师专业素养"诸概念辨［J］．河北师范大学学报（教育科学版），2013（10）：67-71.

[②] 李泉，丁安琪．专业素养：汉语教师教育的起点与常态——"素养—能力—知识"新模式［J］．云南师范大学学报（对外汉语教学与研究版），2020（5）：1-9.

建立良好的关系，增强教学的互动性和人性化。善于沟通可以帮助教师与学习者、家长和同事进行有效的沟通和交流，减少误会和冲突。清晰的语言表达和流利的口齿能够帮助教师更好地传达知识和思想，提高教育教学效果和质量。普通话达标（对于中文非母语教师来说，就是中文达标）则是国际中文教师必须具备的基本语言能力。通常情况下，母语教师的普通话水平应该达到二级甲等及以上。

一般认为，性格禀赋是先天性的，很难改变，因此如果一个人性格内向，不善交流，或者口齿不够流利，表达能力不强等，就不适合做国际中文教师。

（二）职业情感

职业情感是国际中文教师对国际中文教育教学事业所产生的情感和态度。它包括热爱、使命感、敬业精神、责任感、成就感等。热爱指热爱国际中文教育教学工作，愿意为学习者的学习和成长付出努力和时间；使命感指认为国际中文教育工作是一项重要的使命，能够对学习者的未来产生积极的影响；敬业精神指愿意不断学习和提高专业素养，努力探索国际中文教育教学的新方法和新途径；责任感指对学习者的学习和成长负有责任，认真履行自己的教学职责和义务；成就感指从学习者的进步和成长中获得满足感。

教师如果敬业乐业，对知识精益求精、对学习者认真负责，则具备做教师的条件。相反，对教学工作没有兴趣，对学习者缺乏热情和耐心，不愿意付出精力和时间等，则不具备成为国际中文教师的资格。

（三）职业认知

职业认知是国际中文教师对国际中文教育教学事业的认知和理解。具体来说，指教师是否把国际中文教育作为一门学科来看，其对国际中文教育教学的本质、目标、方法、评价等的认识是否符合第二语言教学规律和要求。良好的职业认知是国际中文教师能够更好地规划课程、设计教学和评价学习者成果的基础。如果一个人对国际中文教育的认知仍然停留在"会说中文就能教老外学中文"等观念上，则不宜成为国际中文教师。

性格禀赋、职业情感和职业认知等基础性素养是国际中文教师入行的基本要求，是教师胜任并取得成功的基础。

二 道德信念素养

道德信念素养是教师在教育教学实践中应该具备的道德品质、职业操守、职业行为准则以及专业信念等。早在春秋时期，孔子就提出了教师要具备言传身教、有教无类、不耻下问、知过而改、因材施教、循循善诱等道德信念，奠定了我国教师职业道德体系的基础。道德信念素养是国际中文教师素养的重要组成部分，由职业道德和专业信念两部分组成。

（一）职业道德

职业道德是指在特定职业领域中，人们应该遵守的道德规范和准则，它是职业伦理的一部分,是对职业人士行为的规范和要求。

国际中文教师职业道德是教师在从事国际中文教育工作中应该具备的道德素养和品质。主要包括以下几点。

(1) 爱岗敬业。热爱国际中文教育事业,具备高度的教育责任感和使命感,尊重中文作为第二语言的教育规律,不断提高自己的教学水平和专业素养。

(2) 诚实守信。具备诚实守信的品质,不得以任何形式损害中文学习者、家长和社会的利益。

(3) 关爱学习者。关爱中文学习者,关心学习者的成长和发展,积极引导学习者,不断激发学习者的中文学习兴趣和自信心。

(4) 保护学习者权益。尊重中文学习者,不歧视任何学习者,不侵犯学习者的人格尊严和隐私权,保护学习者的合法权益。

(5) 尊重学习者差异。尊重学习者的个体差异和发展特点,关注学习者的多元发展,促进学习者的全面发展。

(6) 公平公正。坚持公平公正的原则,不以任何形式歧视学习者,不偏袒任何学习者,公正评价学习者的中文学习成绩和综合素质,维护教育公正和公平。

(7) 尊重职业规范。遵守国际中文教师职业规范,遵守任教国家、地区和学区的语言教育政策和法规,遵守任教学校及相关教育机构的规章制度和教学要求,并在国际中文教育中执行。

(8) 保持专业精神。保持专业精神,了解国际中文教育领域的最新理论和实践,积极参加国际中文教育研究和教学实践,提高自己的专业水平。

加强国际中文教师职业道德在国际中文教育教学实践中具有重要的作用和意义,具体表现在以下几个方面。

第一,它是国际中文教师职业发展的基石,关系到教师的职业素养、职业声誉和职业动力,是教师职业发展的基础和前提。

第二,它是国际中文教师职业形象的体现。教师职业道德的遵守和实践能够提升国际中文教师的社会声誉和形象,增强国际中文教育的社会认同和价值。只有具备高度的职业道德,国际中文教师才能够树立良好形象,获得世界各国的尊重和信任。

第三,它是国际中文教育教学质量的保证。国际中文教师职业道德的遵守和实践有助于提高教师的国际中文教育教学水平和专业素养,从而促进其教育教学质量的提高。

第四,它是国际中文教育公平和公正的保障。国际中文教师职业道德强调教师应该坚持公平、公正、公开的原则,保证教育资源的公正分配和使用,维护教育公正和公平。只有具备高度的职业道德,才能够为中文作为第二语言的学习者提供公平、公正的教育教学服务。

(二) 专业信念

《现代汉语词典》对"信念"的解释是"自己认为可以确信的看法"。[①] 在心理学界,

---

① 中国社会科学院语言研究所词典编辑室. 现代汉语词典 [M]. 北京:商务印书馆,1978.

信念被解释为由认识、情感和意志构成的融合体，是激励、支持人们行为的那些自己深信不疑的观点和准则。① 信念对个体的行为方式有重大影响。

国际中文教师的专业信念是其对国际中文教育工作的专业特性所抱持的深信不疑的观念。教师专业信念一旦形成，一般不会动摇。2022年世界汉语教学学会发布的《国际中文教师专业能力标准》② 指出，国际中文教师应该秉持以下专业信念。（详见二维码：《国际中文教师专业能力标准》）

《国际中文教师专业能力标准》

1. 理解国际中文教育的独特性和专业性，认同国际中文教师的职业价值

国际中文教育是一门独特的学科，它不仅仅教授中华语言和文化，更是跨文化交流和理解的桥梁。国际中文教育旨在使学习者在学习中文知识和相关文化知识的基础上，具备良好的中文综合运用能力，并在中文学习和应用过程中进一步提升文化能力、学习能力、思辨能力以及人文素养，拓展国际视野，在社会文化生活中发挥更加积极的作用。

职业价值指教师在职业行为中所体现的价值观，涉及人们在工作中追求和实现什么样的重要目标。国际中文教师的职业价值在于通过教授中华语言文化，帮助学习者提升中文综合运用能力，使学习者能够了解中华文化和当代中国，拓宽其国际视野，加深其对世界文化多样性的认识，使其适应中外跨文化情境，能恰当处理文化差异问题；同时帮助学习者通过中文贯连学科知识，利用中文资源探索解决现实问题，并在学习过程中体验中文学习的乐趣与成就感。国际中文教师的工作不仅是一份职业，更是一种责任和使命。

理解国际中文教育的独特性和专业性，认同国际中文教师的职业价值，不仅是对国际中文教育事业和专业的认知和理解，更是对国际中文教师所做出的贡献和努力的肯定。

2. 尊重学习者发展规律和中文学习规律，提供适合学习者特点的国际中文教育内容和教育形式

在国际中文教育中，教师应该充分了解学习者的个体差异，包括他们的年龄、性别、性格、母语文化背景、认知风格、学习策略等方面的不同，及其带来的不同发展特点。这些特点不仅影响学习者的认知和心理发展，而且也会影响学习者的中文学习规律。比如，母语为非声调语言的学习者在学习声调时可能会遇到更大的困难，非汉字文化圈的学习者学习汉字需要花费比汉字文化圈的学习者更多精力。

针对不同学习者的特点，教师应该提供更适合他们的教育内容和教育形式。比如，针对低龄儿童的中文教学，内容应该简单、生动、有趣，主要涉及儿童日常生活中的话题和词汇，如家庭、动物、食物等；形式应该多样化、互动性强，如游戏、歌曲、绘画等，以

---

① 高玉祥. 个性心理学 [M]. 北京：北京师范大学出版社，1989.
② 世界汉语教学学会. 国际中文教师专业能力标准 [M]. 北京：北京大学出版社，2022.

激发儿童学习兴趣和积极性。针对成人的中文教学，内容需要更加广泛、深入、实用，主要涉及成人工作、生活、学习等方面的话题和词汇，如商务、科技、文化等；形式则需要更加注重实用性和效率，以提高成人中文应用能力和交际能力。

3. 具有开放包容的态度，尊重任教国家和地区的文化传统与社会现实

世界上不同国家和地区的文化传统和社会现实有很大的差异。不同国家有不同的文化传统、社会制度、宗教信仰、社会风俗、教育体系、语言文字，比如，中国的传统文化注重家庭、礼仪，西方文化强调个人自由、民主；在中东地区伊斯兰教有广泛的影响力，而欧美则大多信仰基督教；有些国家的教育注重知识传授和应试，另外一些国家的教育则注重培养学习者的综合素质和创造力等。这些差异是受不同国家和地区的历史、文化、社会、政治等多方面因素影响而产生的。

国际中文教师应该用开放包容的态度看待不同国家和地区的这些差异，不将自己的观念强加于学习者。例如，教师可以让学习者比较中国和母语国文化中的家庭观念、礼仪风俗、教育理念等，也可以让学习者了解不同国家和地区的教育体系和教育理念，尊重学习者的宗教信仰，不对学习者的宗教信仰进行干涉和评价。这些都有利于培养学习者的跨文化理解、交流和文化认知能力，提升学习者的开放性和包容性。

4. 具有团队协作精神，与同事、家长、社区及其他相关者开展合作

团队协作精神是指团队成员在共同完成一项任务或达成一个共同目标的过程中，相互协作、相互信任、相互支持、相互尊重，共同承担责任、分享成功和失败经验的精神。团队协作精神对国际中文教师提高教学质量、满足学习者需求、促进学习者发展、促进跨文化交流都非常重要。与同事合作，可以共享教学资源和经验，互相学习和提高；与家长沟通合作，可以了解学习者的家庭情况和需求，更好地关注学习者的全面发展；与社区和其他相关者合作，可以获得更多的教学资源和支持。

三 能力素养

国际中文教师能力素养是指教师在国际中文教育领域中具备的综合素养，包括语言能力、教学能力、跨文化能力和数字能力等方面。语言能力是国际中文教师的基本素养，包括中文能力和利用教学媒介语的交际能力；教学能力是国际中文教师的核心竞争力，包括教学组织能力、课堂教学能力和教学评估能力等；跨文化能力是国际中文教师必备的素养之一，包括跨文化意识、跨文化沟通能力、跨文化适应能力、跨文化解决问题能力、跨文化态度等；数字能力是国际中文教师在数字化时代必须具备的能力，包括数字教学设计能力、数字教学实施能力、数字化学习者评估能力和自我学习和提升能力等。

（一）语言能力

语言能力是国际中文教师进行中文教学的基础和前提。国际中文教师要从事中文教学，既要具备中文语言能力，又要具备一定的媒介语语言能力。教师具备高水平的中文语

言能力，能够为教与学提供良好的基础和指导。教师具备高水平的媒介语语言能力，就能够更好地进行沟通与交流，从而为学习者提供更好的教学和服务。

国际中文教师需要具备高水平的中文理解能力、中文表达能力和中文阐释能力。教师具备高水平的中文理解能力，能够理解各种难度和类型的中文材料（包括文学、文化、历史、社会等方面的内容），能够对中文材料进行深入的分析和解读，对于准备教学材料、设计教学内容、理解学习者提问等都非常关键；教师具备高水平的中文表达能力，能够使用标准的中文进行准确、流利、自然的口语表达和书面语表达，能够清晰地表达自己的思想和观点，对于师生之间的交流、授课和解答问题都非常重要；教师具备高水平的中文阐释能力，能够对中文材料进行深入的分析和解读，能够将中文材料中的文化内涵、价值观念进行解释和传达，引导学习者更好地理解中文文化，对于教授中文文化、培养学习者的跨文化意识和能力等都非常重要。

国际中文教师也需要具备高水平的媒介语能力。媒介语可以是学习者的母语，也可以是学习者和教师都会的另外一种语言。对于中文母语者教师来说，在国际中文教学中，学习者及其家长很可能不会中文，因此教师需要使用媒介语跟他们进行沟通，必要的时候，还需要使用媒介语进行教学、解答学习者的问题。高水平的媒介语语言能力还可以帮助教师更好地获取教学资源和信息。在跨国的中文教学中，教材、教学资源和信息可能都以媒介语为主，如果教师具备较高的媒介语水平，会更容易地获取和利用这些资源和信息。高水平的媒介语语言能力还能提高教师的跨文化意识和跨文化交际水平。在国际中文教学中，教师需要与来自不同文化背景的学习者和家长进行交流和合作，媒介语水平高的教师可以更好地了解和尊重不同文化，更好地进行跨文化交际。

（二）教学能力

教学能力是国际中文教师进行中文教学的重要保障。国际中文教师只有具备扎实的教学能力，才能有效地进行中文教学。国际中文教师的教学能力主要包含教学组织能力、课堂教学能力和教学评估能力。

1. 教学组织能力

教学组织能力指教师组织和管理教学活动、管理学习者行为、协调教学资源等方面的能力。它包含教学计划制订、课堂组织与管理、教学资源选择与利用等。

1）教学计划制订

教学计划制订指教师根据教学目标和教学内容，制订详细、系统的教学计划。《国际中文教师专业能力标准》对教学计划制订提出了如下要求。

（1）熟悉相关教学标准和教学大纲，掌握撰写教学计划的基本原则与方法。

（2）制订适合学习者年龄、文化背景、中文水平、兴趣爱好、认知特点、学习需求等因素的学习目标。

（3）合理确定中文教学内容，设计与教学目标相适应的教学活动，注重培养学习者自主学习与合作学习能力。

（4）根据学习目标与教学资源，选择教学方法，安排教学环节，设计练习与测试。

（5）合理设计板书，准备教学所需的课件、教具等辅助材料。
（6）具有跨学科意识，能够将中文课程与其他科目、课内学习与课外学习相关联。

2）课堂组织与管理

教师在课堂上对学习者行为、学习活动、课堂秩序等方面进行全面、有效的管理和组织。《国际中文教师专业能力标准》对课堂组织与管理提出了如下要求。

（1）选用合适的教学语言，帮助学习者理解学习内容和学习任务。
（2）采用恰当的教学手段和策略，激发学习者的学习兴趣。
（3）组织有效的教学活动，提高学习者的参与积极性。
（4）合理安排教学环节和步骤，帮助学习者完成学习任务。
（5）有效管理实践，注重课堂互动与反馈，提高教学效果。
（6）制定课堂管理规则，营造健康、安全、平等的学习环境，采取恰当的方式方法，积极、公正地解决问题。
（7）组织课外活动，拓展课外学习。

3）教学资源选择与利用

教师在教学过程中，根据教学目标和教学内容，选择合适的教学资源，并结合教学实际进行运用。教学资源包括教科书、多媒体课件、网络资源、实验设备等，这些资源能够为教学提供丰富的内容和形式，帮助教师更好实现教学目标。《国际中文教师专业能力标准》对教学资源选择与利用提出了如下要求。

（1）根据中文教学实际需要，选择合适的教学资源。
（2）根据学习者中文水平和需求，灵活使用和改编教材。
（3）在现有资源无法满足教学需要时，能够开发新的中文教学资源。

2. 课堂教学能力

课堂教学能力是指教师在课堂上运用自身的知识、技能、态度，有效地组织和实施教学活动，促进学习者的学习和发展的能力。课堂教学能力是教学能力的核心要素，它直接关系到教学质量和教学效果。根据国际中文教育的特点，可以把国际中文课堂教学能力分为中文要素教学能力和中文技能教学能力。其中中文要素教学指的是关于语音、词汇、语法、汉字等的教学；中文技能教学指的是关于听力、口语、阅读、写作、翻译等的教学。

1）中文要素教学能力

中文要素教学能力要求国际中文教师掌握中文语音、词汇、语法、汉字等方面的基本知识，如语音中的声调、声韵母、语音节奏；词汇的基本概念、分类、用法；语法的基本概念、句型结构、语法规则；汉字的基本构造、笔画顺序、基本用法等，这是教师开展中文要素教学的基础。在此基础上，国际中文教师更重要的是能够掌握中文四大要素的常用教学方法和技巧，并能帮助学习者了解它们的特点，培养学习者的听辨发音能力、词汇运用能力、语法能力和汉字认读书写及电子输入能力等。此外，国际中文教师还应该能妥善处理语言要素中的文化因素，帮助学习者理解语言中的文化；能够掌握判断、分析、处理偏误的基本原则与方法，有效处理学习者在语言要素方面的偏误。

2）中文技能教学能力

要求国际中文教师熟悉听力、口语、阅读、写作、翻译教学的目标和内容，能够帮助学习者掌握听、说、读、写、译的技巧和策略，提高他们语言理解、语言表达和语言阐释的能力。同时，国际中文教师还应该了解第二语言的主要教学法，能够根据教学对象、教学目标、教学内容、教学场景的不同，恰当地将教学法运用于中文技能教学。

3. 教学评估能力

教学评估是指对教学过程、教学效果以及教学质量进行系统性、全面性评价的过程。教学评估可以帮助教师了解学习者的学习情况和教学效果，及时发现问题并进行调整和改进。它可以从多个方面进行，包括教学目标的达成程度、教学内容和教材的质量、教学方法和手段的有效性、教学环境的适宜程度、教师的教学水平和态度、学习者的学习情况和学习成果等。评估方法也多种多样，包括问卷调查、观察记录、测试考核、学习者作品评价，等等。

从上面的描述可以看出，国际中文教师的教学评估能力，既包含了对教师的评价能力，也包含了对学习者的评价能力。对于一线教师来说，对学习者的学习评估与反馈是其专业实践能力的重要组成部分。《国际中文教师专业能力标准》对教师在"学习评估与反馈"方面的要求如下。

（1）运用与教学目标相适应的多元评估方式，评估学习者中文学习成效。
（2）指导学习者自我评估，帮助学习者反思，完善学习计划。
（3）理解、分析评估结果，诊断学习者需求，帮助学习者确定新的教学目标。
（4）与学习者及相关人员交流学习者的中文学习情况，并提出反馈与建议。

（三）跨文化能力

跨文化能力是指在跨越不同文化之间交流和互动的过程中所需要的能力，包括了解和尊重不同文化的信仰、价值观、风俗习惯等方面的能力，以及在跨文化交流中灵活应对、适应和解决问题的能力。作为国际中文教师，跨文化能力是一项非常重要的能力，它可以帮助国际中文教师进行跨文化交流，灵活应对和适应不同文化环境，有效处理跨文化冲突、解决跨文化沟通障碍，避免因为文化差异而引起误解，增进国际友谊和文化交流。[①]具体来说，国际中文教师的跨文化能力包括以下几个方面。

跨文化意识：了解和尊重不同文化的信仰、价值观、风俗习惯等，认识到自己的文化背景和价值观与他人可能存在差异。

跨文化沟通能力：能够有效地进行跨文化交流，包括语言交流、非语言交流以及对文化隐喻的理解和应用等方面的能力。

跨文化适应能力：在不同文化环境中灵活适应和应对，包括适应不同的文化背景、工作方式、社交规则等方面的能力。

---

① 祖晓梅. 国际汉语教师跨文化能力的内涵和标准［C］//世界汉语教学学会，孔子学院总部，北京大学. 第十三届国际汉语教学研讨会论文选. 北京：商务印书馆，2018：153-160.

跨文化解决问题能力：在跨文化环境中能够灵活应对、解决问题，包括处理跨文化冲突、发现和解决跨文化沟通障碍等方面的能力。

跨文化态度：在跨文化交流中所表现出来的开放、尊重、包容、理解和适应的心态和行为方式。

基于以上内容，我们可以制定以下国际中文教师跨文化能力的标准。

1. 跨文化意识

（1）能够认识到自己的文化背景和价值观与他人可能存在差异。
（2）能够尊重和理解不同文化的信仰、价值观和风俗习惯。
（3）能够在中文教学中融入不同的文化元素，增强学习者的跨文化认知。

2. 跨文化沟通能力

（1）能够有效进行跨文化交流，包括语言交流、非语言交流以及对文化隐喻的理解和应用等。
（2）能够应对不同语言和文化背景下的教学挑战，确保教学质量。

3. 跨文化适应能力

（1）能够在不同文化环境中灵活适应和应对，包括适应不同的文化背景、工作方式、社交规则等。
（2）能够调整教学策略，适应学习者的文化背景和学习特点。

4. 跨文化解决问题能力

（1）能够处理跨文化冲突和解决跨文化沟通障碍，避免因文化差异而引起的教学问题和学习者之间的纠纷。
（2）能够有效地解决教学中出现的跨文化问题，提高教学效果。

5. 跨文化态度

（1）对学习其他文化和跨文化交往怀有好奇和开放的态度。
（2）尊重文化的差异性和文化的多元性，避免刻板印象和偏见。
（3）对自己所处的文化保持客观态度，并进行深刻反思。

（四）数字能力

数字能力指个人处理数字信息和利用数字技术方面的技能和能力。它是一个综合性的概念，包括理解数字信息、使用数字技术、分析和解决问题、判断信息可靠性、创新和创造等方面的能力。教师数字能力的概念出现在20世纪90年代。2018年联合国教科文组织发布了《教师ICT能力框架（第3版）》，该报告从3个层次6个领域构建了18项教师数字能力。3个层次是知识获取、知识深化和知识创造，6个领域是理解信息通信技术的教育政策、课程与评估、教育教学、数字技能应用、组织与管理、教师专业学习。① 从教学的视角来看，我们认为国际中文教师的数字能力可以包括以下几个方面。

（1）数字教学设计能力：教师需要掌握数字技术的应用，能够根据教学目标和学习者需求设计数字化教学方案，包括教学资源的筛选、整合和制作等。

（2）数字教学实施能力：教师需要掌握数字化教学的实施技能，能够有效地运用数字技术工具和平台开展各类数字化教学活动，如线上课堂、远程教学、互动讨论、智慧教育等。

（3）数字化学习者评估能力：教师需要掌握数字化学习者评估的方法和技能，利用数字化工具和平台对学习者的学习情况和成果进行评估和反馈。

（4）自我学习和提升能力：教师需要具备自我学习和提升的能力，不断了解和掌握数字化教育的最新发展和趋势，提高自身数字化教学水平和能力。

当然除了上述几个方面之外，《国际中文教师专业能力标准》还要求教师具备基本的信息伦理，包括明确知晓知识产权保护、尊重他人信息、重视信息安全等。

随着教育技术的数字化程度越来越高，教育技术的应用能力可以宽泛地归入数字能力中，包括了解并关注前沿技术应用于国际中文教育的最新进展，理解教育技术在中文教学中的本质作用，具有将信息技术与中文教学过程深度融合的意识；了解信息化教学设施的使用方法等。

四 知识素养

知识素养是一个人对知识的掌握和利用能力，包括对知识的理解、应用、分析、评价和创新等多个方面的综合能力。教师的知识素养是指教师在教育教学工作中所具备的对知识的掌握和利用能力，包括教师对所教学科的专业知识、教学方法和教育教学理论以及教师在实践中所积累的实践性知识和经验等。

教师知识可以划分为理论性知识和实践性知识。理论性知识指可以通过阅读、听讲座获得的知识，如学科内容、学科教学法、教育学、心理学等知识。实践性知识指教师在教育教学实践中实际使用和（或）表现出来的知识，是教师在日常工作中实际使用的理论，支配着教师的思想和行动，体现在教师的教育教学行动中。②

国际中文教育理论性知识主要包括学科基本理论和学科应用理论，它们构成了国际中文教育的学科理论体系。除此之外，国际中文教育的理论性知识还包括哲学、语言学、教育学、心理学、文学等学科支撑理论方面的知识。

（一）学科基本理论知识

掌握国际中文教育学科基本理论知识，能够帮助中文教师理解国际中文教育的本质和

---

① 兰国帅，魏家财，郭倩，等.提升教师ICT能力驱动教师专业发展——UNESCO《教师ICT能力框架（第3版）》要点与思考[J].开放教育研究，2021（2）：4-17.

② 陈向明.实践性知识：教师专业发展的知识基础[J].北京大学教育评论，2003（1）：104-112.

目标,更好地理解学习者的需求,更快地找到最适合学习者的教学方法和策略,提高学习者的学习效果。我们可以把国际中文教育的学科基本理论分为学科语言理论、语言学习理论、语言教学理论、跨文化教学理论四个部分。

1. 学科语言理论

国际中文教育的学科语言理论是面向中文作为第二语言教学的语言理论。它既包括中文语言学理论,也包括相关普通语言学及其分支学科的理论。

1)中文语言学理论

国际中文教师的中文语言学知识是其学科语言理论知识的核心内容,它是中文教学的基础。一个合格的中文教师应该掌握中文的语音、词汇、语法基本知识,能够描述、分析和解释它们的基本特点;应该掌握汉字基础知识,能够分析汉字字形、解释汉字的特点,还应该掌握中文的语用、语篇基础知识,能够描述、分析和解释它们的基本特点。在教学中,当学习者把 p 发成 b 时,你应该知道这两个音有不同的发音方法;当学习者问你"往往"和"常常"是不是一样时,你应该了解它们的意义和用法都有哪些不同;当学习者问你为什么"把饭吃在食堂"是不对的时,你也应该明白把字句表示位移,而"食堂"不是"饭"位移的终点;当学习者问"老师,你几岁了"时,你应该明白或许学习者不是有意冒犯你,只是中文语用能力仍然不足。教师的中文知识越扎实,对学习者母语的特点了解越透彻,在教学中就越能根据实际情况对教学内容进行有效的组织和安排,越能准确回答学习者关于中文学习的各种问题。

2)普通语言学及其分支学科的理论

作为国际中文教师,除了掌握中文语言学知识外,还应该掌握一些普通语言学及其分支学科的理论知识。这是因为掌握了语言学知识,可以帮助中文教师更深入地理解语言学概念,更好地分析和解决语言学问题,比如,如何帮助学习者理解中文的语法规则和语言结构等。再如,了解国际音标及其使用方法,就能用国际音标记录不同母语背景学习者的中文和母语发音,掌握学习者语音的发音方法和特点,指导学习者正确发音;了解语言在不同地区、社会群体和文化背景中的变异情况就能够帮助学习者理解和运用不同的语言变体;了解世界语言的谱系关系,可以更好地理解和比较不同语言的差异和共同点。总之,掌握一些普通语言学及其分支学科的理论知识可以帮助国际中文教师更好地理解和教授中文。

2. 语言学习理论

语言学习理论研究的是语言如何被习得的。第二语言习得理论可以帮助国际中文教师理解学习者的中文学习过程,关注学习者的情感、动机、学习策略等因素,参考第二语言习得理论中提到的有关如何有效教授第二语言的建议和方法,调整自己的教学方法。第二语言习得理论还可以帮助国际中文教师全面评估学习者的中文学习情况,更好地评价自己的教学效果。

国际中文教师需要熟练掌握第二语言习得理论中的一些基本概念,如"第一语言"与"第二语言"的含义、"学习"与"习得"的区别、"语言能力"与"语言表达"的关系等,还需要了解二语习得的重要理论，如对比分析、偏误分析、中介语理论、内在大纲与习得顺序假说、输入假说、普遍语法假说、互动假说、文化适应假说，等等。

自鲁健骥 20 世纪 80 年代发表关于外国学生汉语偏误分析的研究报告①以来，国际中文教育领域对中文作为第二语言习得的研究已经有 40 年的历史，取得了丰硕的研究成果。这些成果有些可以直接用来解决教学中遇到的问题（如通过中文和英文的对比，我们可以了解学习者说"请你开书"可能是受了母语负迁移的影响；借助专家学者对"不"和"没"否定结构习得顺序的研究，我们可以分阶段教授"不"和"没"②），有些可以指导国际中文教师更深入地理解学习者及其行为特点等（如对学习者跨文化认同的相关研究可以让教师了解不同学习者面临不同的语言、文化、族群和价值观等方面的认同问题，理解华裔学习者对华裔族群和主流社会族群的双向认同；对学习者正字法意识的研究可以让教师明白部件构字能力是影响学习者汉字书写的重要因素，而且学习者的汉字左右结构部件意识好于上下结构）。

3. 语言教学理论

语言教学理论包括关于中文作为第二语言教学性质和特点的理论，也包括教学原则理论。目前国际中文教育领域总的教学原则主要有：以学习者为中心的教学原则，以培养学习者中文综合运用能力为核心的教学原则，以结构、功能、文化相结合为框架的教学原则。

以学习者为中心的教学原则是近年来教育领域的重要理念，强调以学习者的需求和学习过程为核心，在教学活动和课程设计中以学习者为中心，而不是以教师的教学过程为中心。在教学实践中，以学习者为中心的教学原则主张尊重每个学习者的独特性，承认学习者在学习过程中可能出现的差异，并在教学策略和课程内容上尽可能地满足个别学习者的需求。

以培养学习者中文综合运用能力为核心的教学原则强调学习者的中文实际运用能力和交际能力。这是适应现代社会和生活多元化需求的一种教学原则。这种教学原则重视对汉字、词汇、语法、语音等基础知识的深入理解和对听、说、读、写、译等技能的掌握，以及在语境中正确使用中文。它鼓励学习者通过模拟真实情境参与角色扮演或进行小组讨论等活动，在实践中提高中文的实际运用能力。

以结构、功能、文化相结合为框架的教学原则强调中文学习的整体性。结构指的是语言的句法、词汇和语法等组成部分。通过系统的学习和实践，学习者需要掌握这些语言构成部分，从而在语言环境中进行有效沟通。功能指的是语言在实际交流中的应用。学习者需要理解并熟悉在特定的语境下，如何恰当有效地运用语言工具进行交流。文化强调的是语言与文化的密切关系。学习者需要理解语言所代表的文化。中文教师需要将中华文化元素融入语言教学中，使学习者在学习中文的同时，更好地理解和欣赏与之相关的文化。

---

① 鲁健骥. 中介语理论与外国人学习汉语的语音偏误分析 [J]. 语言教学与研究，1984（3）：44-56.

② 王建勤. "不"和"没"否定结构的习得过程 [J]. 世界汉语教学，1997（3）：92-100.

4. 跨文化教学理论

国际中文教学的教学内容对学习者来说，具有跨文化性质，学习者需要跨越自己的母语文化来学习中文，因此跨文化交际是国际中文教育学科理论的重要组成部分。跨文化交际指导下的教学理论，不仅要关注语言的学习，也要关注文化的理解和接受。在教学内容方面我们需要注意语言文化同步，在教学方法上我们需要进行中外文化比较，在教学态度上我们需要尊重不同文化差异。

语言文化同步：语言是文化的一部分，不能割裂开来。在教学中，除了教授中文知识，还应该教授相关的文化知识，使学习者在了解中文的过程中，理解和接纳中华文化。

中外文化比较：通过比较中外文化的异同，可以帮助学习者了解和理解中华文化。比如，对比中国和韩国共有的春节和中秋节的异同，能让韩国中文学习者更加直观地了解中国的节日习俗与传统文化。

尊重文化差异：对待不同文化应持有尊重和包容的态度。在教学过程中，国际中文教师需要特别注意避免对其他文化进行肤浅的判断，而应鼓励学习者在了解自身文化的基础上，接触并尊重其他文化。

教授中华文化知识时，国际中文教师首先需要关注中华文化与国情知识。对国际中文教师来说，文化与国情知识主要指中华文化与中国国情知识。中华文化涉及历史、哲学、文学、艺术、音乐、民俗等，是中华民族的精神财富，具有悠久的历史和深厚的文化底蕴；中国国情涉及中国社会、政治、经济、教育、科技、生态等。[①] 将语言学习与文化学习相结合，了解中华文化和当代中国社会，可以拓宽学习者的国际视野，加深其对世界文化多样性的认识，是国际中文教学的目标之一。要让学习者理解中华文化内涵以及中华文化在世界多元文化中的价值，教师首先需要了解中华文化与中国国情，并能根据教学实际情况对教学中所涉及的文化与国情知识进行恰当的介绍，还要能够分析常见的社会和文化现象，解决教学和交流中的问题。举例来说，中华文化与中国国情的内容包括但不限于以下几个方面。

（1）中国历史和文化传统，如中国古代文化、诸子百家等。
（2）中国的宗教信仰和价值观，如儒家思想、道家思想等。
（3）中国的语言文字，如普通话、方言、汉字等。
（4）中国的政治体制和现代化建设，如中国共产党、人民代表大会、改革开放等。
（5）中国的经济发展和社会变迁，如中国的市场经济、对外开放、城市化等。
（6）中国的文化艺术和娱乐活动，如京剧、民间艺术、电影、音乐、旅游等。
（7）中国的教育体制和科技创新，如中小学教育、创新创业等。

（二）学科应用理论知识

国际中文教育的学科应用理论知识主要包括教学目标研究、学科课程设计、教学大纲

---

① 祖晓梅. 国际中文教育用中国文化和国情教学参考框架［M］. 北京：华语教学出版社，2022.

研制、课堂教学研究、教学技巧研究、教材编写研究、测试理论研究、评估理论研究等方面的知识。

国际中文课程所承担的培养目标主要包括四个方面：中文综合运用能力、文化能力、学习和思辨能力、情感和态度。这四个目标之间是相互促进的关系，其中中文综合运用能力是中文课程的核心目标。

国际中文课程设计是一项复杂的工作，需要考虑到学习者的学习需求、学习情况以及教学目标等多个因素，一般包括确定教学目标、设计课程内容、选择教学方法、划分教学单元、设计教学活动、设定评价标准等步骤。

国际中文教学大纲是指中文教学活动的基本方针和行为规范，是中文教学内容和要求的总体规定。一般中文教学大纲包括教学目标、教学内容、教学方法、考核方式、参考书目等。教学大纲可以为师生提供一个清晰的教学导向。研制国际中文教学大纲，需要兼顾中文的特性、学习者的特点和需求，以及中文课程的连贯性、标准化和普适性等。

课堂教学研究主要是对课堂教学的过程、效果、策略、方法等进行深入的研究和探讨，目的是提高教学质量，提升学习者的学习效果。它主要包括教学法研究、教学策略研究、教学过程研究、教学评价研究、学习者学习研究等。

教学技巧研究是对中文教学过程中的各种技巧和策略进行深入探讨。它主要涉及以下几个方面：尽可能使用生动形象的教学方法；对教学进度和难易度进行控制；激发学习者的学习兴趣和动机；设计合适的教学评估方式；鼓励学习者交流讨论；创新中文教学技巧等。

教材编写研究主要探究如何编写出能够满足中文教学需求，符合课程标准并有利于学习者学习的教材。国际中文教材的编写研究需要考虑多元文化背景下的教学需求，以及适应不同学习者的中文学习目标等要素。

语言测试理论研究主要探讨如何有效、公正地评价一个人的语言能力，主要包括测试类型与设计、测试信度与效度、评分标准与评级标准、测试的公正与公平性、测试反馈与利用等内容。

评估理论研究主要探讨如何发展和完善评估过程，以便更准确、更公平地测量学习者的学习成果。它主要关注形成性与终结性评估、数量评估与质量评估、自我评估与同伴评估、认证评估与认可评估等内容。

（三）实践性知识

实践性知识（practical knowledge）是教师在实践中积累和发展的知识和技能，是教师知识素养的重要组成部分。这一概念最早由 Elbaz（1981）提出，并被其分为三个层次①。

（1）个人层面的实践性知识：这种知识源于教师个人的经验和实践，是教师在教学实践中积累和发展的知识和技能，如教学策略、教学方法和教学技巧等。

---

① Elbaz F. The Teacher's "Practical Knowledge": Report of a Case Study [J]. Curriculum Inquiry, 1981, 11 (1): 43-71.

（2）学科层面的实践性知识：这种知识源于教师对所教学科的理解和熟悉程度，包括学科的概念、原理、方法和应用等。

（3）社会文化层面的实践性知识：这种知识源于教师对社会文化背景和教育环境的认识和理解，包括学习者的文化背景、社会环境和教育政策等方面的知识。

陈向明（2011）提出，教师的实践性知识包括关于自我的知识、关于科目的知识、关于学习者的知识和关于教育情境的知识四个方面的内容，这四个方面的内容都受到教师教育信念的影响。[①]（详见二维码：搭建实践与理论之桥——教师实践性知识研究）

搭建实践与理论之桥——教师实践性知识研究

国际中文教师的实践性知识是国际中文教师在国际中文教育实践中通过教学实践积累和发展的知识。它融合了中文知识、语言学知识、教育教学知识等理论知识和教师的教学经验与教学信念，是教师对国际中文教学实践的一种整体认识和理解，在教学实践中支配着教师的教学行为。国际中文教师的实践性知识具有以下特点。

（1）实践性：它是在国际中文教学实践中逐步积累和发展的。

（2）实用性：它是为了解决教学实际问题而产生的，具有强烈的实用性，能够帮助教师更好地开展教学工作。

（3）多元化：它来源于多个方面，包括中文知识、语言学知识、文化与国情知识、教育教学知识、教学方法与策略、学习者需求、教学经验、教学反思与评估等。

（4）个性化：它是与教师个人经验和背景密切相关的，每位教师所积累和发展的实践性知识都有其个性化的特点。

（5）缄默性：它可能是教师个人的隐性知识，不一定能够言语化或系统地表达出来。

（6）动态性：它是不断发展和变化的，随着教师的教学实践和专业发展，会不断更新和完善。

第二节 国际中文教师专业发展

教师专业发展（teacher professional development），又称教师发展（teacher development），指教师在职业生涯中，通过各种方式和途径，不断提高自己的教学能力、专业素养和职业水平的过程。它与教师职业的专门化有密切关系，一般认为1966年联合国教科文组织（UNESCO）在《关于教师地位的建议》文件中建议把教师职业视为专门的职业是教师专业发展的开端。在国际中文教育领域，《国际汉语教师标准》2007版[②]明确提出，国际汉语教师应该理解"专业发展"的含义，并能够实现自我专业发展；《国际汉语教师

[①] 陈向明. 搭建实践与理论之桥——教师实践性知识研究 [M]. 北京：教育科学出版社，2011.
[②] 国家汉语国际推广领导小组办公室. 国际汉语教师标准 [M]. 北京：外语教学与研究出版社，2007.

标准》2012版①将"教师专业发展和职业素养"列为五大模块之一；2022年发布的《国际中文教师专业能力标准》中也将"专业发展"列为五大模块之一。由此可见，教师专业发展已经成为国际中文教育领域重要的发展方向之一。

一 国际中文教师专业发展的内涵与模式

（一）国际中文教师专业发展的内涵

关于教师专业发展这一概念，国内外的研究有多种多样的理解。归纳起来主要有三类：第一类指教师的专业成长过程；第二类指促进教师专业成长的过程（教师教育）；第三类认为以上两种含义兼而有之。②

借鉴前人的研究成果，结合国际中文教育的特点，同时考虑到本书的读者群体，笔者在本书中把国际中文教师专业发展理解为国际中文教师的专业成长或教师内在专业结构不断更新、演进和丰富的过程。

国际中文教师专业发展是一个多维度的发展过程。它包含多方面素养的提升，如关于国际中文教育专业信心的增强、国际中文教学能力的提高、中文知识的不断更新拓宽等；也包含多种形式的学习，如参加教师培训、研讨会、学术会议、教材编写、教学观摩、教学实践等。

国际中文教师专业发展是一个多层级的发展过程。国际中文教师的专业发展需要经历多个不同的阶段和层次，教师需要不断提高自身的教学技能和知识水平，以达到更高的专业水平和职业发展目标。这些层级包括教育背景、职业资格、教学经验、自我发展计划等多个方面，教师需要从初级到高级不断深化和拓展自己的知识和技能。

（二）国际中文教师专业发展的模式

国外第二语言教师专业发展主要经历了三种模式：技艺模式（craft model）、应用科学模式（applied science model）、反思模式（reflective model）③，如图9-1所示。

技艺模式强调通过学徒制和经验的积累来发展实际技能和知识。在这一模式中新手教师与经验丰富的督导教师密切合作，接受督导教师的指导，通过观察、模仿和实践实现专业的发展。目前在国际中文教育领域，技艺模式仍被应用于教学实习等场景中。新手教师在经验丰富的教师指导下，设计课程内容，并登上讲台授课，在这个过程中获得实践经验和技能。

---

① 孔子学院总部/国家汉办. 国际汉语教师标准［M］. 北京：外语教学与研究出版社，2012.
② 叶澜，白益民，王枬，等. 教师角色与教师发展新探［M］. 北京：教育科学出版社，2001.
③ Wallace M J. Training Foreign Language Teachers: A Reflective Approach［M］. Cambridge: Cambridge University Press，1991.

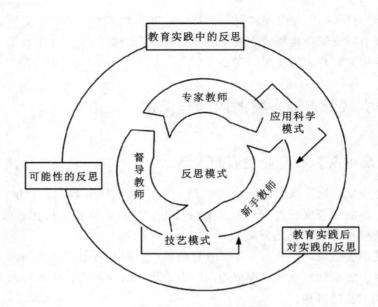

图 9-1 国际中文教师专业发展模式[①]

应用科学模式强调将科学理论和研究应用于改进教学和学习。它基于这样一种观点，即教学是一个复杂的动态过程，需要深入了解教育心理学、学习理论和其他学科知识才能取得良好效果。在应用科学模式中，新手教师需要跟教育专业人员（专家教师）合作，利用研究数据来指导自己的教学实践，如研究人员通过实验设计方法检验得出，使用游戏的方法可以增强儿童的中文学习效果，中文教师则根据研究人员的实验结果，在教学实践中探索使用游戏的方法来调整自己的教学。

反思模式强调反思在学习和成长中的重要性。它基于这样一种理念，即教师可以通过反思自己的经验、评估自己的效果并根据需要进行调整来改善自己的教学实践。反思模式通常涉及反思、评估和行动的循环过程。反思是这个模式的第一步，教师反思自己的教学经验，考虑哪些方面做得好，哪些方面需要改进；评估是这个模式的第二步，教师通过分析学习者数据、比较教学方法或寻求学习者和同事的反馈来评估自己的教学实践和策略的有效性；行动是这个模式的第三步，教师采取行动改进他们的教学实践，如对课程计划进行调整，尝试使用新的教学策略或寻求额外的专业发展机会等。

国际中文教师专业发展是"反思模式＋技艺模式＋应用科学模式"三位一体的模式，以反思模式为主，技艺模式和应用科学模式为辅。专家教师与新手教师合作为应用科学模式，督导教师（熟手教师）与新手教师合作为技艺模式，但都以反思模式为主。反思模式不仅是国际中文教师专业发展的主要模式，而且贯穿国际中文教育实践的整个过程，包括教育实践前对实践和各种可能性的反思、教育实践中的反思和教育实践后对实践的反思。

[①] 王添淼. 国际汉语教师专业发展模式的构建[J]. 国际汉语教育（中英文），2019（1）：44-48.

二 国际中文教师专业发展阶段与路径

（一）国际中文教师专业发展阶段

国际中文教师专业发展阶段的划分可以有不同的标准。一种比较常见的划分方式是根据教师教学专业知识和技能的学习和掌握情况，将国际中文教师专业发展阶段划分为职前教师、新手教师、熟手教师、专家教师四个阶段。

1. 职前教师阶段

这是国际中文教师的准备阶段。一般来说，是在大学国际中文教育相关专业学习的阶段，如汉语国际教育专业本科或国际中文教育硕士研究生阶段，也可以是其他非国际中文教育相关专业人员接受培训、为成为国际中文教师做准备的阶段。在这一阶段，职前教师要为进入国际中文教师行列做好各种准备，包括学习各种专业知识、专业技能，进行教学实习等。

2. 新手教师阶段

这是国际中文教师刚入职的阶段。教师教学经验通常不到5年。在这一阶段，教师面临从职前教师向正式教师的角色转换，处于将职前阶段所学理论知识与自己当下教学实践的相磨合的时期，他们可能不太清楚如何有效地组织课堂，如何应对学习者的问题，也可能不知道该如何适应不同国家的教学风格，甚至面临教材选择不当、教学资源不足的问题。在新手教师阶段，国际中文教师关注的重点是如何"生存"下来，需要尽快适应教学工作环境和教学内容。

3. 熟手教师阶段

度过新手教师阶段的教师逐渐进入熟手教师阶段。新手教师的教学经验通常在5~10年左右。这一阶段的国际中文教师已经在国际中文教育领域积累了一定的教学经验和知识，能够有效地组织和管理教学活动，并且能够根据学习者的需求和背景制订合适的教学计划，选择相应的教学方法。国际中文教师在这一阶段关注的重点由如何"生存"转为如何更好地完成"任务"。除了完成自己的任务外，熟手教师还有能力给予新手教师一定的帮助，如给新手教师做教学示范等。

4. 专家教师阶段

专家教师阶段，教师教学经验通常超过10年。熟手教师不一定能够自然成长为专家教师。如果一位国际中文教师能够进入专家教师阶段，意味着他已经掌握了多种教学技能和方法，并且在国际中文教育领域有很高的声誉和影响力，能够给予他人关于国际中文教育及相关研究的指导。专家教师不仅是国际中文教学的领军人物，也是国际中文教育的重要参与者与贡献者。

（二）国际中文教师专业发展路径

国际中文教师专业发展路径指国际中文教师在职业发展过程中，为了提高自己的教学水平和能力，实现自我价值和职业成长，所选择的一系列针对个人能力和发展需求的专业发展措施。教师专业发展的路径多种多样，如参加教育培训、参加教学交流、参与教育评估、开展教学研究等。从国际中文教师自我发展的视角来看，主要发展路径有以下五个。

1. 职业认同

职业认同指教师对自己的职业身份、角色和职责的认同和接受程度，以及对教师职业的价值观、理念和信仰的认同和认可程度。它是教师作为专业人士的基础，是教师职业发展和成长的重要因素。

教师是一个受人尊重的职业，在中国常被誉为辛勤的园丁、人类灵魂的工程师，国际中文教师还常被誉为中外文化交流的桥梁。作为一名国际中文教师，最重要的是要认同自己的职业，热爱自己的职业。国际中文教师要对语言、文化、教学、专业等多个方面有深刻的认知和理解，有坚定的国际中文教育信念和强烈的国际中文教师职业认同感，每天能以积极的心态对待自己的工作，不断发挥自我效能感，提高自己的语言、文化、教学、专业水平，才能不断促进自身的职业发展。

2. 教研活动

教研活动指教师在教学实践中通过研究和探讨教育教学问题，提高教学质量和水平的一种教学实践活动。教研活动是教师专业生活的一个重要组成部分，通过教研活动，教师可以不断更新教育教学理念，改进教学方法策略，实现自我发展和职业成长。

国际中文教师常见的教研活动包括：教学观摩活动、教学研讨活动、教学比赛、教学课题研究、教学案例分享、教学资源的开发和共享等。

3. 教学反思

教学反思是教师对自己的教学过程和教学效果进行的深入思考和反省。教师从问题出发，不断审视自己的教学方法、教学策略、教学内容、教学效果等方面，从而发现问题，探索改进方法，不断提高自己的教学水平。教学反思是教师专业发展的主要路径之一。它可以帮助教师提高教学质量、激发教师的自我认知和自我调整能力，不断提高自己的教学水平和专业素养，从而促进教师的专业发展。

4. 合作学习

教师的合作学习指的是教师和教师之间在教学实践中共同合作、研讨、探究、反思的一种学习方式。教师的合作学习可以包括共同制定教学目标和教学计划、共同备课、共同做教学设计、共同授课和观摩评估、共同反思和总结等。它强调的是教师之间的互动和合作，通过相互交流、分享和合作研究，提高教师的教学水平和专业素养，促进教师的专业发展。

国际中文教师的合作学习不但包括同一国家和地区的教师间的合作学习，还可以是来自不同国家和地区的中文教师间进行的合作学习，如在不同国家实施的各种中外教师联合授课的教学模式，这种模式就需要中文母语教师和中文非母语教师共同协作才能完成。

5. 终身学习

终身学习是教师在职业生涯中，不断学习和提高自己的教育教学能力，以适应教育领域不断变化的需求和挑战。终身学习可以帮助教师不断更新自己的专业知识和技能，提高教学质量和效果，从而提高自己的职业素养和竞争力，实现个人职业的长期发展。

国际中文教师可以通过参加培训课程、学习国际中文教育相关书籍和文献、参加教育研讨会和学术会议、开展教学实践、参加在线论坛和社交媒体、参加教师交流项目、参加教育项目和研究等方式进行终身学习，不断提高自己的教育教学水平和能力。

三 教学反思与行动研究

教学反思是教师专业发展的主要路径之一。善于进行教学反思的教师有能力利用每堂课上发生的教学事件来积累充足的第一手材料，将自己的课堂经历作为反思的基础，通过反思提升自己对学习者和教学的认识，调整和完善自己的教学策略。教师在教学反思中收集资料和数据的方法，如教学日志、课堂记录、课堂观摩、调查访谈等，也是教学行动研究的重要手段。行动研究（action research）本身就是教师为提高自己对所从事的教育教学活动的理性认识、加深对自己所从事教育教学实践的理解而进行的反思研究。

（一）教学反思

当我们提到反思的时候，常常会想到"内省"。《论语》中就有"吾日三省吾身"以及"见贤思齐焉，见不贤而内自省也"的说法。但一般认为当代的教学反思思想来源于杜威的反思思维（reflective thinking）。① 他认为反思是思维的一种形式，它要求个体按其所依据的基础和进一步推导出的结论，对任何信念或假设进行主动、反复、持久和周密的思考。人们对教学反思的关注主要是从 Schön 开始的。Schön 于 1983 年发表了《反思性实践者》② 一书。在该书中，Schön 提出了"行动中的反思"（reflection in action）概念，指教师在行动中能够对教学中的问题进行有意识的反思，并作出及时的、快速的回应和决策。它不同于"对行动的反思"（reflection on action），后者指在行动后进行的反思，比如教师在下课后针对自己课堂上出现的问题写一些反思性的文字，等等。Schön 认为，在具体的教学实践中，教师所遇到的问题是十分复杂的，很难有一个现成的或统一的解决方案，教师需要在行动中进行反思，也需要对行动进行反思，从而使自己的教学实践成为反思性实践，而教师也成为反思性实践者。随着研究的不断深入，也有学者提出，教学反思

---

① 约翰·杜威. 我们怎样思维 经验与教育 [M]. 姜文闵, 译. 北京: 人民教育出版社, 2004.
② Schön D A. The Reflective Practitioner: How Professionals Think in Action [M]. New York: Basic Books, 1983.

不仅仅存在于行动中和行动后,也可以存在于行动前,比如,教师对自己课堂教学的反思就可以包括课前反思、课中反思和课后反思。课前反思是对课的"预想",课中反思是对课堂上不可预料的情况进行的深度思考,课后反思是对课堂教学的总结。不管怎样界定,教学反思的根本目的是一致的,即改进教学活动,提升教学效益,实现教师的专业发展。

1. 教学反思的内容

教学反思主要涉及四个方面内容:教学实践活动、个人经验、教学关系与教学理论。[1]

(1) 对教学实践活动的反思:教师对整个教学实践活动的内容、方法及效果进行反思。比如,某中文志愿者教师某次课要让学习者学习一篇中文阅读材料并完成相应的阅读理解练习,他可以反思自己的教学目标是否明确;自己的教学策略是否恰当有效;教学过程是否顺畅连贯,有没有激发学习者的学习兴趣、为学习者创设良好的互动环境;教学效果是否达到了自己预设的教学目标的要求等。

(2) 对个人经验的反思:教师对个人的日常教学经历进行反思。对个人经验的教学反思可以帮助教师把自己的经历升华为富有个人特色的经验,并通过对个人经验的不断加工提炼,形成新的教学理念或理论。教师可以利用"反思档案"开展对个人经验的反思,在反思档案中描述记录并分析所发生的种种情况,同时对自己记录的文本进行不断的加工和再创造,自下而上地形成自己独特的教学理念。

(3) 对教学关系的反思:教师对教学中的人的关系(如教师与自己、学习者、家长、同事的关系等),教学要素的关系(如教师与课程目标、课程内容、教学方法、教学评价的关系等),教学支持系统的关系(如教师与课程改革、社会文化、教育理念的关系等)等方面进行反思。教师可以思考现在的关系是什么样的,为什么会这样,如何改善现在的关系,关系改变后会产生什么样的结果,效果如何,等等。

(4) 对教学理论的反思:教师对自己学习、实践的理论或在教学实践中总结的理论进行反思。教师在学习和实践中可能会发现该理论与自己的知识背景、教学经验不一致的地方;在教学实践中总结出来的经验可能也与现存的教学理论不完全吻合。教师可以通过反思将自己的学习、实践与教学理论进行对比,对原有理论进行审视、订正,或者完成自己的实践理论的提升。

2. 教学反思的方法

教师进行教学反思的方法有很多,常见的有日志记录法、反思讨论法、视频录像法、问卷调查法、自我评价法等。

(1) 日志记录法:教师使用日记的方式来记录自己在教学中的所见所闻、所思所想,反思自己的教学过程和效果。反思日记可以分成三栏,一栏记录自己教学中遇到问题的事件,尽量进行客观描述;一栏记录自己对问题的分析和看法;一栏记录自己根据分析提出的改进建议。

(2) 反思讨论法:教师与同事、学习者、家长进行讨论,分享自己的教学经验或感

---

[1] 李长吉,张雅君. 教师的教学反思 [J]. 课程·教材·教法,2006 (2): 85-89.

受，听取各方的意见和建议，共同探讨教学改进的方向和方法。比如，一位在美国教中文的教师碰到低龄学习者不愿意排队进入教室导致不能准时上课的情况，于是开始与孩子们讨论，什么原因使他们不愿意排队，这种情况怎么处理，孩子们不但给出不愿意排队的理由（夏天在室外排队太晒了），还给出处理办法，取消排队，大家保证在上课前准时到教室。这位中文教师听从了学习者的建议，效果非常好，孩子们都按时进入教室，再也没有出现不能准时上课的情况。

（3）视频录像法：教师可以把自己的教学过程录下来，然后反复观看和分析，发现自己的问题和不足，寻找改进的方案和方法。教师也可以邀请同事或专家观看录像，听取他们的意见和建议，共同改进自己的教学。比如，一位大学中文教师在观看自己的教学视频录像时发现自己英语使用过多，于是反复观看和分析，找出自己可以使用中文但却使用了英语进行教学的各种情况，如在给出一些课堂管理指令时常常使用英语。在之后的教学中，她将相关课堂管理指令用语的中文表达先教给学习者，然后慢慢在教学中改掉了英语使用过多的毛病。

（4）问卷调查法：教师可以利用问卷调查的方式，了解学习者和家长对自己的教学评价和意见，发现自己的问题和不足，寻找改进方案和方法。

（5）自我评价法：教师可以利用自我评价的方式，对自己的教学进行反思和分析，发现自己的问题和不足，寻找改进方案和方法。教师也可以参考同行的评价标准和方法，进行比较和分析，提高自己的评价水平和能力。一位在澳大利亚实习的中文志愿者教师借用现有的第二语言教师教学有效性评价量表，从不同的维度不断对自己的课堂教学进行反思，不但很快提升了教学水平，而且还以此为基础，撰写了硕士毕业论文。

（二）行动研究

行动研究这一概念最早出现在 20 世纪中期，美国社会改革派学者 Collier（1945）首次提出了行动研究的概念[1]。Corey（1953）将行动研究的概念引入教育界，鼓励教师、校长和督学用行动研究的方式来改进他们的教学和管理[2]。目前关于行动研究最广为接受的定义是 Kemmis & McTaggart（1982）提出的："行动研究是一种自我反思的方式，社会工作者和教育工作者通过这种方式来提高他们对自身所从事的社会和教育事业的理性认识和正确评价；对自己的工作过程的理性认识和正确评价；对自己的工作环境的理性认识和正确评价。"[3] 我国英语教学界王蔷教授归纳出行动研究的四个要点：其一，行动研究是一种系统的、反思性的探究活动，其核心是自我反思；

英语教师
行动研究

---

[1] Collier J. United States Indian Administration as a Laboratory of Ethnic Relations [J]. Social Research，1945，12（3）：275-276.

[2] Corey S. Action Research to Improve School Practices [M]. New York：Bureau of Publications，Teachers College，Columbia University，1953.

[3] Kemmis S，McTaggart R. The Action Research Planner [M]. Geelong，Victoria：Deakin University Press，1982.

其二,它是教师针对自己教学中的问题直接参与的调查与研究;其三,行动研究需要一系列的步骤来完成;其四,其目的是改进自己的教学实践,使教学达到最佳的期望和效果[①]。(详见二维码:英语教师行动研究)

1. 行动研究的特点

虽然不同的研究者对行动研究的定义不同,但是我们却可以发现行动研究的一些特点。

(1) 参与性:行动研究要由教师本人提出,一般是对教师本人在实际教学工作中遇到的急需解决的问题进行研究。教师本人自始至终都要参与行动研究。

(2) 随机性:在行动研究中,研究对象是教师本人和其正在从事的活动,它是在不影响正常教学秩序的前提下进行的,不需要专门挑选实验班级或参照对象等。

(3) 具体性:行动研究的内容大都是研究者在教学或自身发展中遇到的问题,这些问题常常比较具体,如听力课上学习者注意力不能长时间集中,阅读课效率不高,口语课缺乏互动性,等等。

(4) 反思性:行动研究采用的是一种自我反思的方式,研究者在研究中要不断地对自己的教育理念、教育方法等进行反思,整个研究过程就是一个不断反思的过程。

(5) 实验性:行动研究主要的研究手段是认真观察、收集数据并对数据进行分析和处理,然后再进行反思,调整计划,评价效果,直到最后写出实验报告。这个过程也是一个以自己的教学环境和学习者为实验对象的实验过程。

2. 行动研究的过程

一般认为行动研究是一个"计划—行动—观察—反思—重新计划"的不断循环的过程,如图 9-2 所示。

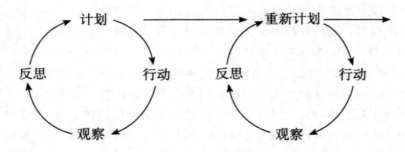

图 9-2　行动研究过程

王蔷把行动研究的过程分为两种类型,即开放型研究过程和定向型/检测型研究过程。开放型研究过程的特点是教师在初期对研究问题持开放态度,需要在研究中对所发现的问题进行确认;定向型/检测型研究过程的特点是课题的确定是教师通过学习他人的经验和成果,再将这些经验和成果实施到自己的教学中去。两个不同的研究过程如图 9-3、图 9-4 所示。

---

① 王蔷,张虹. 英语教师行动研究(修订版)[M]. 北京:外语教学与研究出版社,2013.

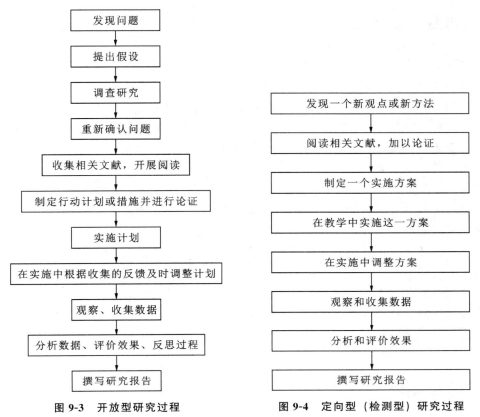

图 9-3　开放型研究过程　　　图 9-4　定向型（检测型）研究过程

在国际中文教育领域，我们可以利用行动研究对很多问题进行研究[1][2]。

（1）情感问题：如何帮助学生克服课堂上害怕回答问题的心理？如何提高学生的学习积极性？

（2）策略问题：如何引导学习者在课外也使用中文进行交流？如何激励学习者在课堂上积极参与小组活动？

（3）课程设计问题：如何将主题式教学法应用于自己的中文教学？如何设计听力课的练习才能使听力课不枯燥？

（4）课堂活动问题：如何给学生分组才能使活动更有效？如何设计信息差类的活动？

（5）教学技巧问题：教声调时按什么顺序最有效？复习生词时用哪些方法最能帮助学生掌握所学词语？

（6）教学评估问题：如何测出学生实际运用中文的能力？在教学中如何实施基于表现的评价方式？

---

[1] 崔永华．教师行动研究和对外汉语教学［J］．世界汉语教学，2004（3）：89-95，4．
[2] 丁安琪．论行动研究在对外汉语教学中的应用［J］．云南师范大学学报（对外汉语教学语研究版），2004（1）：42-45．

◇ 基础知识（理论阐释）

教师素养是教师具有的素质和修养。它是知识、能力、态度、价值观等多层次的统一体，是教师工作的必需条件。国际中文教师素养是国际中文教师在国际中文教育、教学活动中表现出来的，决定其教育、教学效果，对中文作为第二语言的学习者身心发展有直接而显著影响的品质的总和。国际中文教师素养的高低直接影响国际中文教师的质量，更影响其所培养出的人才的质量。国际中文教师素养主要可以划分为四个方面：基础性素养、道德信念素养、能力素养和知识素养。

教师专业发展，又被称为教师发展，指教师在职业生涯中，通过各种方式和途径，不断提高自己的教学能力、专业素养和职业水平的过程。国际中文教师专业发展是国际中文教师的专业成长或教师内在专业结构不断更新、演进和丰富的过程。它包含多方面素养的提升，需要经历多个不同的阶段和层次，需要不断提高自身的教学技能和知识水平。

教学反思是教师专业发展的主要路径之一，是一种教师自我反省和自我提升的过程，旨在提高教师的教学效果和学生的学习效果，对教师的发展和成长至关重要。教师在教学反思中收集资料和数据的方法，也是教学行动研究的重要手段。教学行动研究是教师为加深对自己所从事教育教学实践的理解而进行的反思研究。

◇ 关键概念解析

1. 国际中文教师能力素养

国际中文教师能力素养是指教师在国际中文教育领域中具备的综合素养，包括语言能力、教学能力、跨文化能力和数字能力等方面。语言能力是国际中文教师的基本素养，包括中文能力和运用教学媒介语的交际能力；教学能力是国际中文教师的核心竞争力，包括教学组织能力、课堂教学能力和教学评估能力等；跨文化能力是国际中文教师必备的素养之一，包括跨文化意识、跨文化沟通能力、跨文化适应能力、跨文化解决问题能力、跨文化态度等；数字能力是国际中文教师在数字化时代必须具备的能力，包括数字教学设计能力、数字教学实施能力、数字化学习者评估能力和自我学习和提升能力等。

2. 国际中文教师知识素养

国际中文教师的知识素养是指国际中文教师在教育教学工作中所具备的对知识的掌握和利用能力，包括教师关于所教学科的专业知识、教学方法和教育教学理论以及教师在实践中所积累的实践性知识和经验。具体来说，国际中文教师的知识素养主要可以分为三个方面：国际中文学科知识素养、国际中文学科教学知识素养和实践性知识素养。

3. 教学反思

教学反思是一种教师自我反省和自我提升的过程，旨在提高教师的教学效果和学生的学习效果。通过对自己的教学实践活动、个人经验、教学关系与教学理论等进行深入思考，教师可以识别自身的优点和不足，并寻找改进和提高的途径。教学反思是教师专业发展的主要路径之一，对教师的发展和成长至关重要。

4. 行动研究

行动研究是一种系统的、反思性的、实践导向的探究活动,旨在通过实践和反思改进教育实践,解决实际教育问题。行动研究通常是由教师直接参与的,教师针对自己教学中的问题进行调查研究,其目的是改进自己的教学实践,使教学达到最佳的期望和效果。行动研究需要一系列的步骤来完成,是一个"计划—行动—观察—反思—重新计划"的不断循环的过程,具有参与性、随机性、具体性、反思性、实验性等特点。

◇ 本章小结

国际中文教师素养主要包括基础性素养、道德信念素养、能力素养和知识素养。国际中文教师专业发展是一个多维度、多层级的发展过程,包括不同的发展阶段与发展路径。教学反思是教师专业发展的主要路径之一;教学行动研究也是教师的反思研究。

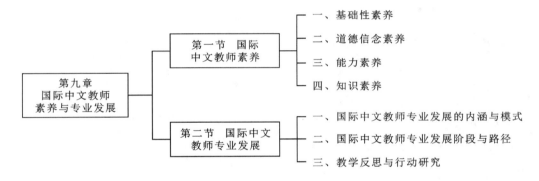

◇ 思考与练习

1. 国际中文教师素养主要包含哪几个方面?除了教材中所列的几个方面之外,你认为国际中文教师还应该具备哪些新的素养和能力,以应对未来教学的挑战和变化?

2. 国际中文教师专业发展路径主要有哪些?你会如何选择和规划自己的专业发展路径?

3. 如何利用教学反思来促进专业发展?如何将反思融入教学实践中?

4. 行动研究是什么?你认为应该如何运用行动研究方法来解决国际中文教育中的实际问题?

5. 如何利用终身学习来提高自身的适应能力和创新能力,进而实现个人专业发展?

◇ 推荐阅读

世界汉语教学学会. 国际中文教师专业能力标准[M]. 北京:北京大学出版社,2022.

杰克·克罗夫特·理查兹，查尔斯·洛克哈特. 第二语言课堂的反思性教学［M］. 王添淼，译. 北京：北京语言大学出版社，2017.（详见二维码：《第二语言课堂的反思性教学》）

《第二语言课堂的反思性教学》

参考文献

[1] 李德津. 汉语课本 [M]. 北京：商务印书馆出版，1977.
[2] 吴应辉. 汉语国际传播与国际汉语教学研究 [M]. 北京：中央民族大学出版社，2011.
[3] 刘珣. 汉语作为第二语言教学简论 [M]. 北京：北京语言大学出版社，2002.
[4] 刘珣. 对外汉语教育学引论 [M]. 北京：北京语言大学出版社，2000.
[5] 王建勤. 第二语言习得研究 [M]. 北京：商务印书馆，2009.
[6] R·M·加涅，W·W·韦杰，K·C·戈勒斯，等. 教学设计原理 [M]. 3版. 王小明，庞维国，陈保华，等译. 上海：华东师范大学出版社，2007.
[7] 何克抗，李文光. 教育技术学 [M]. 北京：北京师范大学出版社，2006.
[8] 崔永华. 对外汉语教学设计导论 [M]. 北京：北京语言大学出版社，2008.
[9] 郭睿. 汉语课程设计导论 [M]. 北京：北京语言大学出版社，2017.
[10] 王家芝. 英语课程设计 [M]. 武汉：武汉大学出版社，2015.
[11] 吴勇毅，刘弘. 中国研习（五年级）[M]. 刘艳辉，王佳艺，译. 上海：华东师范大学出版社，2018.
[12] 周小兵. 对外汉语教学入门 [M]. 3版. 广州：中山大学出版社，2017.
[13] 程晓堂. 任务型语言教学 [M]. 北京：高等教育出版社，2004.
[14] 龚亚夫，罗少茜. 任务型语言教学（修订版）[M]. 北京：人民教育出版社，2006.
[15] 王还. 门外偶得集 [M]. 北京：北京语言学院出版社，1987.
[16] 杨惠元. 听力说话教学法 [M]. 北京：北京语言学院出版社，1996.
[17] 徐子亮. 汉语作为外语教学的认知理论研究 [M]. 北京：华语教学出版社，2000.
[18] 崔希亮. 对外汉语综合课优秀教案集 [M]. 北京：北京语言大学出版社，2010.
[19] 郑艳群. 汉语多媒体教学课件设计 [M]. 北京：北京语言大学出版社，2009.
[20] 高玉祥. 个性心理学 [M]. 北京：北京师范大学出版社，1989.
[21] 吕必松. 中国对外汉语教学法的发展 [J]. 世界汉语教学，1989（4）：193-202.

［22］崔希亮．关于汉语国际教育的学科定位问题［J］．世界汉语教学，2015（3）：405-411．

［23］刘珣．汉语国际教育与对外汉语教学［J］．国际汉语教学研究，2014（1）：3-4．

［24］李培元．中国对外汉语教学的40年［J］．世界汉语教学，1989（3）：129-136．

［25］赵金铭．国际汉语教育的本旨是汉语教学［J］．汉语应用语言学研究，2013（2）：11-18．

［26］张占一．试议交际文化和知识文化［J］．语言教学与研究，1990（3）：15-32．

［27］陆俭明．汉语国际教育专业的定位问题［J］．语言教学与研究，2014（2）：11-15．

［28］赵成新．国际中文教育学科发展之路［J］．学位与研究生教育，2022（10）：34-41．

［29］王予暄，王鸿滨．《国际中文教育中文水平等级标准》语法等级大纲的解读［J］．国际汉语教学研究，2023（2）：74-86．

［30］祖晓梅．文化教学的新理念和新思路——《国际中文教育用中国文化国情教学参考框架》解读［J］．语言教学与研究，2023（3）：26-35．

［31］江新，赵果．初级阶段外国留学生汉字学习策略的调查研究［J］．语言教学与研究，2001（4）：10-17．

［32］赵晓红．大学英语阅读课教师话语的调查与分析［J］．外语界，1998（2）：18-23．

［33］余胜泉，陈璠．智慧教育服务生态体系构建［J］．电化教育研究，2021（6）：5-13，19．

［34］闻亭，刘晓海．国际中文智慧教育视域下的教学设计［J］．语言教学与研究，2023（4）：24-33．

［35］Ellis R. Understanding Second Language Acquisition［M］．Oxford：Oxford University Press，1985．

［36］Ellis R. The Study of Second Language Acquisition［M］．Oxford：Oxford University Press，1994．

［37］Lantolf J P, Thorne S L. Sociocultural Theory and the Genesis of Second Language Development［M］．New York：Oxford University Press，2006．

［38］Lado R. Linguistics Across Cultures：Applied Linguistics for Language Teachers［M］．Michigan：University of Michigan Press，1957．

［39］Willis J. A Framework for Task-Based Learning［M］．London：Longman，1996．

［40］Skehan P A. Cognitive Approach to Language Learning［M］．Oxford：Oxford University Press，1998．

［41］Nunan D. Task-Based Language Teaching［M］．London：Cambridge University Press，2004．

［42］Chaudron C. Second Language Classrooms. Research on Teaching and Learning［M］．New York：Cambridge University Press，1988．

[43] Gass S M. Input, Interaction, and the Second Language Learner [M]. London: Routledge, 2013.

[44] Wallace M J. Training Foreign Language Teachers: A Reflective Approach [M]. Cambridge: Cambridge University Press, 1991.

[45] Field J. Listening in the Language Classroom [J]. ELT Journal, 2010 (3): 103-105.

[46] Loewen S, Sato M. Interaction and Instructed Second Language Acquisition [J]. Language Teaching, 2018 (3): 285-329.

[47] Hellermann J. The Interactive Work of Prosody in the IRF Exchange: Teacher Repetition in Feedback Moves [J]. Language in Society, 2003 (1): 79-104.

[48] Sato M. Beliefs about Peer Interaction and Peer Corrective Feedback: Efficacy of Classroom Intervention [J]. The Modern Language Journal, 2013 (3): 611-633.

[49] Lyster R, Ranta L. Corrective Feedback and Learner Uptake: Negotiation of Form in Communicative Classrooms [J]. Studies in Second Language Acquisition, 1997 (19): 37-66.

[50] Elbaz F. The Teacher's "Practical Knowledge": Report of a Case Study [J]. Curriculum Inquiry, 1981 (1): 43-71.

图书在版编目(CIP)数据

国际中文教育简明教程 / 刘利主编. -- 武汉：华中科技大学出版社，2024.11. -- (新时代大学文科简明教材). -- ISBN 978-7-5772-1328-6

Ⅰ．H195.4

中国国家版本馆 CIP 数据核字第 2024CA0335 号

国际中文教育简明教程
Guoji Zhongwen Jiaoyu Jianming Jiaocheng

刘 利 主编

策划编辑：	周晓方　宋　焱
责任编辑：	周　天
封面设计：	原色设计
版式设计：	赵慧萍
责任监印：	周治超
出版发行：	华中科技大学出版社（中国·武汉）　电话：(027) 81321913
	武汉市东湖新技术开发区华工科技园　邮编：430223
录　排：	华中科技大学出版社美编室
印　刷：	武汉科源印刷设计有限公司
开　本：	787mm×1092mm　1/16
印　张：	17　　插页：2
字　数：	405 千字
版　次：	2024 年 11 月第 1 版第 1 次印刷
定　价：	59.90 元

本书若有印装质量问题，请向出版社营销中心调换
全国免费服务热线：400-6679-118　竭诚为您服务
版权所有　侵权必究